高水平制度型开放
标志性重大成果丛书

总 主 编———汪荣明
副总主编———闫海洲

稳步扩大制度型
开放的理论基础构建

高 翔———著

Theoretical Foundation
Construction for Steadily Expanding
Institutional Openness

经济管理出版社
ECONOMY & MANAGEMENT PUBLISHING HOUSE

图书在版编目（CIP）数据

稳步扩大制度型开放的理论基础构建 ／ 高翔著.
北京 ： 经济管理出版社，2025. 6. -- ISBN 978-7-5243-
0021-2

Ⅰ. F125

中国国家版本馆 CIP 数据核字第 2025Y8X240 号

组稿编辑：张巧梅
责任编辑：杜 菲
责任印制：张莉琼
责任校对：陈 颖

出版发行：经济管理出版社
　　　　　（北京市海淀区北蜂窝 8 号中雅大厦 A 座 11 层　100038）
网　　址：www. E-mp. com. cn
电　　话：（010）51915602
印　　刷：北京飞帆印刷有限公司
经　　销：新华书店
开　　本：720mm×1000mm/16
印　　张：12. 5
字　　数：231 千字
版　　次：2025 年 6 月第 1 版　　2025 年 6 月第 1 次印刷
书　　号：ISBN 978-7-5243-0021-2
定　　价：88. 00 元

前　言

　　改革开放 40 余年，得益于通过关税减让和各种优惠措施促进商品和资本自由流动，利用国内国外两个市场、两种资源，中国充分发挥比较优势，分享全球化红利。进入新发展阶段，要解决体制机制中的深层次矛盾，需要以高水平的制度型开放作支撑，深化改革与扩大开放协同推进。党的十八大以来，逐步明确了把制度型开放作为实施更高水平开放的重点任务，二十大报告更是明确提出要稳步扩大规则、规制、管理、标准等制度型开放。2023 年，党中央审议通过了《关于建设更高水平开放型经济新体制促进构建新发展格局的意见》，强调以制度型开放为重点，聚焦投资、贸易、金融、创新等对外交流合作的重点领域深化体制机制改革，完善配套政策措施，积极主动把中国对外开放提高到新水平。因此，如何实现稳步扩大制度型开放是一个需要深入研究的重大课题。本书聚焦稳步扩大制度型开放的理论基础和目标定位，主要回答以下几个问题：①如何构建稳步扩大制度型开放的理论基础？②如何系统把握中国稳步扩大制度型开放的历史逻辑、现实背景与实践基础？③如何明确新时期稳步扩大制度型开放，建设更高水平的开放经济新体制的理念、原则与目标定位？

　　制度型开放基于以下两个重要的时代背景：一是制度型开放是贸易冲突的重要应对战略，也是西方国家主导的国际经济秩序与规则约束下的要素和市场开放，更是中国主动参与和引领的全球国际经贸规则的创新与重构。二是制度型开放是中国开放模式和开放理念的一次重大转型，是从以劳动力人口和制度转型红利释放为基础的要素和市场对外开放，转向通过国内外制度对接降低交易成本，进一步拓展贸易、投资、金融和创新空间的新一轮对外开放。因而制度型开放要解决的核心任务是一方面要发挥中国在多边规则变革中的关键性引领作用，另一方面要以此为契机推动国内制度改革和政府效率改革，并最终实现国内外制度的兼容与对接，通过优化营商环境，规范管理，放松管制，促进国内外高端要素市场和产品服务市场的链接贯通，提升产业链安全，利用两个市场资源，解决"卡脖子"问题，全面支持中国产业结构升级和中长期高质量发展，并基于多边合作框架和全球经济影响力，为国际分工合作和全球经济稳定增长提供中国方案。

制度型开放同样面临若干重大的现实挑战：一是国内制度改革所面临的挑战。在与国际经贸规则对接过程中，需要处理好国内外法律法规冲突性问题；金融开放需要进一步深化金融体系改革，增强金融市场的透明度和稳定性；要吸引更多的国际投资和技术转让，需要国内进一步落实和完善知识产权保护制度。为了实现更高水平的开放型经济，需要进一步降低市场准入门槛，进行国内法规的完善，适应劳工、竞争中立、国有企业垄断、透明度等规则要求，为国内外企业提供公平竞争环境。二是跨部门、跨区域和跨领域协调推进的挑战。制度型开放作为系统性工程，如何进一步围绕制度型开放完善中央与地方政府协同，海关、商务等国务院各部门协同工作机制，解决地方政府制度创新差异化激励与制度创新全国统一性的矛盾？如何协调各个地区、产业部门的差异性开放制度设计，实现中西部地区的对外开放，确保产业经济均衡发展？中国经济目前仍然依赖于出口和投资驱动的增长模式，需要通过更高水平对外开放，改变国内外经济循环模式，加快实施经济结构调整，促进消费、技术创新和服务业的发展，以实现更加平衡和可持续的增长。三是新技术革命带来的开放模式调整的挑战。随着数字技术和人工智能技术发展，数字技术和贸易、投资、金融、创新各个维度高度融合，对中央和地方政府如何利用区块链、人工智能等数字技术优化完善对外开放营商环境，构建透明高效的规则执行机制和管理制度，改变和完善监管模式提出了新的挑战。

本书围绕制度型开放的理论逻辑与现实基础展开研究，重点探讨以下内容：

（1）新时代稳步扩大制度型开放的历史必然、重要内涵与基本特征。主要阐明了新时期稳步扩大制度型开放是党中央统筹中华民族伟大复兴战略全局和世界百年未有之大变局作出的重要举措，不仅能够为中国的高水平对外开放创造良好的制度环境，更有利于推动构建人类命运共同体，开拓合作共赢新局面，具有重要意义。

（2）制度型开放的概念释义与内涵创新。主要是在稳步扩大制度型开放的语境下，从"四维"（贸易、金融、投资、创新）"四新"（新挑战、新领域、新内容、新保障）等视角着手，围绕开放与改革、开放与发展、开放与合作、开放与安全等内容，从境内开放、政策协调、规则导向、系统性、透明性等方面明确稳步扩大制度型开放的基本概念与内涵创新。

（3）稳步扩大制度型开放的逻辑机理与影响效应。主要是从"深化改革"与"扩大开放"协同、"边境开放"与"境内开放"兼顾、制度"引进来"与"走出去"并重视角，基于"政策协同效应"与"政策遵从效应"等方面提炼出稳步扩大制度型开放的逻辑机理。同时在理论层面阐明稳步扩大制度型开放的经济效应，进而为后续在实证层面考察稳步扩大制度型开放对国际贸易、投资、金融、创新、产业等层面的潜在影响与作用机制奠定基础。

（4）稳步扩大制度型开放的历史回顾与国际比较。主要分析了改革开放以来中国对外开放的不同阶段，系统梳理了中国对国际规则从"被动接受""主动融入"到"引领构建"的历史进程，同时从美国、欧盟、日本等全球主要经济体制度型开放的历程中，总结出制度型开放的国际经验与客观规律。

（5）稳步扩大制度型开放的现实需要与困境挑战。主要是基于世界经济形势挑战、国际分工治理体系等外部因素以及弥补制度差距、构建新发展格局、推进中国式现代化等内部因素，分析新时期我国稳步扩大制度型开放的现实需要，同时从制度短板、体制机制、制度竞争三个维度剖析我国稳步扩大制度型开放面临的挑战。

（6）稳步扩大制度型开放的理念与目标定位。主要是阐明了稳步扩大制度型开放的基本理念，坚持学习借鉴与参与引领并重、对外开放与深化改革协同、系统设计与重点实施结合、底线思维与安全保障强化的制度型开放的原则，明确了发展方向与目标定位，同时分析提出构建"与国际通行规则相衔接的高标准市场制度体系与监管模式"的总体目标以及阶段性目标。做好稳步扩大制度型开放的"进出"工作，注重制度的对接、引领与拓展，从而实现制度协调融合的创新。

本书研究的总体框架和研究议题由高翔老师确定，主要章节分工如下：第一章由高翔副教授完成；第二章由华东师范大学徐正则副教授和上海对外经贸大学宾建成教授合作完成；第三章由高翔副教授和硕士研究生杨琬昀合作完成；第四章由高翔副教授和硕士研究生秦延相合作完成；第五章由高翔副教授和硕士研究生王明哲合作完成；第六章由高翔副教授和博士研究生何茜茜合作完成。

本书初稿完成之时，正值党的二十届三中全会召开，此次会议通过的《中共中央关于进一步全面深化改革、推进中国式现代化的决定》提出"完善高水平对外开放体制机制"，并把"稳步扩大制度型开放"作为一项重要内容进行部署。在统筹处理几组重要关系方面，制度型开放作为一种更高层次的开放，其开放的难度更大，稳步扩大制度型开放，要注重开放的整体性、协调性、平衡性，围绕制度型开放与深层次改革、向东开放与向西开放、示范引领与复制推广等方面处理好一系列重要关系。在聚焦关键领域重点内容方面，制度型开放要求对接国际高标准经贸规则，在产权保护、产业补贴、环境标准、劳动保护、政府采购、电子商务、金融领域等方面实现规则、规制、管理、标准相通相容。同时，扩大自主开放，扩大对最不发达国家单边开放，强化制度供给，推动构建更加公正合理的全球经济治理体系。总而言之，通过制度型开放的理论基础构建，我们要更好把握新时代改革与开放的关系，以深层次改革推动制度型开放，为以中国式现代化全面推进强国建设、民族复兴伟业提供强大动力和制度保障，为全球治理体系建设贡献更多中国智慧、中国方案，更好构建与我国作为世界第二大经济体和最大发展中国家地位相适应的开放格局。

在本书的编写过程中，我们参考了大量的国内外研究成果，同时也得到了不少前辈师友的关心和帮助，在此表示由衷感谢！本书得以顺利出版，首先要感谢上海对外经贸大学对于"制度型开放"系列专著的一贯重视和支持，感谢领导和同仁们对于作者的真诚爱护。同时，我也要衷心地感谢经济管理出版社的工作人员，由于他（她）们的竭诚支持和辛勤工作，才使得本书得以尽快付梓面世。

本书的修订工作，是作者在繁忙的教学科研工作之余完成的，限于作者精力与水平有限，加之时间仓促，书中可能还存在着这样或者那样的缺点和问题，恳请读者批评指正！

高　翔

2024 年 12 月

目　录

第一章

新时代对外开放下制度型开放的
历史必然、重要内涵与基本特征

党的十八大以来，逐步明确了把推进制度型开放作为推动新一轮高水平开放的核心指向与重点任务，2018年中央经济工作会议明确提出"制度型开放"概念，在此之后，党的十九届四中全会、党的十九届五中全会均对制度型开放进行了具体部署，党的二十大报告中更是明确提出要稳步扩大规则、规制、管理、标准等制度型开放。2023年7月，中央全面深化改革委员会召开第二次会议，审议通过了《关于建设更高水平开放型经济新体制促进构建新发展格局的意见》，强调以制度型开放为重点，聚焦投资、贸易、金融、创新等对外交流合作的重点领域深化体制机制改革，完善配套政策措施，将我国对外开放提高到新水平。关于制度型高水平对外开放的重要论述为推动形成全面开放新格局、实现更高水平对外开放提供了科学指引。

本章从国内与国际、历史与现实等多个维度探究制度型开放基本内涵，提炼制度型开放的历史必然、内在特征、作用机制、影响效应，为后续研究奠定相应基础，并考察如何转化为科学决策。

第一节　新时代对外开放下制度型开放的
历史必然与时代要求

一、制度型开放的历史必然

马克思政治经济学基本原理表明，生产关系要随生产力的发展而不断变革。近年来，在科技进步和生产力发展直接推动下，全球价值链和国际分工正进一步纵深化发展，由此带来国际经贸规则的不断调整与重塑。以美国、日本、欧盟为主的发达国家进行了新一轮国际经贸规则重塑，谈判路径从参与大规模区域协定谈判转向双边协定谈判，谈判范围从传统"WTO+"规则转向新一代"WTO-X"规则。"WTO+"规则主要通过"边境措施"来降低互惠国的准入门槛，而"WTO-X"规则更加依靠"边境内措施"，旨在协调相关国家政策，形成行为公约，保障公平竞争。前者并不排斥本土保护与市场竞争干预，而后者则对国内外政策、规则、标准的协调一致提出了严格要求，使国际经贸规则进入新时期。面对国际经贸规则的调整和重构，仅推动商品和要素的自由流动已经不能跟上经济全球化和区域经济一体化的节奏，制度型开放是我国在新形势下实行改革开放的必然选择。我国改革开放的实践证明，只有顺应历史潮流，积极应变，主动求变，才能与时代同行。党中央提出建设更高水平开放型经济新体制，推进制度型开放，正是对世界政治经济格局变化和我国客观经济规律及发展趋势的深刻把握与必然选择。

（一）制度型开放是我国新时代全面深化改革开放的必然选择

我国改革开放40多年的实践充分证明，改革开放是党和人民大踏步赶上时代的重要法宝，是坚持和发展中国特色社会主义的必由之路，也是实现"两个一百年"奋斗目标与中华民族伟大复兴的关键一招。当今，世界正处于百年未有之大变局与动荡中，党中央提出要加快形成新发展格局，必须更加注重推动改革和开放相互促进，以此增强发展内生动力。在经济高质量发展的背景下，国内改革深化的关键是处理好政府和市场的关系，发挥市场机制的决定性作用；深化改革的动力是推进高水平对外开放，对标国际通行规则。

"中国开放的大门不会关闭，只会越开越大"，新发展格局"决不是封闭的国内循环，而是更加开放的国内国际双循环"。这要求我国一方面要在高水平开放中深化市场改革，释放经济转型的巨大增长潜力，逐步消除制约各类生产要素优化配置的显性或隐性障碍，进行行政管理体制改革，转变政府职能，打造市场化、法治化、国际化、便利化的营商环境，促进企业家、高技能人才、核心技术等高端要素在我国集聚和产生。另一方面要在高水平开放中更好联通国内国际两个市场，利用好国内国际两种资源，提升我国参与国际合作与竞争新优势。此外，还要借助制度型开放这一契机，打破双循环体系内的陈旧壁垒，扩大开放领域，推进扩大开放不断深化。因此，我们需坚持以制度型开放为突破口，系统推进更深层次改革和更高水平开放，为加快形成新发展格局、推动高质量发展提供强大动力。

（二）制度型开放是我国持续推进更高水平对外开放的必然选择

党的十九届五中全会指出，要"坚持实施更大范围、更宽领域、更深层次对外开放"，对新时代对外开放提出了新的更高要求。这是顺应经济全球化潮流的必然选择，也是我国继续扩大开放、持续推进更高水平对外开放的必由之路。

"更大范围"，就是要在地理空间上推动从沿海、沿江到内陆、沿边全面开放，在投资方式上坚持"引进来"和"走出去"并重，构建陆海联动、东西互济的开放格局。"更宽领域"，就是要放开传统制造业的准入机制，加大金融业、教育业等现代服务业的开放力度，完善农业开放措施，打造更加均衡、更具竞争力的现代化产业结构。"更深层次"，就是在开放重点上从"边境开放"向"境内开放"转变，在投资、贸易、金融、人员流动等重点领域和关键环节进一步放开准入规则，在领域内部深挖细挖，打造与国际规则接轨的高标准开放型经济体系。

实现对外开放的更大范围、更宽领域、更深层次，需要我国加快构建与新时代开放要求相适应的制度型开放基础，健全完善相关法律法规和政策措施，建立不同于传统开放模式的新型监管框架和服务体系，推动国家治理体系和治理能力的现代化。只有坚持制度型开放，才能确保对外开放的质量和水平，为全方位、多领域、多层次的高水平开放奠定坚实制度基础。

（三）制度型开放是我国顺应全球经贸规则重塑的必然选择

当前，全球经济环境严峻复杂，逆全球化主义抬头，主要经济体之间贸易摩擦频繁，国际经贸规则变动明显。在这一新形势下，制度型开放成为我国顺应全球经贸规则变革、主动参与国际经济治理的必然选择。

过去，贸易开放主要关注降低关税、取消配额等边境壁垒措施。但在新一轮的国际经贸规则议题中，传统的边境开放措施已不再是关注重点，知识产权保护、政府采购、电子商务等新议题成为焦点，体现了制度型开放的新特征。同时，全球生产方式正经历深刻变革，各国规则协调呼声日益高涨，要求在非歧视性待遇、竞争政策、透明度、监管协调一致性等"边境内"规则中实现较高水平开放。可以说，制度型开放已成为参与全球经济治理、获取更大发展空间的基本前提。因此，我国应立足当前发展大局，全面对标全球高标准经贸规则，构建开放透明、规范高效的制度型开放体系，为我国经济高质量发展赢得更大空间，也为全面融入经济全球化争取更优的发展环境。

（四）制度型开放是我国深入推动共建人类命运共同体的必然选择

作为国际社会的重要一员，中国自觉承担起构建人类命运共同体的重要责任。人类命运共同体理念源于中国古代"天下一家"的伟大思想，体现了包容、互鉴、共赢的人文精神。它倡导各国相互尊重、平等相待，在追求自身利益时兼顾他国合理关切，在解决自身问题时考虑他国合理诉求，以促进全人类共同发展繁荣。

随着在世界经济版图中的地位和影响力的不断攀升，我国在全球经济发展和治理中日益承担着更多义不容辞的责任。在新一轮高水平对外开放进程中，中国不应再满足于被动接受既有规则，而是应当勇于改革创新，全力向"规则的制定者"转变。以更加积极有为的姿态投入规则制定中，不仅是为了把握新型经济全球化的发展大势，更是为了提升中国在国际经贸规则重塑中的话语权和制衡力。如此，我国将为广大发展中国家争取更加公平、包容、普惠的国际经济秩序，创造更加有利和谐的发展环境。我国切实贯彻人类命运共同体理念，将"中国式现代化"等发展经验和实践智慧无私分享，美美与共。新时期我国应以国内超大规模市场需求为导向，以高质量共建"一带一路"、高标准自由贸易区等重大开放平台为支撑，稳步扩大制度型开放。

（五）制度型开放是我国构建新发展格局的必然选择

推进高水平对外开放，稳步推动规则、规制、管理、标准等制度型开放，增强在国际大循环中的话语权。加快构建以国内大循环为主体、国内国际双循环相互促进的新发展格局，促进内外需、进出口和双向投资的协调发展，不仅有助于对标国际规则，推进和完善国内开放领域的制度型开放，也有助于在国内循环和国际循环双向促进的过程中，提升我国在国际大循环中规则制定的话语权。

首先，"双循环"新发展格局为制度型开放创造了良好的协商环境。构建新发展格局要求中国充分利用国内国际两个市场、两种资源，通过与世界的理念互动、政策互动、领域互动促进双循环的高效运行，以此重塑中国国际经济合作竞争新优势，在推动中国经济高质量发展的同时，促进世界经济共同发展，引导经济全球化朝着更加开放、包容、普惠、平衡、共赢的方向发展，共同维护和完善以多边规则为基础的全球经济治理体系，从而为制度型开放提供良好的国内和国际制度协商环境。

其次，"双循环"新发展格局为制度型开放奠定了坚实的经济基础。制度型开放的实施和推进，必须依托我国超大规模市场优势在国内国际产业链和供应链中发挥的稳固作用。以国内大循环吸引全球资源要素，增强国内国际两个市场、两种资源联动效应。坚持实施更大范围、更宽领域、更深层次的对外开放，发挥我国超大规模市场优势，更加紧密地同世界经济联系互动，为世界各国提供更多的市场发展机会和更加广阔的共赢发展空间。依托国内大循环吸引全球商品和资源要素，重塑国际合作和竞争新优势，建设多元平衡和安全高效的全面开放体系。

最后，"双循环"新发展格局为制度型开放提供了明晰的路径选择。标准制定的内在要求是提高自身的制度供给，只有通过多种方式推进国际标准制定，才能不断提升一国的全球经济治理能力。稳步扩大规则、规制、管理、标准等制度型开放，使标准"走出去"，必须以我国经济发展为主，锚定国内大循环主体地位，聚焦关键核心技术突破和产业结构优化升级，在重点领域发力，加大新业态、新模式标准制定力度。

二、制度型开放的时代要求

当前，世界之变、时代之变、历史之变正在以前所未有的方式展开。我们要深刻理解把握党的二十大报告提出的"推进高水平对外开放"的时代要求，以更坚定的信心、更有力的措施，推动改革开放不断深入。

（一）高水平对外开放是促进深层次改革的开放

不断扩大对外开放、提高对外开放水平，以开放促改革、促发展，是我国发展不断取得新成就的重要法宝。改革与开放是我国发展的两大动力，二者相辅相成、缺一不可。党的十八大以来，我国坚定不移推进全面深化改革，着力构建开放型经济新体制，不断破除阻滞经济循环的堵点、卡点，使经济发展的活力大幅提升。同时也要看到，我国社会主要矛盾发生变化，重点领域改革还有不少"硬骨头"要啃，制度型开放仍然存在难点待突破。高水平对外开放促进深层次改革，体现在以开放助力完善社会主义市场经济体制，充分发挥市场在资源配置中的决定性作用，更好发挥政府作用，营造市场化、法治化、国际化一流营商环境；对标高标准国际经贸规则，更好发挥自由贸易试验区、海南自由贸易港改革开放试验田作用，稳步扩大制度型开放，推动形成更高水平开放型经济新体制。

（二）高水平对外开放是推动高质量发展的开放

高质量发展是全面建设社会主义现代化国家的首要任务。党的十八大以来，党中央坚持发展是党执政兴国的第一要务，深入实施创新驱动发展战略，补短板、强弱项、固底板、扬优势，推动我国经济更高质量、更有效率、更加公平、更可持续、更为安全地发展。推进高水平对外开放，有利于引进更多国际先进要素，更好利用国内国际两个市场、两种资源，为我国发展扩空间、提质量、增动力，实现高水平的自立自强。高水平对外开放推动高质量发展，体现在更好发挥开放作用，推动转方式、调结构、增效益，促进科技创新和产业升级，走开放式创新之路，扩大国际科技交流合作范围，为高质量发展塑造新动能新优势。

（三）高水平对外开放是构建新发展格局的开放

构建新发展格局是党中央审时度势做出的重大决策。新发展格局决不是封闭的国内循环，而是更加开放的国内国际双循环。推进高水平对外开放是构建新发展格局的应有之义，有利于增强国内大循环内生动力和可靠性、提升国际循环质量和水平、增强国内国际两个市场两种资源联动效应。高水平对外开放服务构建新发展格局，体现在坚定实施扩大内需战略，推动形成强大国内市场，以国内大循环吸引全球资源要素；加快建设贸易强国，推动贸易投资自由化便利化，促进市场相通、产业相融、创新相促、规则相联，在更高开放水平上形成良性循环。

（四）高水平对外开放是增进民生福祉的开放

增进民生福祉、满足人民美好生活需要是发展的根本目的，无论是货物贸易还是服务贸易、出口还是进口，都与人民生活息息相关。在开放经济条件下，国际国内市场紧密相连，国际经贸与人民生活息息相关。据统计，2022年，我国货物贸易进出口总值42.07万亿元人民币，比2021年增长7.7%，增加了居民收入（见图1-1）。我国每年进口大量优质消费品、先进技术设备、关键零部件和能源资源，既满足了产业升级的需要，也满足了消费升级的需要。同时也要看到，当前我国部分中低端产品产能过剩和中高端产品供给不足并存，服务供给短板现象突出。高水平对外开放满足人民美好生活需要，体现在更好发挥外贸外资在稳就业、稳经济上的重要作用，增加优质产品和服务进口，满足人民多层次多样化消费需求，不断增强人民群众的获得感和幸福感。

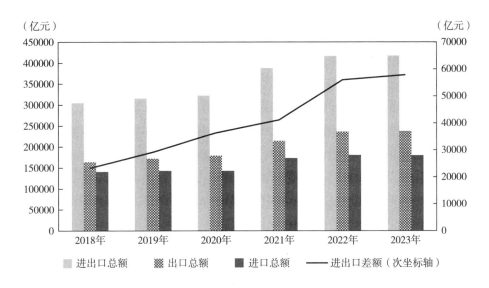

图 1-1　2018~2023 年货物进出口贸易总额

资料来源：国家统计局。

（五）高水平对外开放是与世界合作共赢的开放

历史反复证明，开放包容、合作共赢才是人间正道。中国对外开放，不是要一家唱独角戏，而是要欢迎各方共同参与；不是要谋求势力范围，而是要支持各国共同发展；不是要营造自己的后花园，而是要建设各国共享的百花园。当前，新一轮科技革命和产业变革深入发展，各国的相互联系和彼此依存比过去任何时候都更频繁、更紧密。推进高水平对外开放，有利于以自身开放推动世界共同开放，共同把全球市场的蛋糕做大、把全球共享的机制做实、把全球合作的方式做活。高水平对外开放与世界合作共赢，体现在以更加开放的心态和举措，推动扩大世界开放合作共识，坚持共商、共建、共享的全球治理观，主动承担大国责任，维护多边贸易体制，为完善全球经济治理、构建人类命运共同体贡献中国智慧和中国力量。

（六）高水平对外开放是统筹发展和安全的开放

安全是发展的保障，发展是安全的目的。统筹发展和安全，增强忧患意识，做到居安思危，是我们党治国理政的一个重大原则。我国发展进入战略机遇和风险挑战并存、不确定难预料因素增多的时期。经济全球化时代，任何国家都不可能独善其身，需要加强国际合作，在开放中谋求自身安全，从而实现共同安全。高水平对外开放要统筹发展和安全，体现在更加注重开放安全，坚持总体国家安全观，坚持独立自主与扩大开放有机结合，深刻认识扩大开放中面临的新问题、新挑战，把握好扩大开放的力度、速度和程度，以开放增实力、防风险。

第二节　新时代对外开放下制度型开放的内容、特点与特征

一、制度型开放的主要内容

制度型开放是经济发展和对外开放过程中积极主动对标对表国际通行规则，在规则、规制、管理、标准等方面进行开放和对接。制度型开放的重要内涵是学习现代先进技术和规则，充分释放开放的溢出效应，进一步增强国际竞争力和影响力，提升我国国际分工地位和全球治理能力。因此，我国制度型开放应主要包含以下几个方面的内容：

（一）制度型开放需要建设更加公平的全球化经济秩序

改革开放40多年来，中国已经成为世界经济和国际贸易中的重要力量。通过稳步扩大制度型开放，推进与其他国家的制度协调或规则融合，有助于更好地解决现行国际经贸规则和国际经济秩序存在的弊端，深层次调整和变革主导经济全球化的规则体系，不断贡献中国智慧、中国方案，从而建立起更加公平、更能适应经济全球化和国际分工发展新趋势、新要求的国际经济秩序，推动经济全球化健康发展。长期以来，以世界贸易组织为代表的国际组织成员相互讨价还价，相互让渡经济主权，开放商品市场和要素市场，通过谈判达成协议实现开放。这种类型的开放是商品、要素流动型开放，需要国际组织及其成员采用谈判、审议、磋商、争端解决等方式进行监督和约束，判断成员是否享受最惠国待遇、国民待遇等非歧视待遇，是否遵守其规则、规制、标准等。

（二）制度型开放需要利用国际规则进一步扩大对外开放

加快打造对外开放新高地，建设更高水平开放型经济新体制，加快构建新发

展格局。制度型开放有利于中国更好地对标国际规则，这既是中国进一步以开放促改革的需要，也是中国越来越深入融入全球化、参与国际竞争的需要。一方面，伴随产业创新发展，国际分工体系加速演变，全球价值链深度重塑，要求各国在规则、规制、管理、标准等方面进行兼容，实现各要素无缝衔接和深层融合发展。另一方面，全球产业链供应链区域化、本土化、短链化趋势明显，急需各国加强经贸合作。因此，我们要在继续扩大商品和要素流动型开放的基础上，积极稳步推进制度型开放，以超大规模市场优势吸引全球高质量要素资源，进一步提升国际循环的质量和水平。

（三）制度型开放需要积极参与世界经贸规则的制定

制度型开放的重要内涵之一，就是在学习规则和参与规则制定的过程中，更多地用市场化和法治化手段推进开放。相对于商品和要素流动型开放而言，制度型开放是主动学习、对照国际上最先进的经济贸易规则、规制、管理、标准等制度，进一步成为这些制度的参与者、制定者，积极运用市场化和法治化手段进行开放。因此，制度型开放是更深层次、更高水平、更大难度的开放。

二、制度型开放的基本特点

制度型开放涉及内容较为广泛，不仅包括经贸规则，同时也涵盖规制、管理以及标准等内容。正如党的十九届四中全会强调："健全外商投资准入前国民待遇加负面清单管理制度，推动规则、规制、管理、标准等制度型开放。"

（一）从广度来看，制度型开放是范围更广、领域更宽的开放

制度型开放主要包括四个方面：一是以国际规则制定作为其核心内容，即世界规则体系，决定了一国参与国际贸易与治理中的话语权大小；二是以规制与管理为主的国家治理能力作为其重要内容，即国家治理体系，决定了一国对外开放营商环境水平的高低；三是以产业标准制定作为其基础内容，即产业标准体系，决定了一国在全球产业链竞争中的话语权大小；四是以信用评级作为其补充内容，即信用评级体系，决定了一国在引导全球资本投资流向中的话语权大小。总体来看，规则制定、治理能力（包含规制与管理）、标准控制以及信用评级恰恰是这种符号性"软财富和权力"的集中体现。"规则—治理—标准—评级"体系四者之间具有相辅相成的内在联系，赋予了主权国家更多的国际地位话语权。当前，新一轮全球"规则—治理—标准—评级"四位一体话语权正在快步形成之中。较之以往，新的话语体系将更加严格，更具有针对性，其非中立性也更加隐蔽。

（二）从深度来看，制度型开放是更深层次的"境内开放"

在多边体制下，世界贸易组织（WTO）秉持开放、平等、互惠的原则，致力于要素与商品流动（如商品、资本、人员、技术等方面）下的贸易自由化和投资自由化，并消除各会员国在国际贸易上的歧视待遇，建立一个完整的、更具活力的、持久的一体化多边贸易体制。虽然在 WTO 成立后，议题和谈判的领域有所扩大，但仅局限于货币、汇率、货物与服务贸易、投资等方面的新要求，其宗旨仍是在促进商品和要素流动下的大幅降低或消除关税和非关税壁垒。这些举措仅涉及一国对外开放大门"敞开"的基本要求，并未涉及一国国内对外贸易相关制度安排与经济政策的深层要求，如营商环境、竞争中性、政府采购、劳工标准、知识产权等"纯粹"国内因素。如果说实现商品与要素流动的自由化是器物型开放，那么制度型开放就是实现规则等制度的"引进来+走出去"。无论是制度的"走出去"还是"引进来"，本质上都是以规则、规制、管理、标准等国内政策举措与国际制度的对接，所对接的规则等制度已从"边境"措施延伸至"境内"措施，如标准一致化（知识产权、环境、劳工等）、竞争一致化（竞争政策、投资、国有企业、政府采购等）、监管一致化（法治、反腐败、监管协同等）等。

（三）从质量来看，制度型开放是强调制度政策的协调性、一致性

在双边多元体制下，各国更多追求的是在"公平、互惠、对等"原则下，实现对外开放的国内与国际制度的统一性、衔接性、协调性，即"国内制度的国际化、国外制度的本土化"。在相互依赖的经济全球化大格局下，实现国际经济政策的协调发展是有益的。自"多哈回合"谈判以来，现行国际经济政策的协调力在不断趋于弱化，亟须构建更加公平、合法、普惠、高标准的"制度导向"的开放型国际经济体系。制度型开放的构建，一方面有利于促进全球各国形成相互依赖、和谐的经贸关系；另一方面更加凸显国际经贸矛盾下"制度导向"的全球治理特点。其中，政策协调是制度型开放的核心，即更加强调规则、标准、规制等制度的统一性和兼容性。实际上，制度型开放不仅在协调的领域上更加具有宽泛和细化的内在要求，即领域的广延性；同时，对协调程度的要求也不断提高，即程度的深化性。无论是领域的广延性还是程度的深化性，均体现出制度型开放更加注重协同、兼容乃至一致的内在特征。

三、制度型开放的重要特征

一国制度型开放的广度和深度在很大程度上取决于该国对制度国际协调的需

求，而这主要受一国经济发展水平和国际分工参与程度的影响。制度型开放的目标是在尊重各方意愿前提下，形成区域性乃至全球多边规则，构建以规则为导向、公开透明的开放型世界经济体系。因此，我国制度型开放变革理应具有以下基本特征：

（一）制度型开放变革具有"规则导向和规则协调"特征

现行的国际经济体系主要反映了发达经济体的利益诉求，且正在遭受霸权国家的挑衅和践踏。全球化背景下各国经济相互依赖、相互影响，迫切需要各国在传统的货币、汇率、贸易以外更广泛的领域，如知识产权保护、投资保护、国有企业竞争中立、劳工保护等政策上进行协调，且这种协调建立在规则、标准和制度协同、兼容甚至一致的基础上，能反映不同利益主体的诉求，凸显国际经贸矛盾处理的公平性。制度型开放变革旨在构建更加公正合理的"规则导向和规则协调"的开放型世界经济体系。

（二）制度型开放变革具有"边境内"开放特征

商品和要素流动型开放的主要内容是商品、资本、人员、技术的跨境流动，所采取的开放举措是降低关税和非关税壁垒等"边境措施"，由WTO等国际组织统一协调和推进，对不同国家内部的规则和制度并没有特别要求和安排。制度型开放与商品和要素流动型开放不同，制度型开放的主要内容是国内规则和制度即"边境内措施"，主要包括国内法律法规、管理制度、行业规则和行业标准等，所采取的开放举措主要是进行"边境内措施"改革，以便与国际通行或高标准准则对标对表，要求各国进行规则和制度的国际协调，以实现标准一致化、竞争一致化和监管一致化。

（三）制度型开放变革具有"系统性"特征

制度型开放涉及的范围非常广阔，既包括涉及传统商品贸易、服务贸易、投资等领域的规则体系，也包括以规范数字贸易、国际合作、可持续发展为代表的新领域的制度；制度型开放涉及的领域更加宽泛，既包括现有的"WTO＋""WTO-X"规则，又包括没有被WTO纳入多边经贸规制的管理制度、行业标准、行业规则的"边境内措施"；制度型开放既包括对标国际规则进行国内各个领域的深化改革，又包括对接国际规则扩大对外开放。制度型开放变革不是政策的修修补补，而是制度体系的设计、修改和完善，是一个系统工程。

（四）制度型开放变革具有"双向流动"特征

制度型开放既包括国际规则的国内化，又包括国内规则的多边化。制度型开放是国内规则和国际规则的双向流动，是学习规则和参与规则制定的互动融合。

制度型开放不仅是通过制度学习实现国内规则与国际通行规则特别是高标准国际经贸规则的对标，还可能是在尊重各方意愿前提下将本国的规则、标准向国际推广形成国际或区域制度的供给，提升国内规制对境外的正向溢出。只有国际规则和国内规则双向互动的制度型开放才可能是公正合理、合作共赢的。

第三节　稳步扩大制度型开放的重要意义、路径选择与广阔机遇

一、稳步扩大制度型开放的重要意义

党的十八大以来，党中央逐步明确了把推进制度型开放作为实施更高水平开放的重点任务，2018 年，中央经济工作会议提出，推动由商品和要素流动型开放向规则等制度型开放转变；2019 年，党的十九届四中和五中全会对此作了进一步阐述；"十四五"规划和 2035 年远景目标纲要再次明确要稳步拓展制度型开放；2022 年"制度型开放"被写入党的二十大报告。2022 年 11 月，习近平主席在第五届中国国际进口博览会开幕式致辞中强调，中国将推动各国各方共享制度型开放机遇，稳步扩大规则、规制、管理、标准等制度型开放。2023 年 1 月，习近平总书记在中共中央政治局第二次集体学习时强调，推进高水平对外开放，稳步推动规则、规制、管理、标准等制度型开放，增强在国际大循环中的话语权。2023 年 7 月，中央全面深化改革委员会第二次会议审议通过了《关于建设更高水平开放型经济新体制促进构建新发展格局的意见》，强调以制度型开放为重点，聚焦投资、贸易、金融、创新等对外交流合作的重点领域深化体制机制改革，完善配套政策措施，积极主动把中国对外开放提高到新水平。这些关于高水平对外开放的重要论述，为推动形成全面开放新格局、实现更高水平对外开放提供了科学指引。

开放是"中国经济奇迹"背后动力之一，进入新时代，党中央面对新任务新挑战，保持战略定力，推进新一轮高水平高质量开放，不断推动中国经济持续稳定强劲发展。中国开放的大门只会越来越大，"开放带来进步，封闭必然落后""开放是当代中国的鲜明标识""对外开放是中国发展的关键一招""开放是国家繁荣发展的必由之路"，这些重要论述是对新时代我国开放发展的高度概括，

为推进更高层次与水平的对外开放提供了科学指南和遵循，指引我国开放道路越走越宽。

理念是行动的先导。党的十八届五中全会首次提出了开放发展新理念。该理念旨在针对发展的内外联动问题，为开放发展的实践提供了指导思想。它承载了过去成功的经验，为当前的挑战给予了指导，更为未来的发展指明了方向。历史的经验告诉我们，开放推动进步，封闭带来落后。放眼古今中外，皆是开放带来盛世，不同的文明在开放包容中不断发展，在交流互鉴中不断进步。辉煌灿烂的中华文明之所以能五千年海纳百川绵延不绝，正是因为我们文化脉搏中包含着开放包容的品格与气度。现实的实践告诉我们：开放是国家繁荣发展的必由之路。新中国成立之初，西方对我国实行全面封锁，我们艰难探索开放之路。改革开放以来，我们把对外开放作为基本国策，实现了向全方位开放的伟大历史转折。加入WTO，彰显了我们党扩大开放的决心和勇气。党的十八大以来，党中央统筹国内国际两个大局，推进对外开放的理论和实践创新。我国正在由开放大国向开放强国迈进，不断健全开放型经济新体制，推进形成全面开放新格局。在包括共建"一带一路"在内的一系列倡议中，我国倡导多边主义和自由贸易，深化了与众多国家的经贸、文化等方面合作，推动了全球基础设施建设，促进了世界经济的发展与繁荣，展现了大国担当。一个国家、一个民族要振兴，就必须在历史前进的逻辑中前进，在时代发展的潮流中发展。开放是中国特色社会主义的重要特征，党的十九届四中全会强调，中国将推动规则、规制、管理、标准等制度型开放。这意味着我国将继续扩大市场准入，优化营商环境，并且将进一步与国际标准规则对接，提升对外开放的质量和水平。

新时代稳步扩大制度型开放是党中央统筹应对世界百年未有之大变局、建设社会主义现代化国家做出的重大战略部署，是中国特色新型对外开放道路的重要组成部分。制度型开放将促进国民经济内外循环互促与畅通，推进和拓展中国式现代化，也将有助于构建"规则导向"的开放型世界经济体系，维护多元稳定的国际经济格局和经贸关系。为了全面建成社会主义现代化强国，实现第二个百年奋斗目标，我们要在扩大对外开放中稳步推进制度型开放，从制度、规则等多个方面打通壁垒，畅通国内国际双循环，提升国际循环质量和水平，推动我国经济社会高质量发展。

同商品和要素流动型开放相比，制度型开放是一种更高层次的开放，是我国实现高水平对外开放的必然趋势，有着深刻的历史逻辑、理论逻辑、实践逻辑。

从历史逻辑看，改革开放是决定当代中国前途命运的关键一招，中国的发展离不开世界，世界的繁荣也需要中国。改革开放以来，我国通过加入以世界贸易组织为基石的多边贸易体系，不断推进要素流动型开放，促进商品、服务、资金、人才等在国内国际两个市场有序自由流动，优化资源配置，推动我国经济社会发展取得举世瞩目的成就，也为世界经济稳定发展开拓了广阔空间、做出了巨大贡献。当前，积极推进高水平对外开放，需要稳步推动制度型开放。从理论逻辑看，党的十八大以来，党中央着眼于我国对外开放的新形势新任务，提出稳步推动规则、规制、管理、标准等制度型开放，这是运用马克思主义政治经济学基本原理指导我国经济发展实践所形成的重大理论成果，是对马克思主义政治经济学的创新发展。从实践逻辑看，当今世界正经历百年未有之大变局，世界之变、时代之变、历史之变正以前所未有的方式展开，我国发展进入战略机遇和风险挑战并存、不确定难预料因素增多的时期。推动制度型开放，进一步融入全球产业链、供应链、价值链、创新链体系，有利于加快形成新发展格局，有利于促进贸易和投资自由化便利化，打造国际合作和竞争新优势。

（一）主动对接高标准国际经贸规则

制度型开放的本质就是要构建与高标准国际经贸规则相衔接的国内规则和制度体系，加快建设统一开放、竞争有序的现代市场体系。当前，我国要主动作为，抓住和利用好国际经贸规则调整、重塑的契机，深度对接高标准国际经贸规则，加快形成与国际通行规则相衔接的制度体系，主动构建于我有利的多边和双边规则体系。

坚持高起点谋划、高标准建设，主动适应国际经贸规则重构新趋势，紧扣制度创新，充分发挥自由贸易试验区、自由贸易港等先行先试作用，在规则对接、规则创新、规则开放等方面形成一批可复制可推广的经验，打造开放层次更高、营商环境更优、辐射作用更强的开放新高地。对标国际高标准经贸规则，推动规则、规制、管理、标准等制度型开放，加快构建与国际通行规则相衔接的制度体系和监管模式。充分利用《区域全面经济伙伴关系协定》（RCEP）正式生效带来的发展机遇，主动对接《全面与进步跨太平洋伙伴关系协定》（CPTPP）和《数字经济伙伴关系协定》（DEPA）等高水平自由贸易协定规则，进一步健全完善自由贸易区规则标准，积极设置和推广兼顾发展中国家利益的议题和方案，逐步构建多元化、高标准的自由贸易网络体系，不断提升我国全球要素资源配置水平。

（二）积极研究探索新兴领域规则

着眼要素的跨境流动，针对互联网、物联网、大数据、区块链等新技术与传统领域结合所产生的新领域、新模式、新业态，我国要积极推动相关领域的规则设计，创造性构建新兴领域规则体系，形成更高标准的国内制度环境，为构建新发展格局提供规则制度基础。推动相关制度规则成为全球共识，努力在数字贸易规则制定中担当倡议者、推动者、引领者。

我国作为数字贸易大国，应在数字贸易规则的构建中积极承担重要角色，将数字贸易规则的构建与我国制度型开放紧密结合起来，积极开展研究，探索建立数据跨境流动安全评估规则、数据保护能力认证规则、跨境数据交易规则等，推动达成全球共识。有序扩大重点领域开放，在一些优势领域尽快总结经验，逐步增强我国在数字贸易规则领域的制度性话语权，为世界经济注入可持续增长和包容性发展的新动能。

（三）进一步放宽外资市场准入

合理缩减外资准入负面清单，扩大鼓励外商投资范围，着力构建更加开放、透明、规范的外资企业在华经营环境，努力引进更多高质量外资。严格落实外商投资法，推动在负面清单以外领域取消针对外资的准入限制，落实好外资企业国民待遇，实现市场准入内外资标准一致。协调好投资负面清单与跨境服务贸易负面清单、国际法层面负面清单与国内法层面负面清单、外资准入负面清单与国内市场准入负面清单的关系，大幅放宽市场准入。探索推行"极简审批"投资制度，实施更加开放的人才、出入境、运输等政策，推动金融、服务贸易、公共服务等领域开放发展，不断增强外商来华投资信心。

（四）打造一流营商环境

以国际高标准、高水平为标杆，持续推动贸易和投资自由化便利化，全力打造市场化、法治化、国际化一流营商环境。要推动产业政策、创新政策、竞争政策等各项政策与国际通行规则的协调，形成有利于资本、信息、技术、人才等要素流动的市场化、法治化、国际化的营商环境；建立健全相关法规体系，加强技术标准对接和知识产权保护，打造鼓励创新的制度环境；坚持以法治思维和法治方式推进营商环境建设，以法治引领改革，以改革促进法治，用法治规范政府和市场边界，努力营造稳定、公平、透明、可预期的营商环境。依法保护外商投资权益，加大知识产权保护力度，不断激发市场主体创新创业活力，让中国成为吸引外资的热土。

（五）加快构建维护安全的体制机制

在推进制度型开放的同时，还应注意有效维护国家安全。随着经济全球化遭遇逆流，外部环境更加复杂多变，必须处理好自立自强和开放合作的关系，处理好积极参与国际分工和保障国家安全的关系，处理好利用外资和安全审查的关系，在确保安全的前提下扩大开放。

为此，要通过系统梳理各类安全挑战带来的具体风险，构建有效的国家安全维护机制，为深入推进制度型开放提供保障。要大力提升国内监管能力和水平，完善安全审查机制，重视运用国际通行规则维护国家安全，提升重点领域、重点地区安全审查水平，在实践中维护我国企业利益和供应链安全。同时，还要积极构建部门协调机制，完善对外投资管理体制机制，推动对外投资便利化，准确甄别海外投资风险，健全商业信息、项目发布、金融服务及国际法律服务等内容，推进优势产业和重点企业"走出去"。

二、在深层次开放中推动制度型开放的路径选择

由上文分析可见，适应经济全球化新形势、把握新特点，我国发展新一轮高水平开放型经济，必须由商品和要素流动型开放转向规则等制度型开放。与商品和要素流动型开放相比，制度型开放的本质特征是一种由"边境开放"逐步向"境内开放"的拓展和延伸。因此，我国转向制度型开放的具体路径，就是要在继续维护和倡导贸易和投资自由化的基础上，通过促进规则变革和优化制度供给安排，来满足国际分工进一步深度演进趋势下，跨国公司对统筹全球价值链的"无缝对接"需求，来迎合创新生产要素跨国流动对制度环境的新型需求，对接国际经贸规则高标准化的发展趋势。

在新发展阶段，我国对外开放的大门将越开越大，亟须构建完善以规则等制度型开放为核心的更高水平开放型经济新体制，推动中国与世界经贸规则与制度的深度融合迈向新阶段，开创开放合作、互利共赢的新局面。具体来看，主要有以下几个方面的路径：

（一）对标高标准的国际经贸规则，形成与之相衔接的国内制度体系

制度型开放是提升整合与利用全球生产要素（尤其是创新要素）能力的根本要求，也是深度融入以产品生产环节和阶段为界限和主导形态的全球价值链的制度保障。为此，需要牢牢把握国际投资与贸易通行规则的演进趋势，吸取多边贸易体制的优点与亮点，同时针对不适应经济全球化新特点的部分进行调整，以

深层次的改革倒逼国内规则的不断优化。这主要侧重以下三个方面：

1. 对标国际先进规则

通过规则变革和制度优化，使现行规则不断向高标准国际经贸规则趋近，最终能够与新型经济全球化所要求的制度体系和监管模式相衔接。同时，不断推动由"境内开放"向"境外开放"转变，逐步形成与第四阶段经济全球化所要求的更高标准国际经贸规则相衔接的基本制度体系。

2. 全面落实"市场准入＋外商投资"的"负面清单"制度设计

加快推进投资便利化、监管便捷化、法制规范化建设，促进全球生产要素，特别是创新要素的积极有序自由流动，实现国内国际双循环的现代市场体系构建，让外资敢于投资，愿意留下。

3. 对标全球营商环境评价标准

着重打造法治化、国际化、便利化的国际一流营商环境，进一步提升吸引国外"第五"生产要素的国际竞争力水平，提升在国际中的竞争力。

（二）以自由贸易开放平台为重要载体，推进规则等制度的先试先行

搭建对外经贸的载体和国际平台是稳步推进规则等制度型开放的重要保障。以自由贸易试验区为代表的开放平台不仅是我国推进改革开放的重要载体，也是开展制度创新的重要抓手。我国需要坚定践行多边主义，以共建"一带一路"倡议为引领，以自由贸易试验区为抓手，对标国际自由贸易区的通行规则，推进上海自由贸易试验区、海南自由贸易港等少数条件相对成熟的自由贸易试验区的先试先行，肩负起打造开放度最高、制度建设最完善的自由经济区的重任，加快深层次全面开放新格局建设。这些先试先行的自由贸易试验区，主动与国际自由贸易区域接轨，真正做到"境内关外"，即实现高标准的"三零"（零关税、零壁垒、零补贴）贸易区，补齐全面开放新格局的制度短板，促使其他自由贸易试验区模式逐步"复制"与"推广"，并为全国范围内建立公开、开放、透明的市场规则奠定良好的基础。

（三）进一步优化营商环境，加快并以更大力度实施"负面清单"制度

作为"境内开放"的关键影响因素之一，国内营商环境在第四轮经济全球化中扮演着十分重要的角色。在第三阶段的经济全球化发展进程中，一般性生产要素的跨国自由流动已经基本实现，且由此推动了产业和产品生产环节国际梯度转移。在过去几十年中，我国对国外生产要素的吸引力主要来自本土优势要素的价格差，以及优惠政策所形成的成本洼地。

然而，在第四轮经济全球化发展中，尽管生产要素的价格差异仍然存在，但政策性开放的洼地效应已经基本消失。更为重要的是，在跨国流动的生产要素中，高端和创新生产要素的作用越发明显，生产活动的区域布局对要素价格差不再像以往那样敏感，而营商环境等制度性成本的重要性日益凸显。生产经营活动，尤其是创新要素的生产经营活动究竟在何处集聚并发挥作用，将更多取决于哪些国家和地区能提供更具有吸引力的营商环境。因此，我国在顺应和引领第四轮新型经济全球化发展中，发展新一轮高水平开放型经济，须着力于打造国际化、法治化、市场化、便利化的一流营商环境。

优化营商环境旨在为企业创造更加自由、公平和高效的经营氛围，而负面清单制度则是这一优化进程中的关键举措之一。通过简化和透明化市场准入规则，负面清单制度不仅能有效减少政府干预，提升市场活力，还能进一步巩固营商环境的改善成果。

实施市场准入负面清单制度和外商投资负面清单制度，既是发挥市场在资源配置中的决定性作用的重要基础，也是加快建立与国际通行规则接轨的现代市场体系的必由之路。负面清单制度的实施能够彰显中国主动扩大开放，尤其是主动对接国际通行规则和做法的坚定决心。但是，我们同样要清醒地认识到，尽管在负面清单制度上有所进步，但我国的外资壁垒与发达国家相比仍然较高，甚至比包括越南在内的某些发展中国家也偏高。因此，若要实现促进全球要素尤其是创新要素的有序自由流动，实现在国内国际两个市场深度融合中整合和利用全球要素，需要给各类企业创造公平竞争的市场环境，在投资便利化等方面做出更大努力，进行更高水平的开放。

（四）探索建立制度创新容错纠错机制，提升创新风险的防控能力

面对新一轮国际贸易规则改革，我国若想实现由"规则接受者"向"规则引领者"的转变，就需要鼓励和大力支持制度创新，积极探索与建立制度创新的容错纠错机制，平衡好贸易投资管理体制改革带来的利益与风险。一是以加快缩减负面清单的方式扩大对外开放，倒逼或主动推行更宽领域、更深层次的开放举措；二是实行更高水平的投资自由化政策，在扩大外资企业的投资空间、领域以及自由度的同时，强化政府监管职能，优化监管方式，实施全生命周期式的监管模式；三是构建我国在竞争性、劳工与环境标准、知识产权保护、政府采购、数字产品、服务贸易以及营商环境等相关协定谈判、修订与执行过程中的风险防御体系；四是重点建立与完善金融领域风险防御体系，遵循金融业审慎监管原则，平衡好金融开放与金融安全的关系，提高对跨境资本流动的监测和风险防控能力，守住不发生系统性金融风险的底线。

因此，未来一段较长时间内，我国推进制度型开放的主要思路为：紧紧把握市场在资源配置中发挥决定性作用和更好发挥政府作用的基本原则，以对内推动经济高质量发展和对外构建符合经济全球化深入发展方向的国际高标准经贸规则作为两大战略目标，正确区分发达国家相关经贸规则中的积极因素和消极因素，在对接发达国家合理高标准国际经贸规则的同时引导新兴市场国家共同构建新型规则，积极推动"边境"规制改革以持续促进商品服务要素跨境自由流动，以政府采购、国有企业、补贴政策、知识产权保护为重点加速深化"边境后"规制改革以实现和"边境"规制协同发力，积极构建和其他经济体的全领域规则协调机制，逐步形成适应新时代制度型开放要求的国家安全维护机制，有效提升我国规则体系的正向外溢效应，为畅通国内国际双循环、构建中国特色社会主义现代化经济治理体系、有效集聚全球高端要素和提升我国在全球经贸规则中的话语权奠定基础。

三、制度型开放为中国参与全球经济治理体系改革带来的广阔机遇

传统的全球经济治理范式建立在权威、制度和观念基础上。自 2008 年全球金融危机以来，权威分散、制度变革与观念转变推动着全球经济治理范式加快转型，为中国参与全球经济治理体系改革提供了机遇。作为国际社会公认的世界和平的建设者、全球发展的贡献者和国际秩序的维护者，中国在全球经济治理体系中始终扮演着"发展中国家的领头羊"角色。党和国家基于对外开放过程中的宝贵经验而提出的制度型开放，不仅有助于提升本国的制度建设水平，同时也有助于提升我国在全球经济治理体系改革中的影响力与话语权。

（一）制度型开放有助于改善中国的制度环境

商品和要素的流动型开放本质上属于"边境开放"措施，旨在降低关税和非关税壁垒，促进贸易和投资的自由化便利化，加速资本、技术等生产要素的跨国流动，促进世界经济的发展。然而，随着近年来逆全球化、单边主义和保护主义抬头，传统的商品和要素流动型开放已难以适应当前国际新形势的需要，也难以给未来中国改革注入新活力。"边境开放"发展模式只能促进一般生产要素在全球范围内的流动，无法集聚创新与高端的生产要素，且要素的集聚与流动需要制度和政策的不断改革，这就迫切要求稳步扩大制度型开放，推动"边境开放"

向"境内开放"延伸。制度型开放不仅包括跨境投资自由化和贸易便利化,还包括涉及各类生产要素跨境流动的整体制度环境的优化。

自 2013 年以来,作为制度型开放平台,中国自由贸易试验区先后 7 次扩容,总数增至 22 个,充分发挥改革开放试验田作用,推动各类制度创新成果在全国复制推广,全力打造市场化、法治化、国际化一流营商环境,降低国际市场与国内市场联通的制度壁垒。党的二十大报告首次提出"实施自由贸易试验区提升战略",这是应对逆全球化趋势、推进高水平对外开放、推动高质量发展和助力自由贸易试验区建设再上新台阶的必然要求,是适应当前国内外形势发展需要做出的重大战略部署。不仅如此,2022 年 1 月 1 日正式生效的 RCEP 使成员间货物、服务、投资等领域市场准入进一步放宽,原产地规则、海关程序、检验检疫、技术标准等逐步统一,改善了成员国家间资本、技术等核心要素流动的制度环境。中国通过稳步扩大制度型开放,对标对表高标准的国际相关通行规则,加快建设国内统一开放、竞争有序、制度完备、治理完善的高标准市场体系,营造稳定、公平、透明、可预期的制度环境,促进全球信息、数据等高端资源的要素配置,以制度优势形成新的比较优势,助推国内国际双循环,促进经济高质量发展,让世界共享中国大市场红利,不断提升中国参与全球经济治理的底气和能力。

(二) 制度型开放有助于增强中国的制度溢出效应

制度型开放是规则、规制、管理、标准等方面的开放,是我国全面深化改革开放、主动参与全球经济治理的战略抉择,有助于增强我国在全球范围内的制度溢出效应。所谓"制度溢出",是指一国通过自身规模和影响力,将本国制度模式推广至其他国家乃至全球的过程,这不仅体现出一国在全球治理中的地位与作用,而且彰显其制度理念和实践智慧的影响力。

自改革开放以来,我国坚持经济全球化正确方向,在对外开放中不断加强自身制度建设,稳步提升制度供给能力。以共建"一带一路"倡议为例,自其被提出的十年来,中国已同 150 多个国家和 30 多个国际组织签署共建"一带一路"合作文件,形成了 3000 多个合作项目,带动全球国际合作"范式"效应。另外,表 1-1 展示了 2023 年共建"一带一路"65 国外贸依存度排名前十的国家,图 1-2 展示了 2023 年共建"一带一路"重要贸易伙伴外贸依存度,这都体现了"一带一路"合作与贸易的繁荣发展。依托该倡议,已经形成了包括欧亚经济联盟在内的一系列政策性成果,推进了雅万高铁、中老铁路等基础设施建设,也通过亚洲基础设施投资银行(AIIB)、丝路基金(Silk Road Fund)等共建"一带一路"金融服务机构和产品推动了中国与相关国家的经贸合作和资金融通。共建"一带一路"倡议以项目建设带动制度对接，成为中国向世界提供的最重要的制度性公共产品。

表 1-1　2023 年共建"一带一路"65 国外贸依存度 TOP10

排名	国家	外贸依存度（%）
1	新加坡	311.2
2	阿联酋	202.3
3	塞浦路斯	192.8
4	斯洛伐克	182.3
5	越南	166.3
6	斯洛文尼亚	160.1
7	巴林	157.8
8	匈牙利	157.3
9	爱沙尼亚	154.9
10	立陶宛	149

资料来源："一带一路"统计数据库。

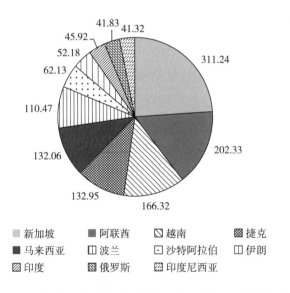

图 1-2　2023 年共建"一带一路"重要贸易伙伴外贸依存度（%）

资料来源："一带一路"统计数据库。

当前，全球范围内对于发展中大国制度的认知和接受程度有待进一步提升。通过制度型开放，我国可以更有力地向世界展现自身经济社会发展取得的制度成果，在全球制度竞争中赢得更大主动权和话语权，推动形成互利共赢、多元平衡的国际经贸新规则，实现多边体制包容性发展和全球经济公平治理。

（三）制度型开放有助于提升中国的制度性话语权

在以制度规则为主要治理方式的全球经济治理体系中，制度性话语权已成为当前国际社会的博弈主阵地。针对当前全球经济治理体系的代表性不充分、碎片化等问题，构建符合新时代发展的开放包容和互惠互利的国际经贸规则、提升新兴经济体的制度性话语权成为推动全球经济治理体系改革的核心内容。当前，我国正广泛参与不同层次的全球经济治理体系建设，如提出筹建亚洲基础设施投资银行（AIIB）、出资设立丝路基金、推动成立金砖国家新开发银行、不断推动人民币国际化等，在制度型开放背景下参与全球经济治理，提升中国经济的影响力，拓宽中国在全球经济治理中的制度空间。

2016 年，G20 杭州峰会是中国参与全球经济治理的重要里程碑，中国借主场外交之利，主导商定了《二十国集团迈向更稳定、更有韧性的国际金融架构的议程》，聚焦于推动国际货币基金组织（IMF）份额和治理结构改革。在多方推动下，IMF 于 2016 年开始实施《董事会改革修正案》（*Board Reform Amendment*），中国在 IMF 的份额占比提升至 6.394%，排名从第六位跃居至第三位，仅次于美国和日本，意味着中国在国际金融组织中的制度性话语权显著提升。表 1-2 展示了 2018~2023 年我国对外直接投资情况，可以发现投资额呈递增趋势。另外，G20 杭州峰会还签署了《二十国集团全球贸易增长战略》（G20 *Global Trade Growth Strategy*）和全球首个多边投资规则框架《二十国集团全球投资指导原则》（G20 *Guiding Principles for Global Investment Policymaking*），拓展了中国在全球经济贸易体系中的"朋友圈"，维护了多边贸易体制的平稳均衡发展，提升了中国在倡导多边贸易进程中的制度性话语权。

表 1-2　2018~2023 年中国对外直接投资情况

年份	中国对外直接投资流量（万美元）
2018	14303731
2019	13690756
2020	15371026

续表

年份	中国对外直接投资流量（万美元）
2021	17881932
2022	16312100
2023	17728784

资料来源：国家统计局。

　　中国通过制度型开放不断向国际社会提供制度供给，制度产品"送出去"，四海宾朋"请进来"。随着中国与更多国家和地区深化国际合作，持续彰显国际责任与领导力，中国将在国际规则制定和全球经济治理体系改革中获得更多制度性话语权，从而为全球经济治理贡献更多中国理念和中国方案。

第二章

制度型开放的概念释义与内涵创新

2022 年 10 月，党的二十大报告指出，"稳步扩大规则、规制、管理、标准等制度型开放"。2023 年 9 月，习近平总书记在中共中央政治局第八次集体学习时强调，"积极参与世界贸易组织改革，提高驾驭高水平对外开放能力"，"更加主动对接高标准国际经贸规则，稳步扩大规则、规制、管理、标准等制度型开放"。2024 年 7 月，党的二十届三中全会指出，要稳步扩大制度型开放。在当前主要大国地缘政治博弈延宕、生成式人工智能等新兴科技迅猛发展、经济全球化面临结构性调整、全球经济治理体系改革处于新的十字路口等国际政治经济科技形势下，稳步扩大制度型开放是解决和平、发展和安全等二战后联合国主管三大领域事务的一把钥匙。

本章以"规则、规制、管理、标准"为重点，从静态意义、动态意义、趋势意义等方面对相关概念进行释义。同时在稳步扩大制度型开放的语境下，从四维（贸易、金融、投资、创新）、四新（新挑战、新领域、新内容、新保障）等视角着手，围绕开放与改革、开放与发展、开放与合作、开放与安全等内容，从境内开放、政策协调、规则导向、系统性、透明性等方面明确稳步扩大制度型开放的基本概念与内涵创新。

第一节 制度型开放的概念释义

一、制度型开放的基本概念

稳步扩大制度型开放是新时代高水平对外开放的核心要义，这一举措具有中华优秀传统文化的内在特质，兼备马克思主义政治经济学的理论探索，依托一代代中国共产党人的接续努力，更是中国进入新时代的伟大实践的理论升华。稳步扩大制度型开放是新时代新征程上经济工作的新思想、新论断。研究稳步扩大制度型开放这一重大的时代课题，可以以概念释义层面作为出发点。根据新华社的英文翻译，制度型开放是指 institutional，对应的"制度"可以翻译为"institution"。制度型开放的重点为规则、规制、管理、标准等，也就是说，规则、规制、管理、标准等属于制度型范畴。理解制度型开放，需要从"制度"进行解读。

二、制度型开放的一般释义

"开放"是过去 40 多年中国特色社会主义的重要底色，也是一项基本国策，是中国经济社会实现跨越式发展的重要法宝。关于当下语境的"开放"，较早开始于 1979 年 7 月广东省、福建省可以实施特殊的对外经济政策和灵活的地方措施。1992 年 10 月召开的党的十四大宣布，中国建立社会主义市场经济体制，标志着"开放"进入新的阶段，因为社会主义市场经济体制体现了与国际通行的市场经济体制的接轨，与关贸总协定（GATT）管理的国际经贸规则的市场原则和契约精神具有内在的一致性，符合当今时代特征和世界发展大势。

一般意义上的"制度"，其重要性和意义体现在以下几个方面：一是规范市场经济体制下的各类市场主体行为。制度为各类企业、个体工商户和自然人等各类市场主体提供了明确的行为准则，规定了他们的权利和义务，帮助各类市场主体理解自己的责任，并提供一个公平竞争的营商环境，推动各类市场主体在可预期的制度框架中和谐相处，努力体现竞争中性原则，即各类市场主体平等参与经济贸易活动。二是约束违规者。制度设立了不同类别的惩罚措施，以防止和惩治违反规则的行为，起到威慑作用，维护各类市场主体的稳定和安全。在国际经贸治理语境下，约束违规者还体现在要求各类市场主体不能接受政府或公共机构的直接补贴、向市场以低于成本的价格提供产品和服务等。对违规者设定了惩罚手段和措施，如多边贸易体制下的争端解决机制、多边投资争端仲裁机制。三是促进市场经济发展。制度可以提供公平的竞争环境，激发各类市场主体的创造力和潜力，实现"经济人"的充分发展，让创造社会财富的活力充分迸发。四是维护市场经济秩序。制度有助于减少各类市场主体的冲突和纠纷，维持市场经济秩序和各类市场主体的内在平衡，让市场参与者按照不同的生产要素分配市场收益，在效率与公平的基本平衡下增加社会财富、保持社会稳定。五是促进市场经济体制进步。随着各类市场主体的增多，参与市场经济活动更为复杂，各类经济贸易投资关系交织，需要更多的制度来适应市场经济新变化，对各类市场主体的可诉求目的进行限定，提供市场经济行为的准则和界限，推动市场经济体制持续发展和适应性变革。

新时代制度型开放与改革开放初期的政策性开放，同属于"开放"的范畴，两者的区别主要体现在开放的方式、目标和影响上：一是方式上的区别。政策性开放是通过出台特殊政策或利好政策，采取"一事一议"的开放模式，这种方式在一定程度上迅速促进了地区经济增长，但也增加了对外开放的成本与风险。制度型开放涉及对标国际规则，形成与国际贸易和投资通行规则、规制、管理、标准相衔接的市场规制制度体系。这包括在清理国内不合理、不相容的法律规则基础上，进一步形成规范透明的基本制度体系和监管模式。二是目标上的区别。政策性开放主要是为了促进地区经济的快速增长，通过招商引资等方式实现目标。制度型开放旨在通过优化一体化发展的体制机制，形成一批首创性、引领性、集中化、高质量的制度创新成果，扩大市场准入，缩减外资准入负面清单，建设国际一流的营商环境。三是影响上的区别。政策性开放可能导致地区间恶性竞争与资源浪费，不利于一体化发展。制度型开放有利于与高标准的国际经贸规则实现对标对表，是中国主动对外开放的举措，也是适应和引领普惠包容的经济全球化的必然。综上所述，制度型开放是一种更为全面和深入的开放方式，它不仅涉及政策的调整，更涉及国内制度和规则的根本性变革，以适应国际化和市场化的发展需求。构建开放型经济新体制，体现在制度型开放方面，包括强制性执行的规则、具体行业和部门指引性的规制、宏观中观微观层面的管理，以及各类标准和多次验证行之有效的良好实践推广。推动制度型开放就是要从国情出发，借鉴对标国际先进经验，通过主动对接国际上通行的、惯例性的市场规则，形成同国际贸易和投资通行规则、规制、管理、标准相衔接的市场规制制度体系。

三、制度型开放与中国传统经商文化思想

中国传统农耕文明形成的商人、商品、商业"三商"文化思想，在不同诸侯和民族大融合中展现了浓重的对外开放意识，是制度型开放理论的重要渊源。与商人、商品、商业等相关联的商文化思想，源自四千年前的商族。农业和驯服牛牧业的发展，使商部落的农产品有了剩余，从而具备了商品交换的前提，商部落特别是商祖王亥带领队伍到外部落进行商品交换，商品交易之处称为"商丘"，《诗经·商颂·玄鸟》和《周书·酒诰》等历史文献中均有传说或记载，商部落派出专门的商业队伍对外从事商品交易，据考证从现今的河南商丘游走至河北易水一带做生意，这说明从事贸易的商人、经商的物品、商人的职业等"三商"文化，是制度型开放的早期萌芽。

战国时期的《管子·轻重甲》提出轻重思想，"以轻重御天下之道"，认为对外通商有助于实现"聚财"和"致民"两大目标，"为国不能来天下之财，致天下之民，则国不可成"，强调对外开放的重要性。管仲通过发挥比较优势，哄抬别国特产价格，扰乱其生产秩序，高价吸引别国必需品等手段，多次对他国发起贸易战，协助齐国搞垮了楚、鲁、莱、莒、代等国，"齐纨鲁缟""买鹿制楚"等典故皆出于此。西汉时期《盐铁论》记录了御史大夫桑弘羊关于对外贸易的看法，提出"外国之物内流，而利不外泄"。这是制度型开放利于富国强兵的思想。

秦汉以后，唐朝开启了对外开放的新高潮，海上和陆上丝绸之路畅通物流货流。明朝郑和七次下西洋航行，极大促进了当时社会生产力的提升和商业文明交流。清朝前期对外开放，仅是限关，从来没有完全封闭过，但是清朝前期的开放是低水平的，因为清朝历代皇帝并不重视对外贸易，而把对外贸易当作一种政治手段、外交手段。到了清朝后期，情况发生了很大的变化，鸦片战争后，中国逐渐沦为半殖民地，这以后的开放叫作被动开放。被动附庸型开放外商享有种种特权，而华商在和外商进行贸易时往往吃亏，外商享有特权的结果是，许多华商被迫转化为买办，外方享有特权，买办也可以沾光。在近代不平等条约制度下，被动开放使中国人在自己的国家里受到歧视，使华商在国际贸易中处于不利的地位，外国资本可以在中国进行多方面的扩张，使中国财政经济命脉为西方列强所控制。

四、制度型开放与对外开放的思想和实践

中华人民共和国成立之初，国际格局正走向美苏冷战，美西方国家通过设立"巴黎统筹委员会"对中国采取经济封锁孤立政策，中国只能采取向苏联东欧国家一边倒的开放政策。1953～1957年的"一五"计划时期，在推进各经济领域社会主义改造的同时，我国与苏联和东欧国家扩大资金项目交流，建设相对完整的工业化体系。为了打破西方的经济封锁，第一代中央领导集体坚持开放，其中一个举措是举办"中国出口商品交易会"（广交会）。1957年4月以来，广交会每年春秋两季欢迎外商来广州进行贸易洽谈，一直未中断，这说明中国一直在对外开放。同时，中国参加了万隆会议、日内瓦会议等重大活动，努力在国际舞台打开局面。中国与西方国家的民间贸易投资持续开展。1953年，英国企业家杰克·佩里带领一支英国商业代表团访问北京，这次"破冰之旅"为中英非正式贸易合作建立了桥梁，也为中国经济打开了一道开放突破口。这支总数为48人的代表团就是如今英国48家集团俱乐部的奠基人。

20世纪60年代，中苏关系交恶叠加西方国家对华敌视政策，中国面临由美国和苏联组成的反华包围圈。为了应对形势变化，中国的对外开放政策由一边倒型转变为多方突围型，如加大与第三世界国家的贸易往来，增加向加拿大和法国进口粮食，并从美国进口一些粮食。1964年法国率先与中国建交，西方对华封锁被打破。1972年美国尼克松总统访华。在中美关系正常化的带动下，西方国家积极开展对华经贸联系，越来越多的国家与中国建交，西方国家对中国20年的封锁被打破，突围型对外开放取得了决定性胜利，形成新的外贸格局，原来75%的外贸面向苏联和东欧国家，后来变成75%面向西方国家。原来的156项重点工矿业基本建设项目分布在西部和北部地区，后来的开放地区大部分放在了沿海，这样可以充分利用沿海资源，发挥新引进技术设备的作用。突围型开放使中国经济部门官员深化了对利用外资的认识，为以后的扩大开放奠定了基础。1978年，中央高层有了一个比较开放的思维，重视学习经济发达国家和地区的科学技术，多个团组出国访问，引进大型设备和技术，促进冶金、化学、石油化工等基础工业发展，为我国坚定不移地实行对外开放政策提供了思想和物质积累。

1978年党的十一届三中全会以来，中国坚持改革开放政策，设立深圳、珠海、汕头、厦门、海南经济特区，开放沿海城市。这些政策性开放举措推动沿海城市和沿海地区实现优先发展，成为国内外经济的结合部和对外开放的交接点。

随后，中西部地区陆续设立经济技术开发区、保税区、高新区等开放高地，初步形成全方位对外开放的新格局。2001 年中国加入世界贸易组织（WTO），对外开放迈上了一个新的台阶，主要体现在对外经贸体制进行改革，立改废一批涉外经济政策法律法规，由单边、自主、政策性开放转向第一次实质意义上的制度型开放。加入 WTO 前，我国主要体现在进口替代模式和出口导向模式并行的外向型经济。加入 WTO 后，我国大力发展开放型经济，一般贸易与加工贸易并重，货物贸易与服务贸易并重，吸引外资与对外投资并重，商签了一批投资协定和自贸协定。双边、区域、多边等维度的国际经贸合作得到进一步加强。1978～2012 年，我国经济总量、货物贸易额、服务贸易额、吸引外资、外汇储备等指标实现跃进式增长，自 1986 年开启的恢复关贸总协定和随后加入 WTO 的自主开放、2001 年我国加入 WTO 的国际经贸规则对接等制度型开放的经济效应初步展现。2018 年以后，我国经济总量、外资、外汇储备情况都实现了较快的增长（见表 2-1）。

表 2-1 2018～2023 年中国经济总量、外资、外汇储备情况

年份	GDP（亿元）	吸引外资（万美元）	外汇储备（亿美元）
2018	919281.1	13831000	30727.12
2019	986515.2	14122000	31079.24
2020	1013567.0	14934000	32165.22
2021	1149237.0	18096000	32501.66
2022	1204724.0	18913000	31276.91
2023	1260582.1	16325345	32379.77

资料来源：国家统计局。

五、制度型开放与政治经济学

马克思、恩格斯创立的马克思主义政治经济学揭示了人类社会特别是资本主义社会经济运动规律。恩格斯指出，无产阶级政党的"全部理论来自对政治经济学的研究"。列宁则把政治经济学视为马克思主义理论"最深刻、最全面、最详尽的证明和运用"。马克思主义政治经济学的创立使政治经济学不仅拥有了新的、科学的思维方法，而且具备了现实的研究与批判对象。它建立在以客观经济规律为依据的坚实基础上，指出了现代化生产方式发展过程中必然产生的各种矛盾，并从社会经济运动形式内部发现未来能够消除这些矛盾的积极力量和因素，使政

治经济学成为真正的科学。马克思考察资本主义经济制度将对外贸易和世界市场纳入其中，并沿袭由资本、土地、劳动等生产要素考察向对外贸易和世界市场考察转变的研究思路。

从亚当·斯密等古典经济学家至今，经济学家们致力于分析政府和市场机制的运行及其对经济增长的影响。市场可以被认为是制度之一，资本主义周期性生产危机在不同时期和不同国家的表现，20世纪80年代拉美地区债务危机、柏林墙倒塌和中东欧国家成为转型经济体等现象，表面可看作纯粹的市场现象，但市场机制无法全面解释，需要更深入理解这些现象的深层原因及后果，为此经济学家将制度纳入考察范围。特别是不同国家的经济增长绩效迥然不同，诺思提出的"制度是重要的"观点已变得日益重要。诺思将"制度"定义为"社会的游戏规则，更正式地说，制度是人类设计出来的规则用以规范人与人之间的交往。其结果是制度提供了人们在交易中的激励结构，不管是政治的、社会的，还是经济的。制度变迁影响社会，随着时间的演变，因此是理解历史的关键"。这是经济学家普遍接受的对制度的定义。诺思将制度描述为一个社会游戏的正式规则和非正式规则，它决定了政治、经济和社会互动的激励结构。诺思研究侧重经济史，用制度理论解释西方经济的崛起。与诺思的新制度经济学不同，20世纪60年代，旧制度经济学被用作分析政府、组织的实际运作，希望找出一个好的制度，而这种分析带有价值判断。新制度经济学强调环境如何影响制度变迁，以规则作为分析单元，重视非形式的因素，不仅分析实质上的运作程序与规则，更注重制度内非形式因素的影响，强调制度间的差异性。从中可以看出，以诺思为代表的新制度经济学将正式和非正式规则作为制度进行研究。

既然制度对一国经济增长的绩效如此重要，那为什么其他国家不能借鉴经济绩效较好的国家的制度呢？诺思基于这一出发点，把制度分为宪法、产权制度和合同等正式规则和规范、习俗等非正式规则。从国外引进的良好正式规则，如果无法与本土的非正式规则相结合，或者难以改变本土的非正式规则，那么二者就难以相容相通，通过制度型开放引进的外来正式规则可能形同虚设，导致制度变迁无效。为此，制度的执行变得更为重要，外来的正式规则实施者和旧有的非正式规则守护者产生博弈态势，制度演变为一种博弈均衡，这就意味着制度不是一成不变的，而是会发生变化的。

从政治学角度来看，塞缪尔·亨廷顿将制度定义为"稳定的、与所在社群被认定为蕴含价值的、反复出现的行为模式"。与经济学家诺思不同，亨廷顿使用制度解释冷战后的世界格局，认为 21 世纪的战争将不会发生在国家之间，而会发生在文明之间。从制度层面看，亨廷顿还讨论了美国的国家认同问题，以及大规模拉丁裔移民对美国可能构成的文化威胁，即将美国割裂为两种人、两种文化、两种语言。由此可以看出，制度可以推广到非正式规则领域，社会民众和市场主体通过稳定的、反复出现的行为模式，形成制度变迁或者加剧不同制度之间的冲突。

从社会学角度看，制度的定义更为广泛且时间稍早。美国斯坦福百科全书汇总了关于制度的不同内涵。一般来说，制度是指复杂的体系。乔纳森·特纳提出制度是一套立场、角色、规范和价值观的复合体，存在于特定类型的社会结构中，并组织相对稳定的人类活动模式。制度的动态性存在于制度间和制度内的分化过程，以及这些分化节点的整合。人类社会第一个制度是亲属关系，所有其他制度活动都融入狩猎采集群体核心家庭的分工中。从最初的制度基础开始，经济、政治和宗教被分化出来，然后法律、教育、科学、医学、体育和艺术等其他领域开始发展。安东尼·吉登斯认为，制度是社会生活中更持久的特征，包括制度秩序、话语模式、政治制度、经济制度和法律制度。制度通常是相当稳定的，但也是可以改变的，尤其是当人们开始忽视、取代或以不同的方式复制制度时，将产生难以预料的后果。罗姆·哈雷认为，制度是由担任角色的人或公职人员等组成的相互关联的双重结构，以及涉及表达性和实际目标与结果的社会实践，并列举了学校、商店、邮局、警察、部队、收容所和君主制等例子。这种双重结构可以进一步解析为关系和规则，两者相互依存。

日本经济产业研究所所长青木昌彦详细综述了"制度"概念。他认为，制度的根本特征是经济体制存在均衡和失衡的交替，一国的制度体现为多个均衡，也有多个失衡，这些组合形成了制度，并受到民族文化和观念的影响，同时，制度均衡和失衡的交替导致制度变迁的多样性，产生了制度收益，吸引制度进行主动或被动的变迁。20 世纪 50 年代，日本意识到本国生产力水平远远落后于美国，开始学习借鉴美国经验，经历了从制度均衡到失衡再到多重均衡的演进过程，成功实现了制度转型，直接推动了 50 年代后期至 90 年代前半期的经济高速稳定增长。而日本生产力的提升反过来又影响了美国产业发展。80 年代初期，美国将日本的生产模式引入计算机和互联网技术领域，培育出一批新兴互联网企业，从而在高技术产业中建立了新的竞争优势。美国的这一竞争优势又促使日本对现有制度体系进行重新审视，从而形成日美产业互动的良性循环。

第二节　有关制度型开放的文献综述

一、"高水平对外开放"理念在构建开放型经济体系进程中的指导意义

1978 年 12 月，党的十一届三中全会决定将全党工作重点转移到社会主义现代化建设上来，开启了中国的经济体制改革和对外经济开放同步进行的历史新时期，说明中国共产党人在总结社会主义建设的经验和教训后，充分认识到社会主义经济建设绝不是走闭关锁国"封闭性"发展道路，而是大胆走上"开放型"经济的发展道路，这是因为，开放型经济强调一国市场是整个世界市场的有机组成部分，要尽可能充分地参与国际分工，同时在国际分工中发挥出本国经济的比较优势（Costinot，2009）。中国从试办经济特区、开放东部沿海城市和地区，开发开放上海浦东新区和开放沿边、沿江和内陆省会城市，加入世界贸易组织启动全方位对外开放，到今天构建开放型经济体系，实践已经证明，中国特色社会主义市场经济是生产要素、商品与服务可以自由跨境流动，从而实现最优资源配置和最高经济效率的开放型经济（Hsieh 和 Klenow，2009；Banerjee 和 Moll，2010）。开放型经济体系不是阶段性的政策调整或市场准入的扩大，而是植根于制度基础的长期性战略布局。

二、制度型开放的概念研究

制度型开放是指在尊重各方意愿前提下，形成国际经贸规则和制度体系，构建以更加公平、合理和合法的规则为导向的开放型世界经济体系，通过在贸易规则和规制（东艳，2021；许英明，2019）、投资规则和规制（陈福利，2019）、生产管理和产品标准（戴翔和张雨，2019）等方面进行协调和融合来促进经济开放，具体路径包括参与全球经济治理、积极为全球提供制度公共产品等（戴翔和张二震，2019；王宝珠等，2020；刘彬和陈伟光，2022）。因此，"境内开放""政策协调""规则导向"是制度型开放的重要特征。

（一）制度型开放的概念强调与国际高标准经贸规则的对接

制度型开放相对于商品和要素流动性开放是更高水平和更深层次的开放，相

当于规则等制度的"进出口"（何立胜，2019；许德友和王梦菲，2019；赵爱英等，2022），其核心是对标国际通行的先进规则，构建高标准制度体系（张茉楠，2019；陈梓睿，2020；袁沙，2023）。通过对标国际通行标准，推动国内规则、规制等制度的改革和创新，加快形成与国际通行经贸规则相衔接的制度体系和监管模式，实现中国和世界经济高质量安全有序融合（黄新华和赵荷花，2022），对新一轮高标准化国际经贸规则调整和完善具有引领作用的先进制度安排（戴翔，2019），为促进本国经济增长和世界经济稳定，实施高质量、高水平的对外开放战略奠定坚实的基础（国家发展改革委对外经济研究所课题组，2021；李忠远和孙兴杰，2023）。与商品和要素流动型开放相比，制度型开放的本质特征是一种由"边境上开放"逐步向"境内后开放"的拓展，从贸易壁垒、市场准入等向国内规则、规制、法律等体系的延伸，是制度层面的"引进来"与"走出去"（冯德连，2021；韩剑，2023）。

（二）制度型开放的概念强调参与国际经贸规则的制定

事实上，现行国际经济关系仍以少数发达国家的利益为优先考虑对象，具有"霸权"的内在本质（Snidal，1985）。国际经济旧秩序的规则先进性、法制民主性程度还不够。制度型开放不仅需要各国具有一致的理念，更需要在制度方面形成标准化和法制化的规则体系（王宝珠等，2020）。制度型开放不仅是通过制度学习实现国内规则与国际对标的过程，随着中国发展深度融入全球经济，中国可以能动地为全球经济治理供给一定的制度产品，弥补既有制度的不足，有助于形成更开放的全球经济治理体系（刘彬和陈伟光，2022）。因此，在实现与国际标准对接的同时，也要争取引领全球经贸规则的高标准化发展（戴翔和张二震，2019；戴翔，2021）。在境外共建方面，裴长洪和彭磊（2021）认为制度型开放的内涵包括参与全球经济治理、积极为全球提供公共产品等。赵蓓文（2021）认为对于全球通行贸易规则不仅需要去主动对接，还需要积极地去引领、共建和扩展。王宝珠等（2020）也指出制度型开放除了制度的"进口"，还包括制度的"出口"，即将国内已经正式制度化的规则体系转变为国际通行的制度体系（陈梓睿，2020）。魏浩等（2022）指出制度型开放不仅指一国引入并学习国际通行规则，更重要的是在制度学习的过程中，通过总结发展经验，形成特色鲜明的成熟制度供给，为全球经济治理体系重塑发挥作用。从被动的"规制跟随"型开放转向主动的"规则制定"型开放，通过深度参与全球经济治理逐步提高中国在全球经济治理中的话语权（冯德连，2021）。

（三）制度型开放的概念强调"境内开放""政策协调""规则导向"

制度型开放是更加深入的开放、更加全面的开放、更加系统的开放、更加公平的开放、更加透明的开放（钱克明，2019），也是更深层次的"境内开放"（国家发展改革委对外经济研究所课题组，2021；郭贝贝和董小君，2022）。制度型开放有别于政策型开放与商品和要素流动型开放，体现了制度体系转变，是规则导向的开放，具有政策协调的内在特征（戴翔和张二震，2019；叶辅靖，2022）。制度型开放是通过深化体制机制改革与协调对接国际高标准规则而不断消除开放制度壁垒和完善开放制度安排的过程（聂新伟和薛钦源，2022）。关秀丽（2022）指出制度型开放是深度、双向开放，是深层次的制度型变革与创新，是"边境"和"边境后"规制协调的重要实现途径，是深度参与国际经济治理的必然要求。当前所讲的高标准国际经贸规则，更加侧重于服务贸易和跨境投资，并且由关税、配额、许可证等"边境"措施为主转向"边境后"措施为主，涉及竞争中立、政府补贴、产业政策、劳工保护、环境保护等各国内部政策的相互协调与对接甚至要求完全一致、对等（高翔和黄建忠，2019；宾建成和高波，2022；郝身永，2022），促进贸易投资便利、不断优化营商环境、加强知识产权保护（夏玮，2015；廖佳等，2020；代中强等，2021；张建平，2021）。从大多数学者的论述来看，制度型开放的核心就是在制度层面寻求开放红利，这些开放红利包括实际产出稳定增长、全球FDI支持实体经济、全球消费集聚、经济结构成功转型、制度质量提升、金融部门发展、跨国业务枢纽形成和国际人才汇集等（刘凌等，2016），通过改革国内相关体制机制、政策体系和监管模式，建立适应国际经济合作大趋势的规则体系（季剑军，2021）。

三、制度型开放的内涵研究

制度型开放主要包含两个方面的内容：一是要加快构建与高标准国际经贸规则相衔接、相协调的国内规则和制度体系；二是通过在国内实施一系列系统性制度创新，逐渐引领全球规则、规制、管理、标准的制定，深度融入并重塑全球经贸规则（全毅，2022；何秀超，2023）。

制度型开放主要表现为四个内涵特征：第一，与政策性开放不同，制度型开放具有见效慢、可复制推广性强、企业获得感不高等特点（崔卫杰，2019）；第二，不同于边境开放，制度型开放的政策制度主要体现为边境后措施（崔卫杰，2020）；第三，制度型开放是中性的开放，不偏向于某一种行为，让市场在跨境资源配置中发挥决定性的作用（江小涓，2021）；第四，制度型开放是要从适应遵守向参与制定国际通行经贸规则体系转变（黄奇帆，2021）。制度型开放是一国从"边境开放"向"边境后"开放的拓展、延伸和深化，是各国规则、规制、管理、标准的对接和协同，主要强调各国制度体系的融合性和兼容性。

国外学者关于制度构建及制度互动的研究主要体现在国际制度理论、国际公共产品理论、全球经济治理理论等多个领域，为制度型开放提供了理论基础和实践参考。从国际制度理论来看，现代国际制度理论可追溯到 Keohane（1984）的研究，把制度看作解决国家面临的集体行为困境的办法，制度降低了交易成本，提高了良好声誉的价值、确定了标准等；Gilpin（1987）认为由于全球经济的相互依存和复杂性，经济大国需要通过制度合作来维护和促进全球经济的稳定和发展。这种合作可以通过建立和改进国际制度、规则和机构来实现，以协调各国之间的经济政策、解决争端和推动共同利益。从国际公共产品理论来看，Kindleberger（1973）发展的霸权稳定论，强调了稳定的世界秩序建立在霸权国家提供的公共产品基础上（Memedovic 等，2008），与制度型开放不同，霸权稳定论强调主导力量（霸权国家）在提供公共产品方面的作用，而制度型开放强调通过建立开放的规则、机制和合作框架，促进国际经济合作和互利共赢。从全球经济治理理论来看，它强调全球制度建构是通过全球体系里主要行为者的行动和协议建立起来的，全球治理是在世界范围内管理公共事务的宏观体系（Dingwerth 和 Pattberg，2006）。综上所述，众多学者阐述了制度型开放的概念，可以发现，制度型开放体现为制度、规则、合作和全球治理等方面的联系，这有助于我们理解制度型开放的重要性，以及如何构建和发展开放的制度和政策体系。

早在 2003 年，国内学术界就已提出制度型开放的观点，但研究成果不多，且内容主要涉及开放方向与趋势等较为宏观的方面。2017 年，党的十九大会议提出了全球化发展方向的构想，这一构想中蕴含着制度型开放的雏形。2018 年12 月的中央经济工作会议明确提出了"制度型开放"概念，标志着中国对外开放进入新历史阶段。2018 年中央经济工作会议上提出的制度型开放概念和 2018年之前学术研究中的制度型开放概念侧重点有所不同。自 2018 年之后的相关学术研究大部分以中央文件中的制度型开放概念为准，并进行了丰富和拓展。在2018 年之前，学术界的制度型开放概念更侧重于国内不同区域间政策与制度的协调和融合（常娱和钱学锋，2022）。2019 年之后，学术文献中的制度型开放概念明确指向规则和标准的跨境融合，不仅包括国际规则的国内化，也包括国内规则的多边化，具有国内规则和国际规则双向互动的特征。一方面要引进国际经贸先进规则、规制、标准和管理制度，发挥政府能动性作用，促进国内市场经济制度的完善，增强中国社会主义市场经济制度与国际主流市场经贸规则的一致性和兼容性；另一方面要以国内规则变革推动国际规则重构，实现国内规则国际化，提升中国话语权，为中国打造国内国际双循环新格局探索出更精准的适配机制，加快构建更高水平的开放型经济新体制，消除制度型摩擦的根源（全毅，2022）。

（一）中国制度型开放的历史演化

制度型开放虽然是近年来提出的新概念，但从全球主要经济体和多双边贸易机制的开放实践看，"二战"后的国际经贸规则体系和框架早已纳入了制度型开放的内容，具备了制度型开放的属性，只不过这种制度型开放旨在对各国边境前贸易投资活动进行规制和协调，尚未深入触及边境后领域。随着国际贸易投资新模式、新业态不断涌现，如跨境电商、服务贸易、数字贸易和离岸贸易等近年来在国际经贸活动中的比重日益提升（林桂军和任靓，2016；黄建忠和占芬，2015；蒙英华和汪建新，2018；黄建忠等，2023），对这类新的贸易模式和业态的规制和监管就涉及诸多边境后制度的协调和对接，制度型开放的内涵和范围也相应地从边境前议题拓展至边境后议题（季剑军，2021），引领制度型开放是我国建设高水平开放型经济体系的制度保障（沈国兵，2022）。

中国的对外开放是一个渐进式的过程。自改革开放以来，中国对外开放实现了从封闭、半封闭式发展到全方位开放的伟大转折（迟福林，2018；金碚，2018）。主要经历了三个阶段：第一阶段是改革开放之初至20世纪90年代末，通过改革释放了农村经济和国有企业活力（王小鲁，2000）。党的十一届三中全会以后，中国确立了"对内改革、对外开放"的政策方针，建立经济特区、国家级新区，大规模引进外资和先进生产要素，实行进口替代战略和出口导向战略（王颖，2023）。这一阶段的特点是政策优惠型对外开放，主要表现为融入现行国际经济关系，接受和遵守国际经济秩序（江小涓，2021）。第二阶段是21世纪初至2011年，这一阶段中国加入了WTO，并利用劳动力、土地、进出口优惠政策等红利，走向新一轮的经济高速增长（简泽等，2014；周升起等，2014）。加入WTO成为中国改革开放和现代化建设进程中的重要里程碑，标志着我国从被动接受国际经贸规则向主动对接国际经贸规则转变（赵蓓文，2022）。中国依据入世承诺，继续大幅削减关税，降低非关税壁垒，加快推进货物贸易和服务贸易的协同开放（王颖，2023）。第三阶段是2012年至今，中国开放型经济的水平、层次不断提升，不仅建立了自由贸易试验区，开始了外商投资管理制度体制机制创新的探索，而且在国际上提出了共建"一带一路"倡议（Pencea，2017）。沿着这两条主线，中国开始了制度型开放的一系列探索，逐步形成了高层次、宽领域、全方位的开放型经济体系（权衡，2018；江小涓，2019；张幼文等，2018；林桂军和崔鑫生，2019；聂新伟，2022）。通过签署《区域全面经济伙伴关系协定》（RCEP）（2020 年 11 月）、《中欧全面投资协定》（CAI）（2020 年 12 月）等双边协定，中国的制度型开放正试图通过多个平台和机制尝试与发达国家进行"互动"（赵蓓文，2022）。为了顺应国际经贸规则重构的新趋势，提升中国在国际舞台上的话语权，进而实现全球价值链的攀升并构建制度型新优势，中国开启了从商品和要素流动型开放向制度型开放的转变进程（Antras 和 Chor，2013；Los 等，2015；桑百川和钊阳，2019；刘洪钟，2021）。党的二十大报告强调，"推进高水平对外开放""稳步扩大规则、规制、管理、标准等制度型开放"。面对国际环境的深刻复杂变化，制度型开放已成为中国推进高水平对外开放的核心任务，规则对接、规制协调、管理提升、标准制定则是当前加快制度型开放的重要抓手。

（二）制度型开放必要性的相关研究

制度型开放是深度、双向开放，是深层次的制度型变革与创新，是边境和边境后规制协调的重要实现途径，是深度参与国际经济治理的必然要求（关秀丽，2022）。国际金融危机后，世界经济进入深度的调整期，受贸易保护主义的冲击，中国经济进入由数量型增长转向质量型增长的新发展阶段（沈国兵和刘颖洁，2018）。制度型开放是中国开放的新阶段，是构建新发展格局的主线。中国制度型开放意味着接轨高标准的国际经贸规则，加快推进制度型开放有利于深化国内市场化改革，提供更多的制度型公共产品，增强国际合作和竞争新优势（Feenstra 等，2013），参与全球经贸新规则制定以及寻求与其他国家共同的合作空间（尹晨等，2019；盛斌和黎峰，2022；赵蓓文，2022）。

制度型开放是一种全新的开放模式，它强调在参与全球经济合作的同时，要保障国家安全和利益，营造有利于经济社会发展的安全环境（沈国兵，2018；李墨丝，2021；张晓晶等，2023；Limba 等，2019）。这种开放方式不仅可以促进国内改革开放，还可以推动国内外开放互动，进而实现国内国际双循环的有机结合（张建平，2021），高质量、"双循环"发展迫切需要高水平、制度型对外开放。制度型开放对于中国充分利用国内和国际两个市场、两种资源，畅通国内国际双循环增添了重要助力；制度型开放秉承经济发展新常态下的新发展理念，有助于实现真正意义上的"高水平对外开放"，构建国内国际相互促进的"双循环"新发展格局（黄建忠，2020；林桂军等，2021；高运胜和金添阳，2021；张晓莉等，2022）。制度型开放可以帮助中国提高在全球价值链中的地位（张洁等，2022；彭水军和吴腊梅，2022），并为中国带来更多的发展机遇（缴翼飞，2023）。

（三）制度型开放实现路径的相关研究

WTO 改革困境触发了全球经济治理体系的转型，面对以"边境后"措施规制融合为特征的高标准国际经贸规则，以规则、标准为主的制度型开放成为中国高水平对外开放的战略抉择（盛斌和黎峰，2022；王宏禹和彭昭男，2023）。在制度型开放方面，中国任重道远，当前的主要问题是国内外经贸规则之间的差异，以及国际通用规则的运用、开放制度"输出能力"和生产要素自由流动机制建设等方面的不足（梁丹和陈晨，2023）。因此，推进制度型开放可以从国内主动、国外倒逼两个方面进行。一是加快完善自由贸易试验区建设，推动国内开放制度创新（黄建忠和吴瑕，2020）；二是对标高标准的国际规则，重视规制改革，进而实现标准国际化、监管一致性（李钢，2023）；三是积极参与贸易协定的构建，构建高水平制度型开放的安全保障机制，进一步融入现有开放平台，推动国际间高水平制度协商与合作（Ornelas 等，2021）；四是进一步发掘中国其他特殊经济功能区的潜力，使其与国际经贸规则演变进程充分联动，代表国家参与国际经贸规则建构的话语竞争（Robinson，2022）。

1. 自由贸易试验区建设是中国探索制度型开放的重要平台

自由贸易试验区制度创新在推动我国从商品要素开放迈向制度型开放，构建全方位对外开放新格局的进程中，扮演着重要战略角色。图 2-1 为我国自贸试验区的设立情况，充分体现了我国自贸试验区的设立是为了适应全球经济格局的变化。通过自由贸易试验区对接国际经贸规则，完善国内制度建设以及体制机制创新（高运胜，2017；赵蓓文，2021；张宇燕和冯维江，2021），深入推进高水平制度型开放，是党中央、国务院赋予自由贸易试验区、自由贸易港的重大使命（邬展霞和郑丹娜，2020；柴洁和张治棠，2023）。自由贸易试验区自设立之日起，以制度创新为核心，聚焦制度型开放的内涵与特质，在探索制度型开放新模式、构建制度型开放新体制和打造制度型开放新高地方面发挥着积极的作用，是制度型开放的创新试验田（张丹，2020；杨剑等，2021；郭若楠，2022），有条件的自由贸易试验区、自由贸易港更是制度型开放压力测试区（马梅若，2023）。

在中国申请加入 CPTPP、DEPA 两大协定以及 RCEP 正式生效的大背景下，海南自由贸易港率先与之对接并做好压力测试具有重要意义（甘露，2023）。通过自由贸易试验区对接国际经贸规则，完善国内制度建设以及体制机制创新，并与其他重要开放平台和特殊经济功能区形成联动，可以实现经济开放向制度型开放的转变（蔺捷，2016；俞洁和宾建成，2017），形成全方位的对外开放新格局。

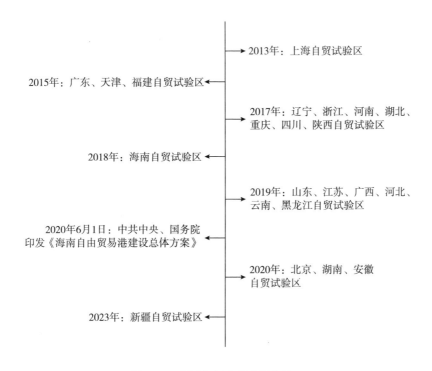

图 2-1　中国自贸试验区设立情况

（1）自由贸易试验区与其他重要开放平台形成联动，可以实现资源的优势互补和合作共赢。2013 年，国家提出共建"一带一路"和自由贸易试验区同步推进，两者具有融合发展的先天优势（Wang 和 Ip，2017），自由贸易试验区与共建"一带一路"的对接和融合更有利于推动我国对外开放进程（蔺捷，2017）。从实践角度看，共建"一带一路"是由中国倡议、世界各国参与、共商共建共享的自由贸易试验区（包括自由贸易园区）网络。在这个网络中，自由贸易区和自由贸易园区都是关键点位，可以带动和引领整个"一带一路"网络发展（谢谦和刘洪愧，2019）。同时，加强中国国际进口博览会（以下简称进博会）与自由贸易试验区临港新片区联动发展，建设上海进口商品集散中心，可加强各个环节沟通，实现制度联动、功能联动、区域联动、产业联动和平台联动，提升综合运输服务，推行"单一窗口"通关申报制度、加快制定进口商品金融服务相关政策，借鉴进博会"两步申报"模式和各种创新举措，提高通关效率，推动跨境电商企业建设，吸引更多国际企业参与，促进贸易自由化和投资便利化（孙领和刘伟，2021）。

（2）自由贸易试验区与特殊经济功能区形成联动，可以实现政策和制度的衔接和共享。虽然特殊经济功能区在外商投资、贸易便利化和创新发展方面拥有独特的政策和制度安排，但是与快速发展的自由贸易试验区相比，在特殊历史背景和历史条件下设立的经济技术开发区、高新区、新区、经济特区等一系列经济功能区却发展缓慢、成果不显著（黄建忠和吴瑕，2020）。Wignaraja（2013）也发现自由贸易区具有产业集群效应，对整个区域经济协同发展具有溢出效应。经济功能区与自由贸易试验区在产业发展、政府政策和制度环境、经济效应等方面都有相似之处，因此加快形成自由贸易试验区和经济功能区协同发展格局，建立区域联动机制，打造区域协同新引擎，有助于进一步贯彻落实深化改革战略目标、总结可在全国范围内复制推广的区域协同发展新经验（龙云安等，2019）。这种联动可以加强各地区间的合作和互动，推动整体开放水平的提升。

（3）自由贸易试验区还可以通过对接国际经贸规则，完善国内制度建设以及体制机制创新（赵蓓文，2021；张宇燕和冯维江，2021）。自 2013 年成立上海自由贸易试验区以来，中国依托自由贸易试验区的辐射效应，围绕投资开放、贸易便利化、事中事后监管等国际经贸谈判的重点议题进行试点，取得了丰富的实践成果（Portyakov，2020）。自由贸易试验区通过承担局部压力测试的职责，完善了国内制度体系，主动对接高标准的国际经贸新规则，并对一系列可复制、可推广的制度经验进行推广，稳步推动了制度型开放的发展进程（刘斌和刘一鸣，2023）。经过 6 次扩容，中国已经逐步发展形成"1+3+7+1+6+3"的自由贸易试验区新格局。作为制度型开放高地，自由贸易区应遵循"投资贸易便利、监管高效便捷、法治环境规范"要求，"先行先试"贸易投资新规则，引领和推动中国全方位对外开放。不可否认，中国在部分条款领域与国际高水平经贸规则还有差距，但可以在自由贸易试验区和海南自由贸易港进行先行先试，待成熟后推广至全国。同时，全面实施"准入前国民待遇+负面清单"管理制度，进一步完善外资准入管理制度，推动和落实金融、医疗、教育、文化等领域开放，进一步放宽市场准入，合理压缩负面清单（王颖，2023）。

2. 对接高标准国际经贸规则是中国探索制度型开放的重要组成部分

国际规则是调整、规范世界各国对外经济活动的重要制度安排，在驱动全球贸易经济活动和体现国家核心竞争力中发挥重要作用（Caliendo 和 Parro，2015）。当前美国、日本、欧盟等西方发达国家推动的高标准国际经贸规则中，影响力大、具有很强代表性的主要有《跨太平洋伙伴关系协定》（TPP）、欧盟与加拿大签订的《全面经济贸易协定》（CETA）、《全面与进步跨太平洋伙伴关系协定》（CPTPP）、《美墨加协定》（USMCA）、《欧盟—日本经济伙伴关系协定》（EPA）等。同时为了破解西方对中国的"规锁"，推动全面对外开放新格局构建，中国正积极对标国际高标准经贸规则。中国积极参与和推动了一系列区域和跨区域经济合作协定，包括《数字经济伙伴关系协定》（DEPA）、《中国—欧盟全面投资协定》（CAI）和《区域全面经济伙伴关系协定》（RCEP）。高标准自由贸易协定中美式模板以 CPTPP 和 USMCA 为代表，欧式模板以 CETA、EPA 为代表，亚太模板则聚焦于 RCEP 分析（林创伟等，2022）。美日欧的高标准贸易规则对中国提出了新的挑战，但其中的一些条款是未来国际贸易与投资的发展趋势，也有一些条款是基本符合中国的利益的，是中国未来的改革方向，因此，应该对此进行甄别，有选择性地进行对标（Urata，2018）。

国内外学界针对不同模板下的自由贸易协定已展开广泛研究。首先，CPTPP 对中国有什么影响以及中国是否应该加入 CPTPP 一直是国内近年的研究重点。研究表明，CPTPP 会对中国带来挑战，但是中国如果加入 CPTPP，能够抵消部分负面影响，并且中国与 CPTPP 成员国都能获益（Li 和 Whalley，2014；Gilbert 等，2018；李春顶等，2021；Tuano 等，2022）。其次，也有许多学者聚焦特定领域并对 CPTPP 的规则进行解读和分析（白洁和苏庆义，2020；贺小勇和许梦婧，2022；郭成龙，2022）。再次，USMCA 作为"美式模板"体现了美国近年在国际经贸规则上的主张和意图（Breinlich 和 Cuňat，2010），也引起了中国学者的重视。白洁和苏庆义（2020）对 USMCA 的文本和特征进行了全面分析。陈靓和武雅斌（2019）对 USMCA 中的服务贸易规则进行了研究，勾勒出未来全球服务贸易规则构建的可能趋势及路径。周念利和陈寰琦（2019）则重点研究了 USMCA 中数字贸易规则。EPA 也引起了国内外学者的关注，Benz 和 Yalcin（2015）、关兵（2018）、Felbermayra 等（2019）研究了 EPA 对欧盟、日本和中国的经济影响，赵灵翡和郎丽华（2020）采用动态 GTAP 模型对此进行了模拟。RCEP 也是近年来国内学者研究的热点。最后，在 RCEP 签署前，研究重点主要是中国的推进策略和对中国可能的经济影响（张彬和张菲，2016；张珺和展金永，2018；Drysdale 和 Armstrong，2021）。RCEP 签署后，国内对 RCEP 的研究呈现井喷之势，研究重点转移到中国如何更好利用 RCEP 的具体规则方面，如跨境电子商务规则（李宏兵等，2022）、原产地特色规则（刘瑛和夏天佑，2021）等。

对标高标准国际经贸规则，加快规则重构。国际规制是调整、规范世界各国对外经济活动的重要制度安排，在驱动全球贸易经济活动和体现国家核心竞争力中发挥重要作用。国际规制的高标准集中体现在区域内贸易保护程度更高、跨境准入效率更高和科技创新制度更加完善；中国制度型开放实施路径，应围绕应对高标准国际规制下的产业链、供应链和创新链风险进行（郭澄澄，2022），通过签署和对标高标准的自由贸易协定倒逼国内市场化改革，进一步开放市场，构建、利用并实施更高水平的规则体系（何秀超，2023），增强经济发展的韧性和活力。中国的开放已经从要素型开放转向制度型开放，而标准的制度型开放则预示中国将会更加深度地参与全球治理。加快标准制度型开放是实现国家治理体系和治理能力现代化、推动全面对外开放与国内国际双循环的制度保障，是顺应科技进步和社会发展趋势，构建新发展格局、顺应高质量发展的必然举措。高标准制度型开放必须遵循面向国际先进、未来科技和人民关切的原则，通过建立内外衔接的法律体系、工作机制、体系、工作路径以及配套的能力建设实现制度型开放。中国应积极参与高标准经贸协定与谈判，推进贸易与投资自主创新制度改革，推动自由贸易试验区/自由贸易港制度集成创新建设（Wang 和 Shao，2022），积极参与全球经贸治理，以制度型开放为核心，推进互利共赢的高水平开放型经济体系建设（Chen 等，2021；盛斌和黎峰，2022；沈国兵，2022）。此外，国际高标准经贸规则并非一成不变，而是随着世界发展形势不断推陈出新。因此，自由贸易试验区和自由贸易港在对标国际高标准过程中，必须持续追踪全球投资贸易领域的前沿规则演变，及时适应国际投资贸易规则的最新发展趋势（王丽娟，2021）。

3. 重要开放平台是推动制度型开放的关键机制

共建"一带一路"倡议、进博会和多边、双边和诸边贸易体制安排为促进经济合作、扩大市场准入、推动贸易自由化和投资便利化提供了平台和机制。共建"一带一路"倡议为促进亚欧非大陆间的经济合作和共同繁荣提供了平台，通过加强基础设施建设、贸易投资便利化和人文交流等领域的合作，推动了区域一体化和开放型经济体制的构建。进博会作为中国主办的重要国际贸易活动，为各国企业提供了参与中国市场的机会，促进了贸易自由化和投资便利化。此外，多边、双边和诸边贸易体制安排如 WTO、RCEP、CPTPP 和 DEPA 等，为各国提供了开放、公平和透明的贸易环境，推动了制度型开放的实现。

共建"一带一路"是中国提出的推动亚欧非大陆间经济合作的重要倡议。它旨在通过加强基础设施建设、贸易投资便利化和人文交流等领域的合作，促进区域一体化和共同繁荣；共建"一带一路"倡议为各国提供了开放的合作平台，通过建设互联互通的交通网络和经济走廊，促进贸易流通和产业链供应链的互联互通（李佩瑾和徐蔼婷，2016；廖佳和尚宇红，2021；刘凌和孔文茜，2023）。党的十九大报告中就曾强调，要以"一带一路"建设为重点，并且在多种场合强调和重申推动"一带一路"建设，旨在"推动构建公正、合理、透明的国际经贸投资规则体系""参与全球治理和公共产品供给，携手构建广泛的利益共同体"。作为对全球经济治理规则和体系的补充和完善，中国的共建"一带一路"倡议，以"人类命运共同体"先进理念引领，以"共商、共建、共享"基本原则为遵循，有助于推动中国朝着具有"境内开放""政策协调""规则导向"等内在特性的制度型开放方向转变。"一带一路"建设不仅有助于推动制度型开放，反过来，中国高质量的制度型开放对"一带一路"建设也能够提供保障作用，从而助力"一带一路"建设，即"一带一路"建设离不开高质量制度型开放的保驾护航（Hou 等，2018）。从规则等制度角度理解其对"一带一路"建设的作用，实际上就是"开放倒逼改革"的作用机制，即在共建"一带一路"的扩大开放过程中，中国需要通过深化改革实现与全球通行国际经贸规则相衔接，尤其是对标高标准的国际经贸规则，而必须对自身体制机制进行调整和完善，以更好地满足"一带一路"建设之需（戴翔和张二震，2019）。

进博会是中国主办的重要国际贸易活动，旨在为各国企业提供参与中国市场的机会，推动贸易自由化和投资便利化。进博会是一个开放、共享和互利的平台，吸引了来自世界各地的企业和展商参展，促进了贸易往来和投资合作，对中国、对世界都具有重要意义（黄建忠，2021；何树全和沈国兵，2021）。首先，扩大进口博览会的参与成员和覆盖行业，使进博会的辐射范围更全面，给境内外投资者和本国消费者提供更加丰富的选择，为国内外企业创造更多的贸易机会（汪荣明，2022）。其次，提高参会企业的质量和进博会的服务水平。加强参会企业的质量监管，建立起配套的标准体系，充分发挥进博会的服务职能（刘志阳，2019）。通过进博会，中国向世界展示了进一步扩大开放的决心和努力，为各国企业提供了更广阔的市场准入和合作机会，推动了制度型开放的进程。

多边贸易体制安排如 WTO 起到了推动制度型开放的重要作用。WTO 是促进全球贸易自由化和规则制定的重要机构，通过制定和执行贸易规则、解决贸易争端和进行贸易谈判等方式，为各国提供了开放、公平和透明的贸易环境（林桂军，2020；李墨丝，2021）。国际经贸规则的变迁和重塑体现了国际上层建筑对国际经济基础变化的适应和反作用，也是国家间权力转移、利益分配格局发生转变的结果（东艳，2021）。

受单边主义和贸易保护主义的影响（Cheong 和 Tongzon，2018），以 WTO 为核心的多边贸易规则正面临被边缘化的风险，区域、诸边和双边经贸谈判持续升温，发达国家主导的国际经贸规则呈现高标准、高排他性、碎片化的发展趋势（刘斌和刘一鸣，2023）。自多哈回合谈判以来，多边谈判核心成员格局发生根本性变化，各方利益诉求存在冲突，WTO 机制改革举步维艰（唐宜红和符大海，2017）。在 WTO 的机制框架下，由部分成员自发启动的聚焦于特定议题的开放式诸边谈判模式日渐成为主流。以《电子商务联合声明倡议》《服务贸易国内规制联合声明倡议》《投资便利化联合声明倡议》为代表的诸边倡议通过精简议题和聚焦"关键群体"的合意有效推进了国际经贸规则的制定，但依然存在法律约束性不足、强制执行力较低、发展中国家边缘化等问题（谈晓文，2022）。例如，从多国博弈焦点数字贸易规则来看，相较于权威性和国际认同度较高的"美式规则"和"欧式规则"，中国尚未建立体系较为完整、具有制度特色的"中式规则"的区域数字贸易协定，在制定数字经济规则领域的话语权较低，面临被合围边缘化的风险（李佳倩等，2022）。中国在 WTO 框架下可以通过积极参与贸易谈判，定期向 WTO 提交贸易政策审议报告，推动制度改革和 WTO 机构和规则的现代化和改进，全力支持发展中国家融入多边贸易体制，促进全球贸易的自由化和公平竞争，为全球贸易体系的发展和改进作出了积极贡献。

在贸易保护主义的影响背景下，中国明确表示"积极考虑加入 CPTPP"并进行"持续努力"和"逐步推进"（张慧智和汪君瑶，2021）。以签署加入 RCEP 和申请加入 CPTPP、DEPA 为契机，在服务贸易、数字经济、知识产权等领域对接国际高水平规则，是制度型开放的另一路径。中国申请加入 CPTPP，是对接高标准国际经贸规则推动制度型开放，以开放倒逼改革、促进创新、推动高质量发展的重要举措，具有重大的战略意义（王晓红，2022）。为进一步强化制度型开放力度，中国要加强对 CPTPP 的对标研究，提升货物贸易自由化、便利化水平，促进服务贸易和投资领域开放创新，在规则领域加快先行先试（于鹏等，2021）。中国要充分认识并发挥 RCEP 助推拓展国际经贸领域、加快转型升级和创新发展步伐的作用（沈国兵和沈彬朝，2022；宾建成等，2022），对标CPTPP 等新一代高水平经贸规则，以制度型开放推动制度型变革，以外贸的稳定健康发展助推闯关和突围三重压力，为整体经济的稳增长以及新发展格局的构建提供可持续的坚实支撑（刘英，2020；孔令刚和蒋晓岚，2022；车春鹂和乔琛，2022）。针对中国加入 CPTPP 这一长期目标，中国应以构建双循环新发展格局为基础，通过深化国企改革、加大知识产权保护力度、强化劳工权益保障体系、提升数字治理能力等方式为加入 CPTPP 创造条件（张慧智和汪君瑶，2021；夏玮，2022）。

4. 其他特殊经济功能区在中国的制度型开放中扮演着重要的角色

特殊经济功能区建设是中国自改革开放以来融入世界经济体系的开放平台，对中国发展社会主义市场经济，引进外资、国外先进技术和管理经验起到了重要作用。特殊经济功能区境内外的空间属性使之处在国际经济和国内市场联系交汇点的有利位置。"二战"后美国主导全球化，世界范围内涌现出自由港（Free Port）、自由贸易园区（Free Trade Zone）、出口加工区（Export Processing Zone）等诸多类型的特殊经济功能区。这些区域实行更加特殊、宽松的监管政策，往往成为快速城市化的成功范本和自由开放经济体的标杆。中国倚重特殊经济功能区的战略价值，从注重大进大出外向型制造业的发展功能，逐渐转向更多发挥制度试验功能，能够在国际规则制定权竞争中留有余地。特殊经济功能区是经济发展的重要引擎，是对外开放的重要载体，也是体制改革的先行区，政府推进各类开放平台建设，培育经济功能区平台基地，有利于发挥其对贸易的支撑作用（李启航等，2020）。中国在超大规模市场优势、产业链供应链自主可控、治理制度绩效吸引力等综合优势的加持下，未来要进一步赋予特殊经济功能区更多自主权，最大限度地降低国内政治过程对改革的损耗，对多种经济制度类型充分试验和碰撞，打造制度型开放新高地，促进东西部制度型开放政策协同，推动形成全域开放的新格局（崔卫杰，2020）。

诸多文献主要从特殊经济功能区的经济影响研究切入。改革开放后，扩大出口和利用外资是早期对外开放平台的重要职能。1980 年，中国设立深圳、珠海、汕头、厦门 4 个经济特区，其迅速成为扩大出口、学习先进技术和管理模式的窗口，并对中国的经济高速增长起到了极大的带动作用。1984 年，中国进一步开放秦皇岛、天津等 14 个沿海港口城市，有效放大了经济特区的示范效应，为后续其他对外开放平台建设提供了重要经验。国家级战略平台是具有较强造血功能的稀缺性政策资源，其区域布局更能反映不同时期国家区域发展战略的重点关切，而对外开放平台是区域开放的重要载体，有助于经济外向度提升（徐唯燊，2021）。自由贸易试验区、开放型经济新体制综合试点地区等对外开放平台建设有效提升了中国的开放水平，改善了区域营商环境，推动了贸易投资自由化便利化和制度创新（李滨，2015），已经成为中国特色对外开放的重要组成部分。综上所述，以特殊经济功能区为代表的对外开放平台建设是中国提高开放水平和质量的重要支撑，经济功能区的设立是一种区位导向性政策，区内的优惠政策、制度安排和要素配置方式与区外不同（郝寿义，2016），是中国特色社会主义市场经济体系的重要组成部分（崔庆波等，2023）。

四、制度型开放的经济效应和风险防范相关研究

（一）制度型开放的经济效应相关研究

20 世纪 70 年代末中国开始实行改革开放政策，旨在引进外资和技术，推动国内经济发展（郭庆然，2013）。改革开放以来，中国经济快速增长。中国实施了一系列以重点城市和重点区域为核心的空间建构及空间优化政策（陆大道，2003），这种以试点改革为特色、围绕关键节点的区域开发战略在此过程中发挥了重要的引导性作用。陆大道等（1999）、陆大道和刘卫东（2000）认为以"点"带"轴"、以"轴"促"面"的发展模式在中国区域空间开发中具有重要的意义。齐元静等（2016）指出国家节点战略发挥了重要的示范与引领作用，推动了中国区域政策由点及面的螺旋式演进，国家节点战略不仅是区域发展"引擎"和重要增长极，也是转型期中国制度创新的重要载体。李宏瑾（2023）发现，改革开放以来中国的规模经济效益主要得益于制度改善，以及市场广度和深度的提高。改革开放以来，中国对外贸易规模不断扩大、对外贸易结构逐步优化、对外贸易管理体制逐步完善。改革开放初期，中国顺应国际产业转移潮流和国际分工深化的发展规律，实施鼓励出口的开放型贸易政策（郭湖斌等，

2021)。改革开放鼓励外资进入中国市场,引进外国投资和先进技术。外资的引入促进了产业结构的升级和技术水平的提高,推动了中国企业的国际竞争力(王佳等,2021)。外资企业的设立和合作带来了投资、就业和技术转移等多重经济效益(李勃昕等,2023)。改革开放还促进城乡发展和区域协调,提升人民生活水平。改革开放推动了城乡经济的发展和区域间的协调。通过开放政策,引导和支持农村经济的发展,加强城乡之间的互动和资源配置,促进了农村地区的就业增长和收入提高,拉动了内需和消费(陈伟雄和吴武林,2021)。改革开放还带来了更多的就业机会、提高了工资水平、丰富了消费选择和改善了社会福利,提升了人民的生活质量和幸福感,蒲德祥(2017)利用 CGSS 数据发现改革开放的两个关键政策维度——制度建设和对外贸易及其交互项对居民幸福感有显著影响。

在改革开放基础上,中国于 2001 年加入了 WTO,进一步加快对外开放进程,带来了更广泛的经济效应(Ianchovichina 和 Martin,2004)。Subramanian(2007)指出 WTO 对贸易产生了强有力的积极影响,并且发达国家获益要高于发展中国家。从推动总体经济发展来看,加入 WTO,中国的开放型经济得到了持续发展(于立新等,2011;隆国强,2011)。从促进贸易发展来看,迄今为止大量的研究均认为一国的制度质量是形成该国出口比较优势的重要决定因素之一(Levchenko,2007;Ju 和 Wei,2010;Nunn 和 Trefler,2013;Manova,2013;Diwan 等,2015;Rijkers 等,2017)。陈恭军和田维明(2013)运用 GTAP 模型对中国"不入世"进行了事件模拟,评估结果发现如果当初未加入 WTO,中国具有较强国际竞争力的农产品的出口量将会明显收缩。毛其淋和盛斌(2014)在考察贸易自由化对企业出口行为的影响时发现中国入世既促进了企业的出口参与又推动了已有出口企业的出口扩张,且后者的影响效果更显著。2001 年中国加入 WTO 和 2004 年中国外贸经营实行登记制这两起重大的外贸制度变迁均极大地促进了中国出口量和质的增长(卞泽阳和强永昌,2018)。从推动经济结构调整来看,周茂等(2016)在中国加入 WTO 的自然实验框架下,采用倍差法发现贸易自由化通过进口竞争促进了产业结构优化,从而推动了中国产业升级。从促进经济改革来看,加入 WTO 也对中国涉外经济体制以及相关领域的改革提出了更高要求。Handley 和 Nuno(2017)估计并量化了贸易政策对中国 2001 年加入 WTO 后对美国出口繁荣的影响,发现中国的加入减少了美国对华贸易战的威胁。从扩大市场准入和促进投资来看,中国加入 WTO 可以进一步扩大外资准入和增加政策透明度，中国的投资环境在这个过程中也得到了很大改善（刘建丽，2019），中国的对外直接投资稳步发展，双向投资的布局逐步形成（赵蓓文和李丹，2019）。从提升消费者福利来看，Anderson（2004）利用全球经济范围内的全球贸易分析项目（GTAP）的数值模拟模型，对中国加入 WTO 对实际收入的影响进行了实证研究，发现中国农业和非农业收入不平等很可能会加剧，但城乡收入不平等不一定会加剧。

自 2006 年以来，中国进一步放开了外资准入限制，加强了与外国政府和企业的合作，推动国内服务业的开放和发展。服务业开放对企业创新具有显著的数量和质量激励效应（邵朝对等，2021）。吕洪燕等（2022）认为政策开放可以促进技术的引进和创新，从而提高国家的科技水平和产业升级。顾雪芹等（2020）证明服务业开放对制造业生产效率起到积极作用，并且帮助提升地区的资源配置效率（Borchert 等，2014；Arnold 等，2016；申明浩和刘文胜，2016）。同时，中国也加大了改善营商环境的力度，出台了一系列政策措施，如简化审批程序、优化税收政策、保护知识产权等，为外国投资者提供更加便利和安全的投资环境（Fan 等，2015）。杜运周等（2022）基于复杂系统观，结合 QCA、NCA 和 DEA 方法证明城市营商环境生态改善对城市提高全要素生产率发挥着重要的作用（Fan 等，2018）。此外，中国还制定了负面清单管理制度，明确了外商投资准入的限制和禁止范围，为外商投资提供更加透明和可预期的政策环境（马亚明等，2021；黄凌云等，2023）。

2013 年，上海自由贸易试验区的设立正式开启了中国以自由贸易试验区来对标国际高水平贸易投资规则、探索制度型开放的新时期。不仅如此，中国还在国际上提出了共建"一带一路"倡议。沿着自由贸易试验区和共建"一带一路"倡议这两条主线，中国开始了制度型开放的一系列探索。现有自由贸易试验区的相关研究主要围绕自贸试验区本身的政策意义，而具体解释其制度创新影响力的研究成果较少。现有关于自由贸易试验区建设促进经济高质量发展的路径研究主要从提高经济效率以促进社会福利提升（杨栋旭，2022）、影响财务杠杆以促进资本结构优化（孟为和钟凯，2022）、优化资源配置效率并调节市场分割等角度展开（王军等，2023）。自由贸易试验区是中国高水平对外开放的重要载体，是经济发展"节流开源"的可行举措。一方面，自由贸易试验区所在区域贸易效率显著提升，单位贸易成本增长将带来 3 倍有余的贸易效率增长（Amit 和 Konings，2007；Yu，2015；Wang 和 Shao，2022）；另一方面，实行自由贸易试验区的城市具有制度优越性，对外资企业更具吸引力，外商投资企业在量上近乎成倍增加（蔺捷，2017；高运胜和宾建成，2016；Chen 等，2021）。制度创新是自由贸易试验区促进经济质与量协同提升的重要途径，制度倒逼改革应对全球价值链重构是自由贸易试验区应对贸易摩擦的主要手段（Fan，2023）。制度创新是加快贸易自由化与便利化的重要基础，有利于发达国家或制度环境较好的国家缔结自由贸易协定，夯实人民币国际化的基础，增强中国国际贸易话语权，优化经济发展的国际环境（戴翔和张铨稳，2023）。共建"一带一路"倡议为推动中国制度型开放提供了历史性的战略机遇，并且其推动作用与制度型开放的本质内涵和特征高度契合（戴翔，2019）。

共建"一带一路"的经济效应包含促进国内经济结构调整、转变出口贸易模式和促进对外投资等（孙俊尧，2018；胡峰等，2020）（见图 2-2），共建"一带一路"倡议取得了斐然的成绩：政策沟通意愿不断增强、贸易投资不断增长、资金融通规模不断扩大（吕越等，2022）。彭红枫和余静文（2022）发现当共建"一带一路"国家采取的资本流入管制放松与中国的资本流出管制放松措施相匹配时，推进资本流入管制放松能够促进经济增长（Ghosh 等，2014）。仇娟东等（2023）运用三重差分模型实证检验发现共建"一带一路"倡议显著促进了中国企业在沿线经济体的投资金额和次数。因此，有必要对标高标准国际经贸规则加快先行先试和复制推广，在守住不发生系统性风险的前提下加大压力测试，以服务业为重点稳妥有序加大开放力度，借助自由贸易试验区和共建"一带一路"倡议等平台积极参与和引领国际经贸规则制定（郝身永，2022）。

此外，中国还加入了多个自由贸易区协定（FTA）。如《中国—东盟自由贸易协定》《中国—新西兰自由贸易协定》《中国—澳大利亚自由贸易协定》等，不仅有助于推动中国农业（Pani 和 Satapathy，2022；曹亮等，2022）、中国制造业（杨军等，2005；Fernandes，2007）以及中国企业生产率（Anderson 和 Yotov，2016；余森杰和王霄彤，2021）等的高质量发展（Bas 和 Strauss-Kahn，2015），还广泛存在着异质性贸易效应（铁瑛和张雪，2023）。随着数字贸易的快速发展，由于 WTO 电子商务规则的缺位，促使许多成员转而在特惠贸易协定中制订规范，TPP、TTIP 和 TISA 三个超大型自由贸易协定的数字贸易谈判尤为活跃，对未来跨境数据流动规则产生重要影响（李墨丝，2017）。2020 年 11 月 15 日，中国签署加入了《区域全面经济伙伴关系协定》（RCEP）。RCEP 区域内实现零关税对成员国的经济总量、福利水平、贸易规模都有明显的正向变动效应，并且这种正

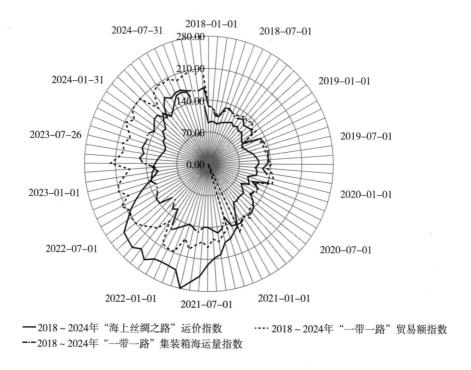

— 2018~2024年"海上丝绸之路"运价指数　　···· 2018~2024年"一带一路"贸易额指数
-·- 2018~2024年"一带一路"集装箱海运量指数

图 2-2　2018~2024 年"一带一路"航贸指数图

资料来源：国家统计局。

向变动效应将随着区域内技术性贸易壁垒的逐步降低而逐渐扩大（刘冰和陈淑梅，2014；Ahmed 等，2020；张珺和展金永，2018）。张洁等（2022）、杨曦和杨宇舟（2022）在全球价值链背景下构建一般均衡模型，量化评估 RCEP 的贸易、福利效应以及对异质性消费者贸易利益的影响，发现 RCEP 区域内关税削减对于区域内成员国和部分区域外国家的消费者贸易利益有提升作用，并且对于不同国家的异质性消费者的利益影响是不同的。贸易自由化也会对中国生态环境产生影响，余丽丽和彭水军（2017）发现"多边贸易自由化+TPP+TTIP"对中国构成了明显的贸易歧视，导致中国贸易条件和消费者福利显著恶化，经济总量明显下降的同时碳排放总量及碳排放强度均上升。

（二）制度型开放风险防范的相关研究

政策开放虽然有着积极的经济效应，但也存在一定的风险。政策开放可能会导致国内企业面临激烈的竞争，从而导致失业率上升，政策开放也可能会导致金融风险和不稳定，从而影响国家安全（蒙英华和黄建忠，2019；茹玉骢和文娟，

2021）。Subramanian 和 Shang（2007）指出 WTO 虽然对贸易产生了积极影响，但却是不平衡的，发展中国家从中获益很少。WTO 改补贴规则改革对中国的指向性极其明显，不利于中国国有企业和政府（Ding 等，2018；刘斌等，2020）。国际投资协定中知识产权保护机制存在管辖权冲突与碎片化风险（都亳，2017）。制度型开放可能会对一国产业链、供应链和创新链产生负向溢出效应（郭澄澄，2022）。服务业开放会产生特有的负向作用，生产性服务要素进入制造业生产过程，对制造业转型升级和全球价值链攀升会产生抑制作用（张二震和戴翔，2022）。金融开放也可能会带来国家经济的波动（傅强和张小波，2011；贵丽娟等，2015；铁瑛和何欢浪，2020）。营商环境改善过程中也会面临金融风险输入和全球对外投资流入逐渐减少的压力（丁东铭和魏永艳，2020）。RCEP 背景下，中国—东盟服务贸易面临深入合作不确定性、出口竞争力不均衡和新兴领域竞争激烈等挑战（李奇璘和姚莉，2022）；同时中国—东盟跨境电商也面临基础设施落后、支付方式分散化和人才供求失衡等问题（徐保昌等，2022）。

政策开放过程中可能会出现过度依赖外部市场和投资、产业结构失衡和国际环境不稳定等问题。韩军等（2015）利用中国数据证明扩大开放提升了居民收入，但是却进一步拉大了城乡居民收入差距，以 Krugman（2008）为代表的经济学家认为美国对外开放带来了国际贸易的剧增，同时直接导致了美国收入差距增加。魏浩（2013）、占华和于津平（2016）指出扩大开放后进口增加导致失业率上升，劳动力参与率下降，且对发达国家的影响要大于对发展中国家的影响。张方波（2023）指出与国际规制相比，国内法规滞后，对接国际高标准规则还不彻底，如 RCEP 的开放程度相对 CPTPP 低，其中一些成员国的市场准入条件仍然相对严格。此外，RCEP 并未涉及劳工和环境标准等方面的规定。相比之下，CPTPP 的开放程度更高，它涵盖了更广泛的经济领域，包括服务、投资、采购和知识产权等（全毅，2022）。此外，CPTPP 还规定了劳工、环境和知识产权等方面的标准，以确保成员国之间的公平竞争。也有学者指出全球经济治理亟待调整和完善，发达国家仍然掌握着国际规则制定的主动权，制度型开放的目标是建立一个公平的贸易平台，使国内外企业合理竞争。

五、制度型开放、构建高水平开放型经济新体制与新发展格局相关研究

制度型开放、构建高水平开放型经济新体制与新发展格局是当前经济学、管理学等领域的研究热点之一。相关研究涉及政策法规、市场机制、企业战略等多个方面，旨在探索如何通过制度创新，推动经济高质量发展。这些研究成果对于指导实践、促进经济发展具有重要意义。

为适应世界经济格局变化和国际经贸规则新一轮重构，2013 年，党的十八届三中全会提出"构建开放型经济新体制"的时代命题。2020 年，"十四五"规划再次提出构建更高水平开放型经济新体制的战略（全毅，2022）。高水平开放型经济体制的时代内涵是适应全球价值链分工与数字经济时代以规制融合为核心的国际经贸规则及中国经济进入高质量发展阶段的开放型经济制度安排（胡峰等，2019；余丽丽和彭水军，2022；吴迪，2023）。在世界经济严重波动、国际贸易发展受阻的形势下，中国对外开放面临着极大的挑战，我们要牢牢抓住构建"双循环"新发展格局这一机遇，加快建设更高水平的开放型经济新体制（李平和邱冬晨，2022；卢江和郭采宜，2021）。

面对国内外环境的深刻复杂变化，制度型开放已成为中国推进高水平对外开放的核心任务，规则对接、规制协调、管理提升、标准制定则是当前加快制度型开放的重要抓手。而面对高标准的国际经贸规则及"边境后"措施规制融合要求，中国应以制度型开放为核心，推进高水平对外开放（盛斌和黎峰，2022；王德蓉，2022）。制度型开放作为一种新型开放模式，不仅能够深化国内改革进程，更能促进国内外开放协同发展，从而有效实现以国内大循环为主体、国内国际双循环相互促进的发展格局（张建平，2021）。在高质量发展和"双循环"战略实施背景下，推进高水平制度型对外开放已成为迫切需求。制度型开放对于中国充分利用国内国际两个市场、两种资源，畅通国内国际双循环增添了重要助力（赵蓓文，2022）。当前全球面临的百年未有之大变局给中国经济发展带来了巨大挑战。在这种情况下，构建双循环新发展格局具有重要意义。高水平开放是中国双循环发展战略的基本特征，制度型开放是其主要特点之一（冯德连，2021）。"双循环"新发展格局的提出为制度型开放提供了更加广阔的市场空间、更多的机遇和动力，以及更加灵活和便利的制度环境（赵蓓文，2022）。这将有助于中国更好地融入全球经济体系，积极参与全球经济治理和推动全球化进程（刘彬和陈伟光，2022）。"双循环"新发展格局的提出，强调加强国内市场的建设和发展（张帅等，2022）。这可以促进国内市场的繁荣和扩大内需，为制度型开放提供了更广阔的市场空间。同时，加强国内市场建设也有助于缓解中国经济中供需结构性矛盾，为中国经济的可持续发展提供了更加坚实的基础（赵蓓文，2022）。"双循环"新发展格局的提出，通过深化国际合作，可以促进资源优化配置和技术创新（陈文芝等，2022；赵文举和张曾莲，2023），为推进制度改革提供借鉴和参考。借鉴国外先进的市场监管制度和知识产权保护机制，可以促进中国市场化改革和知识产权保护。

　　总的来说，制度型开放、构建高水平开放型经济新体制与新发展格局之间存在着密切的内在联系。一方面，制度型开放是构建高水平开放型经济新体制的重要内容和关键环节，也是实现国内国际双循环相互促进的有效途径；另一方面，构建高水平开放型经济新体制是推动新发展格局形成的重要保障和动力源泉，也是扩大对外开放的必然要求。通过构建高水平开放型经济新体制，有助于优化中国对外贸易和投资结构，增强中国产业链、供应链、创新链的韧性和稳定性，提升中国经济质量和效益，强化中国抵御外部冲击和风险的能力。

第三节　制度型开放的重要内涵

一、制度型开放与贸易的关系

　　制度型开放的内涵首先与对外贸易活动相关联，制度型开放促进贸易扩展，而贸易活动增加又会对制度型开放提出更高的要求。早在 1992 年，就有研究以 1976~1985 年来自 95 个最不发达国家的证据说明，外向型发展中经济体确实增长更快，这是制度与开放之间关系的论述。亚洲和拉丁美洲的差异集中在汇率管理和贸易制度上，即外向型导向措施促进增长。这一解释的关键在于，反映在鼓励出口的实际汇率水平上的外向型政策促进了亚洲贸易部门的发展，而内向型政策和高估的实际汇率则促进了拉丁美洲以及非洲的非贸易部门的增长。外向型导向使得利用外部资本推动经济增长成为可能，而不会在偿还相应债务方面遇到严重问题。内向型进口替代政策是拉丁美洲和非洲在 20 世纪 80 年代经历债务危机并阻碍其经济增长的原因之一。外向型经济通常也会导致出口增长更快，并且可能存在外部因素，即贸易自由化、实际汇率保持稳定等。另有学者从各国的地理特征对贸易的影响，量化分析研究贸易与收入之间的相关性，结果表明贸易对收入具有数量上巨大且稳健的正向影响。受制于时代限制，当时还没有明确的制度型开放概念，但外向型导向措施已经隐含了制度型开放的特点。拥有较好制度和贸易较多国家的经济增长更快，拥有较好制度的国家往往推动更多的贸易，贸易和制度之间存在非常高的相关性。实证表明，从长远来看，贸易变化或者开放程度对经济增长有强烈的推动作用，而对制度改善的作用较小。贸易和制度共同发挥着重要的联合作用。从短期来看，贸易的作用相对较大。

丹尼·罗德里克教授提出了这样一个研究问题：如果控制了其他相关国家特征，那么政策性国际贸易壁垒较低的国家是否会增长更快？大量实证文献对这一问题给出了肯定的答案。这些文献中采用的实证策略存在方法论问题，导致结果有多种解释。许多情况下使用的开放指标无法很好地衡量贸易壁垒，或者与其他不良经济表现因素高度相关。在其他情况下，用于确定贸易政策与增长之间联系的方法存在严重缺陷，几乎没有证据表明开放贸易政策（即降低关税和非关税贸易壁垒）与经济增长之间有显著关联。这是怀疑制度与开放具有相关性研究的较早文献。罗德里克教授强调制度主导的重要性，认为经济发展中的制度比地理位置和贸易更重要，并利用制度和贸易工具变量，估算制度、地理位置和贸易在确定全球收入水平方面各自的贡献，结果表明制度质量"胜过"其他一切。一旦制度得到控制，传统的地理位置、贸易衡量标准对收入的直接影响微不足道。经济增长理论传统上侧重于物质资本和人力资本积累，而内生经济增长理论侧重于技术变革，但技术变革充其量只是经济增长的一个因素。为什么有些国家能够更快地积累生产要素和进行技术变革？制度因素有助于对经济增长"更深层次"决定因素的思考。研究结果发现，制度的质量对经济增长的贡献胜过地理位置和贸易。一旦制度保持稳定，制度对开放具有积极和显著的影响。反过来，开放对制度的质量也能产生积极影响，这表明贸易开放可以通过提高制度质量对经济增长和居民收入产生间接影响。

道格拉斯·欧文教授认为贸易能提高收入。由于未能考虑贸易的内生性，估计国际贸易对一国实际收入的影响阻碍较大。他利用一个国家的地理位置（特别是其与潜在贸易伙伴的距离）构建一个研究工具，使用第一次世界大战前、两次世界大战之间和战后时期的数据，证实了贸易占经济总量比例较高的国家即使在控制了贸易的内生性之后，收入也较高。后来的证据也证明贸易改革能促进经济增长，进一步厘清制度与开放、贸易的关系。大幅减少进口壁垒的贸易改革是否会导致更快的经济增长？自罗德里克教授等对这个问题的实证工作进行批判性调查以来的 20 年中，新的研究试图克服方法论问题。欧文教授以国内经济增长为重点，针对具体的制度变迁事件，着眼于降低贸易壁垒可能提高生产率的渠道，开展实证研究。其研究结论是，贸易改革平均对经济增长产生了积极影响，尽管这种影响在各国之间不同。这些研究结果将缓和以前关于贸易改革与经济表现之间实证联系的一些不可知论。

二、制度型开放与投资之间的关系

国际投资理论家约翰·邓宁（John Dunning）以欧洲转型经济体为例，研究了制度与投资的关系。他评估了制度作为外国直接投资流入欧洲转型经济体决定因素的重要性，认为包括制度环境以及与制度相关的战略和政策等制度在降低国内和跨境商业活动的交易成本方面起关键作用。在诺思的制度定义基础上，邓宁教授在分析框架中将制度分为两类：一类是制度的质量和范围，包括正式惯例（通常称为规则）、非正式惯例（通常称为标准），以及设计和实施这些制度的实体的责任，这些实体包括构成社会的公司、民间社会、消费者团体、工会和政府等每个利益攸关方。另一类是制度基础设施（Institutional Infrastructure，II），主要是指制度运行的总体环境，包括政治制度，如政权类型、国家决策和司法制度；经济制度，如生产要素市场结构和获得生产要素的条件；社会文化因素，如非正式规范、习俗和宗教。制度基础设施的主要特点是，通过降低经济活动（包括外国直接投资）的交易成本来促进经济活动（包括外国直接投资的流入）。这种交易成本代表了做生意的烦琐成本，包括搜查、谈判和执法费用，还包括由于可能的机会主义、道德风险和商业交易的不完整而产生的不确定性。改进制度基础设施的目的是减少这些交易成本，包括财产权不足、缺乏适当监管的银行系统、腐败、金融市场不完善或不发达。计量研究表明，在考虑控制变量后，制度基础设施的质量与外国直接投资流动显著相关。实证研究表明，较不发达的转型经济体的制度基础设施质量相对较弱，不利于吸收外国直接投资。反之，制度基础设施质量是吸引外资的决定因素，欧洲转型经济体的制度基础设施质量比其他经济体有所提高，因此吸引外资的作用更大。

三、制度型开放与创新之间的关系

如前文所述，制度既包括宪法和法律等正式规则，也包括风俗、习惯和传统等非正式规范。好的制度可以保护产权、执行合同、鼓励公平市场竞争和执行法治。但是，学术界对开放和制度哪个对经济增长更重要存在分歧。有的学者为此提出一个新的视角：开放和制度发展相互作用。开放对经济增长的影响取决于是否存在适当的制度，开放可能会加速制度发展，使其更有利于增长。有研究分析了中国的开放和制度发展，利用中国各省份的面板数据对开放和制度发展之间的相互作用进行了实证验证。在成熟的市场经济中，制度的作用集中在提供公共物品上。但在转型经济中，制度的作用不得不通过促进某些主体"逃离"市场来执行某些非常规任务。

制度型开放与创新之间的关系涉及人力资本和技术创新的作用，通过开发增长模型为研究制度和技术创新提供基础，并研究人力资本、技术创新和制度约束如何影响产出和增长。传统增长模型认为，经济内生增长的原因是制度在经济中的作用有限，技术创新作为一种非竞争性、部分排他性商品，其投入无法显著推动经济增长。有学者改进传统增长模型后研究表明，经济增长与制度有着内在联系，如果制度阻碍或阻止利用新发明的投入，那么经济将实现低水平和低增长率的产出。存在阻止或限制采用新发明技术的制度障碍的国家将在研发部门分配相对较小的人力资本份额。此外，人力资本的可持续增长，而不是人力资本存量的增加产生了增长效应。灵活性的制度安排将允许经济、政治和社会力量对制度进行改变，以便企业能够利用随着技术或环境变化而出现的新机会进行创新。人力资本是制度和产出的重要决定因素，人力资本存量增加可以提高制度的质量，通过创新扩大其知识边界，制度作为长期技术创新和经济绩效引擎，对创新产生积极影响。

有学者分析了2016~2018年170个国家和地区的多个申请周期中13770个初创企业的申请数据样本，探究制度变迁与企业家精神、初创企业之间的关系。研究表明，降低形成、发展和退出新企业的制度障碍影响企业家在一个地区设立初创企业的类型。制度变迁影响企业家对初创企业承受风险程度的评估，并可能提高潜在投资者选择高增长初创企业进行资助和投资的能力。首先，制度变迁提高了企业家对创投资金的感知价值。其次，由于创投资金生态系统中新申请人的数量激增和异质性，降低了初创企业被选中的平均概率。再次，由于初创企业申请人的平均素质和人力资本的提高，制度变迁提高了初创企业家的管理者群体质量。最后，由于监管改革导致制度变迁，减少了企业家新设企业、获得信贷和解决破产问题的时间和程序。研究结论对于政府特别是新兴和发展中经济体的政府如何支持高增长的初创创业和培育企业家精神，具有重要意义。

四、制度型开放与金融之间的关系

1998年东南亚金融危机，引发了东亚奇迹的反思。金融危机发生的原因探讨是多个方面的，但是金融业开放过度与监管缺失是重要的因素，因此引发了制度型开放与金融之间关系的研究。发展中国家在金融开放与政府管理之间存在的特点包括：一是政府金融监管部门和各类金融企业在协调政策、外部效应内在化等方面积极进行互动，金融市场开放保持一定的稳定性，各类金融企业随着经济发展阶段的结构性需求实现自我扩张。二是各类金融企业通常由个别家族控制或者政府直接拥有，金融监管部门的自主性和有效性更多体现自律和内控。三是各类金融企业法人治理结构相对松散或监管不到位，导致对金融从业人员的纪律要求不够严格。在经济发展初期阶段，由于金融生态不健全，金融工具发育不成熟，金融监管部门与各类金融企业促进了协作与竞争，金融业促进了经济成长，较好地达到了政府制定的经济目标。

诺思等提出，在开放准入秩序的现代社会状态，政府与企业均有权力边界和制约范围，两者相互克制并互为促进。以诺思的理论框架解说东南亚金融危机，具有一定的信服力。1996 年以后，随着东南亚国家制度型开放的推进，金融监管部门管制恶化，这些国家在从多种渠道开放融入全球经济贸易时，原来的管制结构方式、家族控制或者政府拥有的做法必须进行调整。在开放准入秩序的现代社会状态，东南亚国家依靠行政手段达到对外开放的目的，提升人力资源的素质，获得了某些产业和领域的比较优势，但在推进制度型开放过程中，也延缓了建立健全法律和监管制度的节奏。制度型开放带来的制度创新和制度体系完善，往往能够加强市场机制的力量，并弥补某些金融市场失灵现象。由此，在东南亚国家的制度型开放环境中，各类金融企业必须通过公司法人治理结构来解决代理人问题。

关于制度型开放与金融之间的关系，瑞士政府救助困难银行瑞士信贷（CS），并推动瑞士两大银行瑞士信贷与瑞银（UBS）合并是很好的研究案例。2023 年 3 月，瑞士信贷以实施紧急法的方式获得政府救助。尽管瑞士政府可能违反货币秩序的基本原则，但仍排除了所有相关银行的股东权利，这为高达 2090 亿瑞士法郎的政府支持计划和实施国家策划的与瑞银的紧急合并铺平了道路。截至 2023 年 8 月底，瑞银已全额偿还了支持计划，并公布了银行史上最大的季度利润，达到 290 亿美元。瑞银开始吸收瑞士信贷的国内业务，从而放弃了拥有167 年历史的银行品牌。政府救助和银行间吸收合并计划取得成功，因为钱已经偿还，没有任何成本。由此带来的反思是，瑞士推动的金融业制度型开放，应关注银行救助计划引发的财富转移、银行救助的可能性、银行股权的最佳水平、偿付能力和流动性，以及事前基于市场的银行脆弱性指标而非事后会计指标等关键问题。政府对金融企业监管应通过事前基于市场的风险指标扩大监管范围，提高未加权资本比率以充分反映大型银行的风险，并引入事前付费的流动性选择。这涉及大型金融企业的范围经济，范围经济是由品种而不是数量形成的效率，通过多元化产品扩大生产和服务，平均总生产成本由于生产的不同商品数量的增加而降低。例如，销售汽油的加油站可以通过其客户服务代表销售汽水、牛奶、烘焙食品等，从而使汽油公司实现范围经济。从长远来看，这些可能超过范围经济范畴，因为在未来的制度型开放中，金融监管部门继续出现治理不善将导致金融企业以牺牲纳税人的利益为代价，存在极大道德风险，纳税人抵制为大型金融企业风险提供隐性融资。

第四节　新时代背景下稳步扩大制度型开放的内涵创新

一、聚焦"四维"（贸易、投资、金融、创新）、"四新"（新挑战、新领域、新内容、新保障），稳步扩大中国制度型开放

在把握中国稳步扩大制度型开放的历史逻辑、现实背景与实践基础上，围绕服务构建新发展格局，以制度型开放为重点，聚焦贸易、投资、金融、创新等对外交流合作的重点领域深化体制机制改革，厘清中国稳步扩大制度型开放的新挑战、新领域、新内容、新保障，积极主动把握中国制度型开放的方向和重点。

二、优先突破贸易领域制度型开放，加快构建"双循环"新发展格局

货物贸易领域零关税产品比重偏低，服务贸易领域尚存在较多的市场准入限制；数字贸易的管理法规与高标准国际经贸规则差异显著；共同构成了贸易制度型开放的新领域、新内容。应注重在自由贸易试验区（FTZ）积极尝试对标国际经贸规则，同时扩大已有的自由贸易区（FTA）网络，实现FTZ与FTA内外"双自联动"。在国际循环层面，应注重推动"一带一路"建设高质量发展，同时促进数字经济、跨境电商、保税维修、离岸贸易等新业态、新模式不断涌现，实现从新到旧"从增量到存量""从易到难"、由浅入深和稳步扩大的制度型开放进程。

三、稳步扩大投资、金融、创新领域的制度型开放，构建现代化的产业体系

打造投资和金融对外开放高地、改革创新体制机制是构建安全高效有序的要素市场的关键，深度对标融入全球投资、金融和创新规则、规制、管理和标准是实现营商环境法治化、国际化、市场化的内在要求。以自由贸易试验区、国家级经开区、综合保税区、社会主义现代化建设引领区等为依托，以大国市场需求为牵引力，结合生产要素的不同属性和类别特征，探索建立传统要素与新兴要素的国际交流、全球配置网络、平台和渠道，形成生态化"应用场景"促进国内外要素互融互补、境内外产业降本增效、国际间技术协同创新，增强产业链供应链的韧性和可靠性，加快传统产业的转型升级，提升战略性新兴产业的全球竞争力，构建现代化的产业体系，是稳步扩大制度型开放的题中应有之义。

四、加快建设国内统一大市场，健全制度型开放保障机制的关键基础

探索建立风险可控与监管有效的保障体系，关键基础在于形成国内统一大市场。制度型开放的基础既在外更在内。国内商品、服务、技术要素市场的安全有序，国内外政策制度的相互协调是我国稳步扩大制度型开放之不可偏废的两大平行目标。中国在规则重构和开放治理相互协调的战略目标与制度安排下，应以京津冀地区、长三角地区、珠三角地区等为中心枢纽，破解阻碍生产要素国内外自由流动的行业壁垒、区域壁垒、市场壁垒、数字壁垒，逐步建立统一的国内大市场，以保障制度型开放取得应有的效果。

五、健全高水平开放政策保障机制，构建安全有效的要素市场

探索建立风险可控与监管有效的保障要素市场安全有效的国内外相协调的政策体系，明确中国在对内外经贸开放治理和规则重构历史背景下的战略目标与制度安排。以长三角地区、京津冀地区、珠三角地区等为中心枢纽地区，破解阻碍"补链强链"所需新要素国内流动的行业壁垒、区域壁垒等市场进入壁垒，逐步建立统一的国内要素市场。建立数字经济所需要素跨境流动方面的制度安排，科学规划国内国际一体化的数据要素市场布局。

六、推进制度型开放旨在构建更高水平的开放型经济新体制，完善高水平社会主义市场经济体制

制度型开放的核心任务就是要稳步扩大规则、规制、管理和标准等的开放，进而形成新的经济、社会和国际政治效应，推动中国现代化产业体系的形成。稳步扩大规则、规制、管理和标准等的制度型开放，就必须加快建设海南自由贸易港，实施自由贸易试验区提升战略，扩大面向全球的高标准自由贸易区网络，有序推进人民币国际化，从而能深度参与全球产业分工和合作，维护多元稳定的国际经济格局和经贸关系。

七、构建贸易、投资、金融和创新领域风险防范机制，为制度型开放提供路径保障

"安全性"是稳步扩大制度型开放的前提。稳步推动对外开放格局由商品和要素流动型开放向制度型开放转变，实现开放重心由"边境内"向"边境后"拓展的高标准国际经贸规则，在实现贸易、投资、金融、创新秩序全方位转变的同时，也可能使国内产业链供应链、国有企业发展、市场安全、企业竞争等方面面临风险。未来应在全面风险评估的基础上，从中长期和近期两个层面构建制度型开放的风险防范机制。

八、进一步夯实数字贸易发展的制度基础，推进数字贸易制度型开放

党的二十大报告提出，推进高水平对外开放，要"推动货物贸易优化升级，创新服务贸易发展机制，发展数字贸易，加快建设贸易强国"，将发展数字贸易的战略性、重要性提升到了前所未有的新高度。面对全球数字贸易大国竞争，应该抓住数字贸易规则形成的关键期，积极应对数字贸易大国博弈与规则新议题带来的挑战，加速推进中国数字贸易制度型开放，打造建设贸易强国新引擎。进一步夯实数字贸易发展的制度基础。改善数字营商环境，扩大外资准入。支持自由贸易区（港）数字贸易制度创新发展先行先试。建设性参与全球数字贸易规则与治理。

第三章

稳步扩大制度型开放的
逻辑机理与影响效应

本章主要基于"深化改革"与"扩大开放"的协同关系、"边境开放"与"境内开放"的统筹兼顾、制度"引进来"与"走出去"的双向并重等视角，从"政策协同效应"与"政策遵从效应"两方面提炼稳步扩大制度型开放的逻辑机理。同时，在理论层面深入阐释稳步扩大制度型开放的经济效应，为后续实证研究其对国际贸易、投资、金融、创新及产业等领域的潜在影响与作用机制奠定理论基础。

第一节　稳步扩大制度型开放的逻辑机理

放眼于世界经济史，稳步扩大制度型开放的逻辑机理在于解释哪些国家在发展、哪些国家被抛在后面。诺思等新制度经济学代表提出了这样的解释，即知识启蒙带来了开放获取的制度化，开放获取制度变迁并改变了社会的固有契约。制度型开放的好处还在于，一国经济发展可以从本地化实现向融入区域一体化和经济全球化的跃升。

一、经济全球化要求制度型开放

制度型开放与诺思等开放准入秩序的现代社会状态更为关联，这一关键主题被纳入了经济全球化理论。总的来说，在市场经济秩序遇到适当的触发因素而将它们带到更高水平阶段的门槛之前，各类市场主体可以在一个公平的竞争环境中生存。同时，有限准入秩序的自然国家状态需要制度型开放的举措，才有平等的机会调适政府与市场主体的秩序和均衡，先有内向的有限准入秩序，企业的生存空间更多地由政府管制程度决定，然后才有外向的开放准入秩序，企业的私有产权更为稳定，政府受到社会秩序、规则、规制、管理、标准等制度型纪律的约束，这在逻辑上是一致的，因为国际贸易和经济全球化只有在政府与企业界限更为明晰时才变得相关。

经济全球化的早期，企业是一些传统全球大国兴起的主要催化剂之一，由于殖民地种植粮食、开采自然资源所需的资金超出了政府愿意或能够提供资金的能力，企业成为政府与市场之间的桥梁，政府允许企业家参与市场创造财富的活动，并鼓励企业通过制定经营章程实现商业化规范活动，这进一步降低了投资风险，并激励了制度化的经济权力。这个制度创新的例子说明由内向的有限准入秩序"过渡"到外向的开放准入秩序，企业在其中发挥了关键的桥梁作用，不仅政府有制度创新的能力，企业通过制定章程也有制度创新的动力，这在某种程度上是一个推动经济全球化的过程。

15世纪末期，殖民主义在全世界传播以后，被殖民民族反抗殖民帝国的行为激发了欠发达国家以及未建立国家体制的地区的民族意识，最终这些国家和地区演变为第三世界。在此背景下，经济全球化不仅帮助传统全球大国达到发展门槛，进入发达国家行列，而且往往影响到非洲、亚洲和拉丁美洲国家的政治和经济等制度型创新，其中包括贸易政策和法规，这些政策和法规使他们受制于更有影响力的开放准入秩序国家的经济意愿，通过进一步激励制度型创新，来放大制度型开放带来的非暴力型制度变迁。

在制度型开放背景下，公民个人创造财富得到制度保障，有助于让社会财富充分涌流，促进企业家脱颖而出和形成有创新活力的企业家精神。同时，各类市场主体在正式规则和非正式规范的制约和影响下，可以确保持续经营，并比公民个人拥有更大的影响力。将公民个人和企业家的财富与政府拥有制定规则规范的权力区分开来，政治架构与财富分配形成相对均衡状态，政府官员难以通过创造生产要素配给机会的方式来干预市场机制运行，从而阻止了给予优惠政策和分配稀缺资源的机会。当受到经济全球化等外部冲击时，施行制度型开放的国家更有能力适应内外局势变化，激励政府官员推动国家发展，放弃高成本的政策措施，转而采取"以增长为导向"的政策。反之，如果制度型规则规制无法推动经济增长，或者经济长时间缓慢增长，往往会导致公民个人或企业的不满，他们会通过"用脚投票"的方式服务制度型开放，进而更广泛地拥抱公共利益，降低各利益集团动员公共权力谋取私人利益的概率。在日益经济全球化的世界中，制度型开放在塑造国家治理体系和提升国家治理能力方面可以发挥更大的作用。

二、全球经济治理改革要求制度型开放

1944 年 7 月，确立"二战"后全球经济治理体系的布雷顿森林会议召开，由此形成的国际货币基金组织、世界银行、关贸总协定/世界贸易组织等全球经济治理组织和条例是 80 年前创立的，目前它们正面临着世界日新月异的变化。许多发展中国家已经成为全球经济的重要一环，它们的重要性却没有反映到这些结构中来。这导致了货币、金融和贸易领域在连贯性和一致性上的缺憾。全球经济治理组织是成员间经济实力和对外开放程度比拼的结果，随着成员制度变迁和实力变化，原有的全球经济治理框架由平衡走向失衡，制度改进或组织改革的呼吁渐涨，因此，全球经济治理体系一直处于动态变动中，通过成员间的博弈调整和整体的改革需求，形成新的制度型开放。

以 70 多年的多边贸易体制及其全球贸易治理为例，关贸总协定和全球贸易治理改革就是制度型开放的过程。自 1860 年《法英通商条约》缔结以来，英国一直是最惠国待遇原则的主要维护者，这是典型的制度型开放举措。然而，随着时间的流逝，英国逐渐推出一种制度，其中源自英国的出口产品受益于比适用于第三国的关税更低的关税。这种商业一体化的手段逐渐演变成复杂的保护主义，并作为对 20 世纪 30 年代世界经济大萧条和美国斯姆特—霍利关税法案的回应，在 1932 年通过实施"渥太华帝国关税特惠制"达到顶峰。"二战"结束后，美国出口商特别受到英国帝国特惠制的伤害，美国贸易谈判代表科德尔·赫尔（Cordell Hull）将最惠国待遇条款作为其互惠贸易协定计划的基石，试图取消帝国特惠制，但没有成功。在关贸总协定谈判期间，英国贸易谈判代表强烈反对美国的提案。对于英国来说，立即取消帝国特惠制是一条不可逾越的红线，因为它将严重影响英国及英联邦本已疲软的战后经济。即使最终实现最惠国贸易的最终目标，英国也认为其经济需要相当长的时间来调整，担心立即取消关税优惠将导致毁灭性的贸易逆差和国际收支危机。随后，美国遏制苏联对峙加剧的重大政治事件不仅影响了关贸总协定的谈判，而且实际上也决定了谈判的结果，因为关贸总协定谈判的失败将对美国的外交政策计划造成灾难性的影响。一项维护国际贸易合作的"薄协议"有助于美国的对外经济和安全政策。尽管总协定很薄弱，但总比没有好。

布雷顿森林会议促成了国际货币基金组织和世界银行的成立，为解除对贸易和资本流动的限制提供了制度框架。然而布雷顿森林会议推迟了对设立国际贸易组织（ITO）的审议，该组织将直接负责降低对进口的限制。由于对国际贸易组织缺乏进展感到沮丧，少数国家于1947年在日内瓦召开了一次会议。这导致了关贸总协定的产生，该协定在范围上受到严格限制，它不负责农业或服务业，没有司法权力，其决定不具有约束力，并且未能赢得发展中国家的支持，只有3个拉丁美洲国家加入。直到1995年，尽管关贸总协定只是暂时的，但世界只能由关贸总协定来监督贸易自由化。尽管关贸总协定在体制上存在缺陷，但通过一系列谈判帮助实现贸易自由化，最终导致1986年发起的乌拉圭回合谈判。关贸总协定限制其缔约方使用非关税壁垒，并监督降低关税。这些制度型开放措施导致了世界贸易的快速增长，许多国家的贸易占国内生产总值的比例有所上升。世界市场一体化是许多力量的结果。关贸总协定发挥了重要作用，最终在乌拉圭回合中达到高潮。乌拉圭回合是关贸总协定所有回合中最雄心勃勃的一轮谈判，于1993年结束，并导致1995年世界贸易组织（WTO）的成立。WTO具有80年前国际贸易组织所期望的许多功能，它负责农业、服务业、制造业以及与贸易有关的知识产权、投资等议题，并且在发生贸易争端时对成员具有约束力。关贸总协定在货物贸易自由化方面的成功，以及WTO在服务贸易自由化方面的成功，是制度型开放的鲜明标识，不仅采取一切必要步骤取缔非关税壁垒，关税水平也大幅降低，全球贸易自由化程度的趋势非常明显。

三、全球生产和贸易模式转变要求制度型开放

拉美地区较早践行进口替代工业化的生产和贸易模式。进口替代工业化发展模式于20世纪50年代日益成熟，60年代开始显示颓废迹象，该贸易模式造成的扭曲更加明显。出口部门规模太小，活力不足，无法为偿还债务的增加提供资金。到1982年，当债务危机袭击拉美地区时，进口替代工业化模式几乎完全名誉扫地，很少听到为它辩护的声音。事实证明，拉美地区摆脱债务危机进程漫长而代价高昂。"失去的十年"一词被用来描述20世纪80年代整个拉美地区采取的债务调整方案导致的人均实际国内生产总值停滞不前，在社会支出减少和基础

设施恶化方面付出了高昂的代价。

从 20 世纪 80 年代开始，当时世界经济进入了经济全球化的新阶段，商品和生产要素市场日益一体化。拉美地区为摆脱债务危机所做的努力，恰逢世界贸易增长和国际资本流动开始加速。在美国接受培训的新精英们认为，拉美地区需要以一种方式进行调整，即通过采用新自由主义政策充分参与全球市场，接受"华盛顿共识"列出的一系列改革，制度型开放的第一阶段侧重于贸易和金融市场自由化，实施起来相对容易。制度型开放的第二阶段集中于法治、政府机构质量和微观经济改革，要困难得多。然而，1985 年墨西哥决定加入关贸总协定，达成关税削减计划，通过扩大和深化改革进程，坚持新经济模式。到 20 世纪末，除巴哈马外，每个拉丁美洲和加勒比国家都是 WTO 成员。

拉美地区工业和贸易模式的转变离不开制度型开放，特别是墨西哥通过加入关贸总协定，实现了系统化的制度型开放，引领了贸易自由化进程，促进了墨西哥与美国、加拿大的经贸融合。1992 年 8 月，三国签署了《北美自由贸易协议》（NAFTA）并于 1994 年 1 月生效。2018 年 9 月，美国、墨西哥和加拿大就更新《美国自由贸易协议》达成一致，并重新命名为《美国—墨西哥—加拿大协议》（USMCA），取代 NAFTA。USMCA 的开放水平更高、条款执行更严，如每辆在美国、加拿大和墨西哥制造的汽车中，最少要有 40% 的零件由这三个国家的不低于 16 美元时薪的工人生产，该协议将于 2026 年评估，并根据评估结果将协议期限延长 16 年。制度型开放引起贸易自由化对不同工人的工资和就业影响的讨论，文献实证发现，在发达国家和发展中国家，熟练工人和非熟练工人之间的工资差距扩大。墨西哥、智利、哥伦比亚、哥斯达黎加和阿根廷的工资不平等情况有所增加，但马来西亚、菲律宾、新加坡的工资不平等情况有所减少。造成这种劳动力市场现象的两个最常被提及的原因是贸易自由化和偏向于技能的技术变革。虽然制度型开放可能带来总消费收益，但这些收益不一定在社会成员之间平均分配。平均而言，熟练工人比非熟练工人更支持自由贸易。

四、再全球化新动向要求制度型开放

近年来，再全球化的概念不仅被学者越来越多地使用，而且也被政治家越来越多地使用。在全球化研究的不同领域，一场关于应遵循哪种解释路径以超越已知模式的辩论包括：一是再全球化本质上是一种进步的努力；二是全球化模式的更新是关于去全球化还是再全球化；三是再全球化概念在多大程度上被非自由主义所利用，如何确认再全球化的自由和民主意识。

有学者将再全球化的内涵概括为"5R"：一是再精炼（Refining），意味着改进包括国际法在内的机制，旨在使全球化以更公正的方式为更多人服务，实现社会公正；二是重构（Reframing），意味着承认全球化不能只是一个超然的、自称为"整体"的，而是与"全球本地化"意义上的区域和地方需求和进程相互关联，必须更好地纳入全球化的总体管理；三是改革（Reforming），意味着彻底改革全球化的核心机构，即"二战"结束以来存在的国际和全球机构及其战略和政策，使其更加及时、有效和平衡；四是再定义（Redefining），意味着如何理解全球化的新概念，超越理想主义与现实主义二分法的界限；五是再审视（Re-visioning），意味着今后的再全球化进程应包括处境不利和最贫穷者。以上"5R"模式及其相关的再全球化的实际政策和预期战略的争论仍处于起步阶段。

WTO 总干事伊维拉是"再全球化"的倡导者，其理念旨在重构而非摒弃全球化进程。为此，WTO 推出旗舰报告《2023 年世界贸易报告：再全球化促进安全、包容和可持续的未来》，认为再全球化推动更广泛、更包容的议题、经济体和企业一体化，更有利于实现 WTO 成员的目标。2024 年 WTO 公共论坛主题确定为"再全球化：更好的贸易创造更美好的世界"，探讨再全球化如何使贸易更具包容性并确保其好处惠及更多人。WTO 成立以来，全球贸易迅速扩张，相互联系也日益紧密。多边贸易体制帮助 15 亿人摆脱了极端贫困，改变了无数人的生活，释放了各种机遇。各种规模的企业借助最新技术和理念都可以进入新市场，新的高薪工作不断涌现，为未来的全球劳动力注入了活力。消费者可以获得各种各样的产品和服务，相互之间的联系日益紧密。同时，贸易收益并不总是平等分享。虽然贸易绝对值有所增长，但不平等现象却随着时间推移而加剧。服务不足的群体被不公平地边缘化在全球经济之外。最不发达国家在全球贸易中的份额在过去 30 年几乎没有增加，而数字鸿沟却在扩大。当前，全球经济发展处于转折点，必须抓住机遇以更具包容性的路线重新实现贸易全球化。借助供应链重组契机，将新的参与者纳入国际贸易体系并增强韧性。将包容性政策纳入 WTO 规则手册还可以促进更大的和平与繁荣，并赋予边缘化社区权力。同时，一个进步和响应迅速的多边贸易体制可以促进积极的环境成果并确保公平过渡。

WTO 总干事伊维拉及秘书处研究人员认为，去全球化的讨论仍然与贸易数据不一致。事实上，全球货物和服务贸易继续创下历史新高，超过 3/4 的全球贸易是按照 WTO "最惠国待遇"条款进行，表明多边规则仍然在国际贸易中发挥着决定性作用。全球用于生产其他商品的中间品投入在世界出口中的份额基本保持不变，表明国际供应链并未大规模回流，企业仍然根据成本和质量考虑做出采购决策。换句话说，尽管瓦解全球化的思潮涌动，但民众和企业对全球化的依赖程度却比以往任何时候都高。显然，根本问题不在于相互依存本身，而在于某些重要产品的贸易关系过度集中。如果目标是建立更具韧性的供应网络，使其不易被竞争对手武器化，那么还有更好的解决方法，即"再全球化"，更深层次、更分散、更多样化的全球供应链提供了一条相互依存但又不会过度依赖的途径，让迄今为止被排除在全球价值链之外的国家和社区有进入的机会。

再全球化的意义远不止解决全球供应链韧性问题，它源于这样一个事实：世界需要国际贸易来克服当今最紧迫的挑战，如气候变化、贫困、不平等和战争等因素。全球问题需要全球解决方案，贸易合作不能被排除在这些解决方案之外。贸易是传播绿色技术、各国获得从极端天气事件中恢复和适应气候变化所需的商品和服务的不可或缺的渠道，国际贸易加速实现净零排放目标至关重要。此外，国际贸易可以让各国实现专业化，从而帮助减少与商品相关的排放。正如各国可以通过专注于自己相对擅长的领域获得经济收益一样，如果各国专注于自己相对环保的领域，世界也可以获得环境收益。

贸易长期以来也是减贫的强大力量。贸易使国内市场规模小或较差的国家能够利用外部需求，将人力和资源从生存活动转移到制造业、服务业和农业等生产率更高的工作中。但世界需要一种不同的、重新构想的贸易类型，因为并非所有人和所有国家都充分分享了近几十年来的进步。尽管国家之间以及全球人口整体的经济不平等现象有所减少，但许多发达经济体内部的不平等现象却有所加剧。贸易是起作用的几个因素之一，其他因素包括有利于技术工人并用机器取代许多制造业岗位的技术变革。税收、劳动力和反垄断政策选择也影响了这些变化，这就是一些国家的不平等现象比其他国家加剧的原因。进一步推进这一再全球化进程，覆盖更多地区，吸引更多小型和女性拥有的企业，将产生可观的红利。

一个强大、开放、多边的贸易体系对于下一波贸易驱动型增长至关重要。但再全球化与改变了东亚的出口导向型工业化不同。随着自动化的进步，制造业作为创造就业引擎的作用比过去有所减弱，服务业将不得不与制造业、农业生产和加工业一起发挥重要作用。服务业正日益成为增长和贸易的重要驱动力，其扩张速度快于货物贸易。为了支持这一再全球化进程，国际贸易体制需要做出调整，制定明确的数字贸易规则，促进服务贸易领域的深化合作。现有贸易规则的漏洞——或者根本没有共同的全球规则——导致不确定性和交易成本增加,这对小型企业的影响最大。当前的多边贸易体制确实存在问题,但相反的情况肯定会更糟:如果主要大国对彼此的稳定和繁荣没有经济利益,也没有共同的机构参与,很难相信国际安全会得到更好的保障。如今,多边贸易体制已成为解决气候变化、冲突和流行病防备等全球重大挑战的解决方案之一,它比以往任何时候都更需要一个适合 21 世纪的改革后的 WTO,其规则应为全球贸易体系的稳定性、可预测性和开放性奠定基础。

第二节　稳步扩大制度型开放的时代背景、现实挑战与内在关系

稳步扩大制度型开放的核心要求是推动规则、规制、管理、标准等制度型开放,目标是构建更高水平的开放型经济新体制。自贸协定与自由贸易试验区作为我国制度型开放的两大网络体系,同时扮演着"一体两翼",即制度型开放中协同开放与自主开放相互结合、双向互动的角色。根据国务院印发的《关于在有条件的自由贸易试验区和自由贸易港试点对接国际高标准推进制度型开放的若干措施》规定,制度型开放的重点领域是投资、贸易、金融和创新等。因此,"双自联动"稳步扩大制度型开放必须围绕着规则、规制、管理、标准四大核心内涵和投资、贸易、金融、创新四大重点领域,实现协同推进和平衡有序的相互关系。

一、稳步扩大制度型开放基于两个重要的时代背景

制度型开放是中美贸易冲突和中美科技脱钩背景下的重要应对战略,由西方国家主导的国际经济秩序与规则约束下的要素和市场开放,面向中国主动参与和引领的全球国际经贸规则的创新与重构。

制度型开放是中国开放模式和开放理念的一次重大转型,是从劳动力人口和制度转型红利释放为基础的要素和市场对外开放,转向通过国内外制度对接降低交易成本,进一步拓展贸易、投资、金融和创新空间的新一轮对外开放。所以制度型开放要解决的核心任务是,一方面要发挥中国在多边规则变革中关键性的引领作用,另一方面要以此为契机推动国内制度改革和政府效率改革,并最终实现

国内外制度的兼容与对接，通过优化营商环境，规范管理，放松管制，促进国内外高端要素市场和产品服务市场的链接贯通，提升产业链安全，利用两个市场两种资源解决"卡脖子"问题，全面支持中国产业结构升级和中长期高质量发展，并基于多边合作框架和全球经济影响力，为国际分工合作和全球经济稳定增长提供中国方案。

二、稳步扩大制度型开放面临若干重大的现实挑战

（一）国内制度改革所面临的挑战

在与国际经贸规则对接过程中，需要处理好国内外法律法规冲突性问题。金融开放需要进一步深化金融体系改革，增强金融市场的透明度和稳定性；要吸引更多的国际投资和技术转让，需要国内进一步落实和完善知识产权保护制度。为了实现更高水平的开放型经济，需要进一步降低市场准入门槛，进行国内法规的完善，适应劳工、竞争中立、国有企业垄断、透明度与腐败等规则要求，为国内外企业提供公平竞争环境。

（二）跨部门、跨区域和跨领域协调推进的挑战

制度型开放作为系统性工程，如何进一步围绕制度型开放完善中央与地方政府协同，海关、商务等国务院各部门协同工作机制，解决地方政府制度创新差异化激励与制度创新全国统一性的矛盾，以及如何协调各个地区、产业部门的差异性开放制度设计，实现中西部地区的对外开放，确保产业经济均衡发展是主要挑战。中国经济仍然依赖于出口和投资驱动的增长模式，需要通过更高水平对外开放，改变国内外经济循环模式，加快实施经济结构调整，促进消费、技术创新和服务业的发展，以实现更加平衡和可持续的增长。

（三）新技术革命带来的开放模式调整的挑战

随着数字技术和人工智能技术的发展，数字技术和贸易、投资、金融、创新各个维度高度融合，对于中央和地方政府如何利用区块链、人工智能等数字技术优化完善对外开放营商环境，构建透明高效的规则执行机制和管理制度，改变和完善监管模式提出了新的挑战。

三、稳步扩大制度型开放中的规则、规制、管理、标准之间内在关系的界定

在稳步扩大制度型开放的语境下，国际经贸规则、规制、管理、标准及其相互之间存在十分复杂的关系。就其基础内涵而言，所谓规则，主要指世界范围内

多边、区域、双边乃至单边对外形成的稳定的经贸关系行为准则，它通常包括国际条约、政府间协定和一国对外正式对外公布的，具有强制约束性的经济关系法则。所谓规制，则是一国政府（含中央和地方立法机构、政府部门）依据其法律地位制定的，与国际规则相互衔接、相互适应或由国际规则转化而成的法律法规及各类规章制度，可视作一国对外开展合作的具有强制约束力的承诺。所谓管理，是指一国政府及其机构、部门依据规则、规制与国内市场主体发生交互关系的行为方式或行政监管模式。而所谓标准，则是微观市场主体在上述规则、规制、管理要求下，提供产品或服务所应达到的水平和质量要求。

四、稳步扩大制度型开放中的规则、规制、管理、标准之间的逻辑关系

在推进制度型开放的过程中，国际经贸规则、规制体系、管理机制和标准规范之间呈现出错综复杂的互动关系。从实践层面来看，这些关系主要体现在以下两个维度：

（一）主体关系维度

在国际关系层面上。诚如前文所言，规则是世界范围内多边、区域、双边乃至单边对外形成的稳定的经贸关系行为准则，它通常包括国际条约、政府间协定和一国对外正式对外公布的具有强制约束性的经济关系法则。在国际政治学或国际政治经济学的视角下，国际经贸规则是国与国之间经过谈判博弈达成的共识，是相互利益斗争和妥协形成的主权让渡，也是缔约方之间跨国、跨时期、跨部门利益平衡的结果。因此，它必然具有中性非歧视、透明性和监管一致性等显性特征。为平衡各方利益，在通常情况下此类规则附带有某些特殊的"例外条款"、"保障措施"和"过渡期安排"。

在一国宏观经济层面上。规制是一国政府（含中央和地方立法机构、政府部门）依据其法律地位制定的，与国际规则相互衔接、相互适应或由国际规则转化而成的法律法规及各类规章制度，可视作一国对外开展合作的具有强制约束力的承诺。此类法律法规及各类规章制度通常必须在生效时提前公告，各类利益关联方有"被告知""可获知"的权利。

在国内中观经济层面上。管理是一国政府及其权力机构、行政部门依据规则、规制与国内市场主体发生交互关系的行为方式或行政监管模式。因此，这些行为方式或行政监管模式受到规则、规制的规范和约束，同样应当遵循中性非歧视、公开透明性和监管一致性原则，事先被各类利益关联方"可获知"。一些可

能对市场主体运行产生重大影响的行为方式或行政监管要求正式生效前必须经过多轮的听证或征求公众意见。

在微观经济层面上，所谓标准，则是微观市场主体在上述规则、规制、管理要求下，提供产品或服务所应达到的水平和质量要求。一般来说，它包括了一国参与缔结的国际组织机构的标准，如国际标准化组织 ISO 框架下具体领域的标准要求，国际知识产权组织的版权、商标权、专利权保护要求，以及一国对外经济活动中常涉及的区域伙伴、对方国家与地区的产品和服务标准要求，如通常所说的"欧标""美标"等；一国自身的产品和服务标准要求亦即通常所称的"国标"，也应在开放对接中充分反映上述各类标准的趋势要求。

由此可见，国际经贸规则、规制、管理、标准之间具有法律和行为主体之间层层相扣、递进衔接的逻辑关系。我国自由贸易协定的战略提升和自由贸易试验区的制度创新必须在上述四大核心内涵上开展系统深入的"对标"改革。

（二）时序关系维度

在静态意义上。规则、规制、管理和标准是一国或地区已经参与缔结的多边、区域组织条约和双边协定既有的法律框架、基本原则与承诺接受的具体条款要求，是在条约或协议项下开展对外经济活动所应遵循的全部行为准则。就中国而言，它包括了 WTO、RCEP、ISO、全球气候合作"巴黎协定"以及中国参与缔结的其他多边、区域和双边合作组织、协定的法律框架、基本原则与承诺接受的具体条款要求。

在动态意义上。规则、规制、管理和标准包括了一国或地区拟参与缔结的多边、区域组织条约和双边协定既有的法律框架、基本原则与承诺接受的具体条款要求，以及在此类条约或协议项下开展对外经济活动所应遵循的全部行为准则。就中国来说，它包括中国正在积极申请加入的 CPTPP、DEPA，以及中国谋求推动实施的 CAI 等形成的法律框架、基本原则与拟承诺接受的具体条款要求。

在趋势意义上。规则、规制、管理和标准还泛指那些中国未曾参与缔结，而事实上可能影响中国已参与、拟参与甚至将来可能在共建"一带一路"倡议下发起缔结的多边、区域组织条约和双边协定未来趋势走向的高标准自贸协定的法律框架、基本原则与具体条款要求。此类条约或协议的已有范例如 USMCA《美欧自由贸易协定》等。随着中国构建更高水平开放型经济新体制和积极参与引领国际经贸新规则历史进程的不断加快推进，此类协定框架下的大部分规则、规制、管理和标准也理应被纳入我国制度型开放的核心要求范围。

综上所述，我国自由贸易协定的战略提升和自由贸易试验区的制度创新也必须完成从静态到动态，进而实现适应趋势要求的"对标"开放。

第三节　稳步扩大制度型开放的重点领域

党的二十大报告明确界定了制度型开放的重点领域，提出在投资、贸易、金融、创新四大领域"持续努力"和"深化改革"，稳步扩大高水平开放。鉴于我国已经成为世界第二大经济体，跻身于货物贸易世界第一、利用外资和对外投资大国、创新型国家的地位，具备了通过"双自联动"全面加快制度型开放的良好基础；同时在外部严峻复杂形势下服务贸易、数字贸易、金融开放、自主创新等领域尚有较多的"短板弱项"。如何全面统筹投资、贸易、金融开放和合作创新的协同关系，实现发展、改革和稳定的良好局面，仍然是自由贸易协定战略升级和自由贸易试验区深化制度创新过程中的一项艰苦繁重的任务。

一、投资领域的制度型开放及其与贸易、金融、创新的协同关系

（一）投资与贸易的协同开放

近年来，全球投资与贸易一体化的趋势日益加强，表现为全球价值链分工基础上的产品、服务与资本的结合流动越加频繁，关联更加密切。尤其是围绕中间产品和服务展开的贸易带动投资、投资驱动贸易效应更加明显。投资创造与贸易创造、投资转移与贸易转移效应的持续增强，反映了世界经济中投资便利化与贸易自由化相结合的内在规律要求。

在协同利用外资与对外贸易方面。我国投资领域的制度型开放还存在突出的"瓶颈"。在中美贸易摩擦的影响下我国对外贸易增速放缓、商品结构升级乏力、贸易模式和形态创新不足、服务贸易逆差较大的事实，也反映出外商投资与对外贸易在扩总量、优结构、强动能、增效益等方面还有诸多不协调、不充分和不平衡之处。特别是西方在高科技领域对华不断加码的投资限制，严重阻碍了我国对外贸易的规模扩大和结构升级。现阶段，我国自由贸易试验区在投资领域仍未有效地解决政策不统一、不透明、不配套等导致的"准入不准营"矛盾，外商投资的负面清单还有进一步缩短的空间，知识产权保护仍需进一步强化；而对外签

订的自由贸易协定中所包含的投资便利化条款尚为数不多，服务贸易领域也更多地适用"正面清单"管理模式。这无疑形成了投资与贸易协同开放的实际障碍。因此，外商投资涉及的领域还需要进一步深化改革与扩大开放，以增强投资与贸易一体化发展的效益。

在对外投资与对外贸易协同方面。我国企业"走出去"也遭遇了较多投资保护主义壁垒的影响，高科技领域来自西方的投资限制逐步增多。同时，我国企业"走出去"还面临着涉外法律与业务人才、产业技术等资源支撑不足，以及目的地国家政治环境、文化冲突等问题的困扰。

接下来，在促进投资与贸易协同发展中，我国需要进一步增加和升级对外自由贸易协定的投资条款，在自由贸易试验区率先放宽对新兴产业、高技术服务和数字赋能领域外商投资的限制，提高监管政策的一致性和透明度。通过"双自联动"加强投资与货物贸易、服务贸易、离岸贸易的协同发展，扩大利用外资和对外投资的规模、提升双向投资的结构，促进投资与贸易协同开放、平衡增长和结构优化。

（二）投资与金融的协同开放

投资与金融的关系密不可分，加入 WTO 以来，我国通过不断完善营商环境，保持了利用外资大国的地位。我国实施以"准入前国民待遇+负面清单"为主的各项制度改革，不断缩短全国版、自由贸易试验区版两份负面清单。在中美谈判过程中和 RCEP 框架下放宽了金融业、服务业、建筑业等领域的市场准入。参与主导 WTO《投资便利化协定》谈判取得成功。通过"进博会"为全球展品成为商品、参展商变为投资商创造有利条件。凡此种种，促进了我国利用外资和金融开放的协同发展。但金融开放体制和监管体系滞后的改革难以契合我国利用外资的实际情况，成为投资制度型开放的突出制约环节。例如，资本项下的资金自由流动，资本市场的股权非股权融资，外资对国有企业的并购参股，外资企业破产清算，金融衍生品市场提供的避险、对冲、保值手段等方面还存在较多的限制或障碍。根据世界银行过往对中国营商环境的评价报告（Doing Business，DB）与新颁布的评价体系（Business Enabling Environment，BEE）相关指标观察，我国在投资涉及的"信贷可获得性"（"金融服务"）、"办理破产"等金融环境上还存在较大的差距。中国欧盟商会、美国商会和其他相关的国际企业、机构（如500强企业）对我国金融开放程度的评价也不高。

我国对外投资尤其是沿共建"一带一路"国家开展国际投资合作也同样缺

乏金融领域的大力支持。首先，我国金融体系、金融机构对企业"走出去"的信贷融资支持力度不足，无论是政策性金融工具还是商业性金融手段，都未能形成企业降低国际化投资成本和增加经营效益的系统性保障能力；其次，我国金融体系、金融机构能够提供给对外投资企业运作的避险、保值、对冲服务工具太少，国内商品期货和金融衍生品市场规模小、品种不足、交易不便，导致企业的抗风险能力达不到要求；再次，我国金融体系、金融机构自身的国际化运作与抗风险能力不足，对投资项目开展综合评价与实施有效监管的能力水平不高，投资与金融协同发展的综合效益不尽如人意；最后，我国金融体系、金融机构在监管一致性和商业惯例的合规性方面，与国际规则之间也尚有诸多差距。

由此可见，在促进投资与金融协同发展中，我国应特别注重对金融开放的系统规划和分步推进，把金融环境的建设作为优化营商环境的重点领域和重点工作，切实提高金融有序开放对双向投资的加持赋能作用。

（三）投资与创新的协同开放

投资与创新相辅相成，共同驱动经济增长。在经济周期和科技浪潮作用下，反周期的资源优化配置和新技术的研发转化，新产业、新工艺、新产品、新业态、新模式、新渠道的培育均有赖于投资的拥趸。同时，市场主体的优胜劣汰与新技术的开发应用，又会激发强烈的投资预期与投资动力。因此，投资与创新存在天然的共生关系。

投资的限制性壁垒是自主创新和协同创新的阻碍因素。限制性措施通常内化于一国产业政策，并限制、替代和破坏了竞争政策的效能。一方面，由于限制性措施阻碍了外资在特定部门和区域的准入，减少了国内企业相应的学习、模仿、协同创新机会，市场进入门槛降低了竞争压力，从而阻滞了国内企业自主创新的动力；另一方面，限制性措施往往集中在产业链、供应链的上中游环节，变相强化了某些企业的垄断地位，可能窒息市场竞争的同时维持了产业链、供应链上中游环节的高成本，降低了全链条竞争驱动的自主创新、协同创新活力。根据国家知识产权局发布的《2022年中国专利调查报告》，2022年我国境内发明专利产业化率，港澳台商投资企业为66.8%，外商投资企业为54.4%，但民营企业和国有企业仅分别为48.4%和41.6%，这充分说明了推进投资开放具有重要意义。

创新体制的封闭性痼疾也会阻碍投资。我国已跻身全球"创新型国家"行列，申请登记的专利数量已连续多年位居世界第一，但创新体制中仍然存在诸多亟待改革开放的领域。上述同一调查报告显示，我国国家高新技术企业、专精特新"小巨人"等知识产权优势示范企业发明专利产业化率为 61.3%，而我国高校、科研院所发明专利的实施率和产业转化率仅有 16.9% 和 3.9%。这一方面表明，我国现行创新体制的支持覆盖范围还比较狭隘；另一方面也突出说明，本应作为创新主要力量的高校和科研院所至今仍然受到教育、创新体制封闭性痼疾的桎梏，在自主创新和协同创新上与发达经济体存在极大的差距。

在大国竞争博弈不断加剧、西方加紧对华高技术领域设限的现实背景下，加快与投资相关的创新体制改革具有特殊重要的意义。我国《专利法》《商标法》《版权法》等与知识产权保护直接相关的法律法规经过多轮修订，已经具备了较高的国际水平，但在执法运用中尚有一些颇受诟病、需要继续完善的环节。而对于法律法规尚未覆盖到的新科技及其应用领域，如跨国科技研发、技术工艺开发、大装置和工程管理、大数据传输应用，以及相应的教育和培训、中小企业促进、人力资源开发等，则需要通过谈判签署各类区域、双边协定或增加相应的国内立法加以规范。

如何进一步改革投资和创新体制，在双向开放协同中依靠国家积极扶持和充分发挥市场机制有效作用，构架起投资和创新之间顺畅自如的桥梁，是实现投资和创新协调发展的核心命题。

二、贸易领域的制度型开放及其与投资、金融、创新的协同关系

（一）贸易与投资的协同开放

稳规模、调结构和增效益是我国贸易制度型开放的目标要求，对利用外资与对外投资具有重要的导向作用。当前与今后一个时期，我国外贸进出口主要受到世界经济不景气不确定引致的外需减弱影响，美国对华高关税、资本与制造回流以及相关管制政策、欧洲实施的碳边境调节税等加大了对外贸易增长的难度，共建"一带一路"国家和地区债务累积和外汇短缺也制约了扩大对华贸易的能力。从对外贸易自身而言，货物贸易升级、服务贸易创新、数字贸易发展实现突破的关键在于进口贸易的稳定扩大、服务贸易的开放创新，以及数字科技赋能下新业态、新模式、新渠道的拓展。

加强贸易对利用外资的导向作用。首先，我国拥有庞大的国内市场优势，通过稳步扩大进口提升国内市场对外资的吸引力，可增强利用外资的稳定性。尽管西方国家加紧了对中国经济和科技成长的打压遏制，但从连续举办五届的中国国际进口商品博览会（以下简称进博会）观察，美日韩企依然稳居来华参展企业数

量前三。根据商务部统计，2023 年 1~8 月我国实际使用外资金额同比下降 5.1%，但英国、加拿大、法国、瑞士、荷兰和德国实际对华投资分别增长 132.6%、111.2%、105.6%、59.2%、25.3% 和 20.8%（含通过自由贸易港投资数据）。这充分表明，我国国内市场对外资仍然具有强烈的吸引力。其次，通过贸易领域的知识产权保护，有利于扩大高科技产业领域的外商投资。多年来，我国知识产权保护范围和力度持续加大，为外商投资创造了不断完善的营商环境。根据商务部统计，2023 年 1~8 月我国制造业实际使用外资金额增长 6.8%。高技术制造业实际使用外资增长 19.7%，其中电子及通信设备制造业、医疗仪器设备及仪器仪表制造业分别增长 39.7%、25.6%。高技术服务业中，研发与设计服务领域实际使用外资增长 57.1%。再次，升级内陆省份贸易便利化基础设施，可引导外资参与我国产业的梯度转移。根据商务部统计，2023 年 1~5 月我国实际使用外资金额 877.7 亿美元，同比增长 22.6%。从区域分布看，我国东部地区、中部地区和西部地区实际使用外资同比分别增长 16.1%、35.6% 和 17.9%。最后，大力发展数字贸易，引导更多的外资进入新经济新业态。在数字科技加持赋能下，我国跨境电商平台、数字贸易平台、外贸综合服务平台带动新业态、新模式和新渠道迅速发展，发挥了积极的稳外资升结构作用。多年来我国稳居全球第二服务贸易大国地位，"可数字化服务"占据服务业比重超过 40%，新增外商投资超过 80% 比例进入服务领域。由此可见，数字化服务领域正逐渐成为吸引外资的新增长点。

加强贸易对对外投资的先导效应。改革开放以来，对外贸易在相当长的时期内对我国经济增长发挥了引擎作用，同时为我国企业开展国际化经营积累了丰厚的经验，为我国实施"走出去"战略提供了资本积累、探明了方向领域、开辟了渠道路径和积淀了管理知识。总体上，贸易与投资相互促进是我国对外经贸的基本面。资源寻求型、市场寻求型、技术寻求型海外投资规模扩大和结构升级的态势，也反映了贸易与投资之间的协同联动关系。近年来，随着我国外部环境变化与加速推进共建"一带一路"倡议，在对外贸易区域分布上，传统伙伴的份额有所下降，而共建"一带一路"中的东盟、中亚、非洲、南美等国家和地区的比重逐步抬升，对外贸易与"走出去"战略实施在规模、结构、方向和重点上都形成了良性互动关系，贸易对投资产生越来越明显的先导作用。

（二）贸易与金融的协同开放

国际贸易是国际金融发展的基础与动因，反过来，国际金融则创造了国际贸易规模扩大和结构升级的必要条件。改革开放以来，对外贸易取得的成就有力地提升了我国的国际金融地位，表现为人民币在国际储备体系和国际结算货币中的地位不断上升、海外人民币资产数量规模的成长，以及上海、香港作为国际金融中心地位和作用的稳固等。图3-1展示了2014～2023年的人民币汇率走势，表明我国对外贸易和投资等商业活动仍然受到较多的金融约束或限制，人民币资本项下可自由兑换、人民币汇率长期稳定和人民币作为国际主要货币的基础仍然薄弱，金融发展和深化的体制机制尚不健全，贸易与金融协同开放尚需付出长期艰苦的努力。

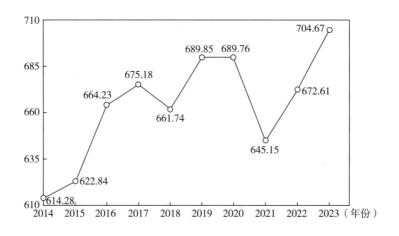

图3-1 2014～2023年人民币汇率走势

注：人民币对美元汇率：美元＝100。

资料来源：国家统计局。

强化金融对贸易的赋能作用。总体来看，我国金融对贸易的赋能不足。进出口贸易企业普遍存在较强的金融约束，融资不稳定和利率价格较高增大了外贸企业的财务成本，造成外贸企业利润偏低和业务创新能力不强。在国际金融危机或市场动荡的背景下，外贸企业经营转型和新市场开拓往往得不到金融的有效支持。从结构上分析，国有控股商业银行通常存在业务歧视现象。对国有企业偏向明显，占我国外贸主体近九成的民营外贸企业受到融资歧视的状况较为严重，不利于形成整体外贸发展的韧性与活力。从金融品种上分析，我国外贸企业开展经营急需的金融保障手段偏少。缺乏外贸保值、避险和对冲的工具手段，造成外贸经营风险大大增加。此外，从金融供给渠道上分析，除中国出口信用保险公司、中国进出口银行等政策性工具外，缺乏商业性、多样化的外贸专业金融供给渠道。所以，需要从多个方面综合强化金融对贸易的赋能作用。

强化金融市场化改革对贸易的加持能力。从当下金融体制改革的现实逻辑出发，市场化是其核心取向。首先，在法律规范和风险监管的前提下，逐步放开内外资商业银行和产业基金、保险机构、信托公司、财务公司等非银行金融主体、类金融机构的市场准入，增强市场竞争活力和降低外贸融资成本；其次，构建多层次的资本和金融市场，增加商品期货和金融衍生品品类，提升价格和利率的市场化程度，满足多样化利用外资、对外投资与开展外贸业务的需求；最后，综合贸易和资本流量结构对人民币汇价进行合理化赋权，保持人民币汇率的相对稳定。依据双向贸易和投资战略目标，稳慎推进人民币国际化进程。

（三）贸易与创新的协同开放

创新同样是驱动贸易发展的动力源泉。2023 年，我国出口贸易中"新三样"（新能源汽车、光伏、锂电池）的亮眼表现充分证明了这个道理。要进一步扩大强化信息化、数字化、服务化"新基建"和"单一窗口"的建设，为外贸扩增量、防减量提供新的基础设施强保障；要进一步激活民营经济、扶持培育跨境电商、海关特殊监管区、供应链平台、数字贸易、服务贸易等新经济、新业态、新模式发展，使其成为对传统市场创新升级的重要手段和对新兴市场拓展深耕的主要渠道；要进一步改革科技创新体制，加强科技自主创新与国际协同创新，打破美西方的封锁围堵和在关键领域的"卡脖子"屏障；要进一步发挥"专精特新"型中小企业和技术"独角兽"的充沛活力，促进科技新成果的产业化，带动对传统产业的更新改造和对新产品、新服务的研发生产；要进一步改造提升装备制造业技术水平，加快加工业向内陆地区"梯度转移"进程，凿宽南下、西向通道，强化中西部省份的外贸出口能力；要进一步升级 RCEP 和既有区域、双边自由贸易协定框架，加快加入 CPTPP、DEPA 的谈判进程，加紧挖潜攫取国际合作的红利；等等。因此，创新要在技术和体制上取得显著的突破。

三、金融领域的制度型开放及其与投资、贸易、创新的协同关系

金融体系作为现代经济的核心命脉，其发展滞后现象在发展中国家普遍存在，往往成为制约投资增长、贸易发展和创新活动的主要原因。投资、贸易和创新发展又是金融功能作用的主要对象，为金融发展创造出丰富多样的"应用场景"。因此，通过金融深化为投资、贸易和创新发展"开路清障"，通过投资、贸易和创新发展为金融深化"开疆拓土"，彼此间存在着紧密的相互依存、协同

发展关系。

（一）金融与投资的协同开放

投资便利化离不开金融开放。改革开放以来，我国利用外资取得巨大成就，其规模和增速长期位居全球前列和发展中国家之首，这既得益于外商投资政策的创新，也受益于我国金融体制的改革。从经济特区、沿海开放城市到遍布全国的经济开发区、海关特殊监管区、科技创新试验区、服务贸易创新试验区，以至于近十年来自由贸易试验区的建设发展，都离不开外资政策和金融体制的创新改革。尤其是近年来，在全国范围内和在自由贸易试验区两份"负面清单"管理制度推动下，我国投资便利化和金融自由化程度大幅度提升。我国金融与投资协同开放的良好局面初步成形。

随着我国跻身全球利用外资和对外投资大国行列，投资便利化和金融开放中的一些"短板弱项"逐步暴露出来。在基础领域，外商投资"负面清单"仍有进一步缩短的余地，外资并购国内企业、国内企业对外投资的相关法规也需进一步明确。外资金融机构及其业务的市场准入还须进一步开放，其国民待遇尚未得到有效落实。在敏感性领域，如政府采购、劳工标准、环境和知识产权保护等方面，与高标准国际经贸规则的对接也有待加强。在新兴领域，如数字经济与数字贸易、数字货币与数字金融、离岸贸易与离岸金融、海外资产运营与风险管理等，相关的基础制度和市场体系尚有待建立与完善。

（二）金融与贸易的协同开放

贸易是金融深化的基础动力。一方面，加入WTO以来对外贸易规模和范围的迅速扩大，大幅提升了我国在国际金融中的实力。外贸顺差形成的外汇结余储备大大改善了我国国际收支状况，赢得了国际主权债务关系中的主动权；人民币国际化的步伐稳定加速，货币互换、计价、结算规模，使用范围，国际储备占比等逐步增加；人民币汇价制度改革和人民币汇率稳定的基础得以不断夯实；金融与资本市场加快有序开放，防范和抵御系统性金融风险的条件日臻完备。另一方面，我国国际金融地位的上升也产生了较强的贸易赋能作用。国际经贸谈判的战略地位更加有利，缔结高标准经济贸易协定和参与全球经济贸易治理的能力得到加强；实施贸易结构转型升级、外贸市场多元化战略的基础更加厚实、手段更加丰富，能源与大宗商品贸易交易定价能力和安全更加具有保障；海外投资与对外贸易相互促进，离岸贸易与离岸金融业务相互联动，海外资产与贸易网络相互支撑的体系更加完善；各类对外经贸企业主体的国际化运营工具及业务组合条件、风险对冲及保值手段更加齐备。

当然，金融与贸易协同开放的基础仍需巩固，挑战依然严峻。在当前世界经济不景气不确定性持续增强的背景下，金融和贸易各自领域的挑战增多，协同开放要求不断提高。而我国金融领域的开放尚处于起步探索阶段，如何与贸易开放联动发展、协同监管，在金融开放中防止非真实贸易，在贸易开放中防范金融投机，于金融和贸易开放相互促进中构建起"串联式""并联式"防火墙，是一个亟待研究的命题。

（三）金融与创新的协同开放

新一轮产业技术革命和数字经济发展方兴未艾，使金融创新及其与投资、贸易领域的创新相互交织，彼此依赖的同时也相互制约、相互影响。金融与创新协同开放面临着前所未有的机遇和挑战。从机遇层面来看，首先，数字金融、科技金融、绿色和金融科技、普惠金融创造的金融创新业态、创新模式层出不穷，金融大数据、数字货币、区块链、算力算法、人工智能等技术的运用深刻地改变了金融生态，创造了更加广阔的应用场景，使金融创新的自我赋能得到循环强化。其次，金融创新扩大了传统投资领域和产生了大量新的投资方向、渠道和模式，为投资创新注入强劲的动力。同时，金融创新为国际间资本流动提供了巨大便利和低成本通道，有利于激发全球投资的活力。最后，数字金融、科技金融、绿色和金融科技、普惠金融等创造的金融创新业态、创新模式与数字贸易、技术贸易以及贸易模式、渠道、平台等交互作用，也为金融与贸易的协同开放带来了广阔的创新及增长空间。从挑战层面来看：首要挑战在于金融创新与监管能力的失衡。当监管体制机制建设滞后于金融创新发展实践时，可能形成创新阻碍。其次，金融开放与科技、投资、贸易的开放协同不到位。除相互间开放的进度不一致、规模不相称、供需不平衡外，更重要的是开放的结构不协调、品种不匹配，在相互制约的同时可能导致混乱失序，从而引发系统性风险。

四、创新领域的制度型开放及其与投资、贸易、金融的协同关系

创新是经济社会发展的动力源泉。我国已跻身世界"创新型国家"行列，研发（R&D）投入在 GDP 中的占比多年超过 4%，专利申请数量名列全球第一（见图 3-2）。就创新体制机制而言，仍存在亟待突破的改革空间；而创新与投资、贸易、金融等经济领域的协同发展，则呈现出更为显著的短板与不足。

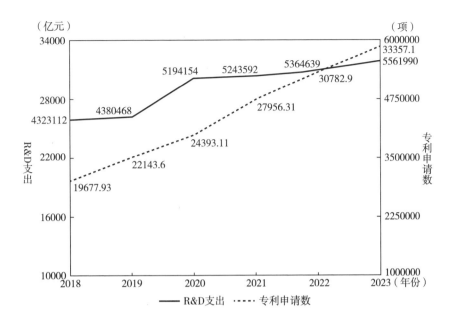

图 3-2 2018～2023 年 R&D 支出与专利申请情况

资料来源：国家统计局。

创新领域制度型开放的体制机制改革不到位。一是国内自主创新的生态体系不健全。国家级科研大平台、科技研发实验大装置、企业技术中心等基础设施数量少，开放型公共服务水平低。战略科技力量、科技人员队伍规模小，技术产业转化渠道不畅，科技创新主体之间的横向合作与纵向联系相互阻断，形不成"创新链"。二是科研院所与高校的市场化、产业化需求导向和问题导向不够，科技成果的产业应用和社会评价低。特别是我国高校科研成果的有效转化率，大大低于西方发达国家同一指标的水平。三是国有企业创新的动力不足。尤其是大型中央企业、国有企业长期处于受垄断或行政保护的惯性环境下，缺失竞争压力作用和市场化、国际化倒逼效应转化而成的创新动力。四是国际协同创新的联动机制与合作渠道不畅。一方面，我国国际协同创新空间受到严重挤压；另一方面，我国在知识产权保护、服务贸易开放、外商投资便利化、金融与资本市场配套等领域还存在进一步完善的巨大空间。以上问题，有待通过创新与投资、贸易、金融领域的制度型协同开放来加以解决。

（一）创新与投资的协同开放

投资、贸易和金融活动共同构成创新的需求导向、转化渠道与应用场景，其中投资的作用尤其重要。在世界经济持续性不景气不确定背景下，投资对经济增长的意义更加显著，而创新投资则成为改变生产函数的首要力量，它对于吸引和扩大投资增量、引导产业与经济结构升级，进而改变要素边际产出效益和优化资源配置效果具有决定性作用。因此，一国创新投资的便利化程度，会对创新预期的形成、过程的顺畅和最终的成败产生直接影响。

外商投资政策对创新体制改革、产业技术升级和经济社会发展具有深刻长远的影响。改革开放以来，大量的经验事实和理论研究成果证明，利用外资大大促进了我国的创新发展，外商投资不仅带来了先进技术、设备和关键原材料、半成品，也产生了管理溢出和消费、服务示范，形成了国内与国际间广泛深入的资金链、产业链、供应链、创新链联系。随着国内产业目录的不断修订和鼓励外商投资政策的连续出台，特别是注册制、两份外商投资"负面清单"加"准入前国民待遇"、事中事后监管、"一网通办"和信用评价管理等措施的不断完善，营商环境逐步优化，国内企业的创新能力、出口产品的技术复杂度和嵌入全球价值链的地位攀升能力得到显著增强。然而，我们也清楚地看到，外商投资"负面清单"仍有进一步缩短的余地，政府采购、国企中立、国内融资可获得性、企业破产清算等与外资限制相关的措施政策也需要进一步改革，知识产权保护在司法执法领域也须进一步加以完善。必须依托庞大的国内市场优势，依靠提升科技研发主体的自主创新能力、扩大开放产业投资领域（包括高科技装备制造领域）和持续优化营商环境，创造更多更好的科技产业化"应用场景"，瞄准新科技领域实施"市场换技术"的升级战略，增强利用外资吸引力，赢得更多更好的国际协同创新机会。

对外投资对创新体制改革提出了新的要求。改革开放以来，我国技术寻求型、资源导向型和市场开拓型对外投资数量逐步增加，已连续多年居发展中国家对外投资第一大国地位。受益于对外投资引致的技术成长和管理溢出，中国特色的跨国公司已经成为全球创新投资领域的生力军。但是，由于西方国家"国家安全"导向的各种"去风险"投资保护主义政策阻挠，我国企业对外投资面临日益严峻的挑战，国际技术协同创新亟待另辟蹊径。第一，必须依靠商签更多的区域、双边自由贸易协定和加快既有区域、双边自由贸易协定的升级，形成更高水平的双向投资便利化规则，推动国内企业对外技术投资合作和开展新科技领域协同创新。第二，必须依托高等院校、科技机构和民间力量积极开展国际教育、科技与学术交流，支持国内"独角兽"、"专精特新"、中小企业参加各类技术创新含量高的投洽会、展会、交易会，促使创新主体时刻跟踪关注国际科技前沿，形成良好的对外投资导向效应。第三，在多边贸易体制下积极推动达成投资便利化协议或措施，形成宽松有利的国际双向、多向投资环境，促进国际协同创新。第四，借助对外投资不断扩大形成的存量基础和共建"一带一路"合作中建设的经贸合作园区、产业园区等枢纽平台，增强国际创新人才、资源的统筹利用能力，形成国际化的创新网络体系。

（二）创新与贸易的协同开放

对外贸易是技术创新、技术扩散的基础。国际经济学界对这一领域的研究成果极为丰富，如从亚当·斯密的分工理论到马克思的有机构成理论、熊彼特的创新理论，以及新古典经济学内生、外生经济增长理论演化而成的各种技术进步理论。"二战"后，后发优势论、传染病模型、反求或模仿创新论、边干边学，以及学界反复讨论的 R&D、逆向学习效应、外溢效应等更是广为人知。这些理论或思想无不强调对外贸易对于技术进步产生的深刻影响。战后日本的经济崛起、亚洲"四小龙"的经验和我国改革开放以来通过对外贸易取得巨大的技术进步，也在国际实践上为上述理论提供了典型的事实佐证。

在当前我国构建国内国际双循环新发展格局的目标形势下，对外贸易于技术创新的作用仍然不可低估。尽管世界经济不确定性、大国博弈、地缘冲突等外部政治环境变化对我国对外贸易产生了严重冲击，外需萎缩、供应链紊乱等引致的贸易与投资保护主义不断加强，西方国家在高科技领域对华实施的"脱钩断链"政策干扰不断，但创新驱动、绿色引领、包容共享、开放发展的理念深入人心，我国作为世界贸易大国的地位并未受到根本性动摇，制造业大国、服务贸易大国、互联网大国、数字经济大国的地位十分稳固，为自主创新和国际协同创新创造的"应用场景"不断丰富。

为促进创新与贸易协同开放发展，在贸易领域需要进一步努力的方向包括：其一，充分借助贸易进出口双重大国、国际投资双向大国、实体经济与数字经济双层大国、中央企业与民营企业双主体大国结合形成的综合韧性和活力，保持全球贸易中稳定的市场份额地位，为自主创新和国际协同创新提供更加丰富便利的"应用场景"。其二，持续巩固和提升在全球产供链中的地位，不断扩大"新三样"产品和中间产品的出口优势，形成全球价值链的基础枢纽和全球创新链的重要节点。其三，积极借助和升级跨境电商、数字贸易、离岸贸易或第三方贸易、绿色低碳贸易与自由贸易试验区等"海关特殊监管区"贸易等新兴模式、创新业态，打破阻碍，促进对外贸易与技术创新协同发展。其四，坚持多边主义立场与推动共建"一带一路"国家合作，立足亚太、辐射周边、面向全球构建和升级高标准高质量的自由贸易协定网络体系，全面对接国际高水平的规则、规制、管理、标准，形成对外贸易与技术创新协同发展的新局面。

（三）创新与金融的协同开放

创新需要宽松有利的金融支持环境。发达国家的科技创新体系通常依赖于发达完善的创新金融体系，而发展中国家的"金融抑制"或"金融浅化"往往形成科技创新及其成果转化的严重制约。其突出表现在：第一，财政预算中教育和科技投入不足，致使国民教育水平落后和科技人才匮乏，人力资源开发和科技研发（R&D）能力偏弱。第二，金融总量规模小和结构体系不完整，严重缺乏创新资本和产业基金的市场化体制机制支持。尤其是创新培育和产业转化所需的天使基金、种子基金、风险资本等更是难觅其踪。第三，发展中国家的金融开放程度低，国际协同创新资源稀缺，再加上产业体系畸形残缺等缘故，科技创新的"应用场景"也不尽如人意。

我国研发投入规模不断提升，已跻身全球创新型国家行列。基础教育和高等教育覆盖面广，科技人才队伍力量雄厚（见表3-1），专利数量已经达到世界先进水平。再加上国内市场庞大，人力资源较为充沛，产业体系相对完整，科技创新和应用的场景十分丰富。在一些重要的战略性先进制造业如5G通信、航空航天、高铁、光伏、新能源汽车等领域，处于全球领先地位。据统计，世界品牌100强中我国占有18强，而其余82强品牌也全部源于其在华业务营收。但是不可否认的是，我国产业分工地位整体上仍然处于全球价值链的中低端，在少数国家肆意实施技术保护主义政策高压下，某些前沿科技领域还频频受西方国家"卡脖子"技术遏制，国际协同创新遇到较大的阻碍。相应地，我国科技金融资源不足与金融开放程度较低的"短板弱项"也不断暴露。因此，《中华人民共和国国民经济和社会发展第十四个五年规划和2035年远景目标纲要》（以下简称"十四五"规划纲要）明确指出，要"深化科技管理体制改革""健全知识产权保护运用体制""实施更加开放包容、互惠共享的国际科技合作战略，更加主动融入全球创新网络"。从协同开放的视角出发，如何实现创新与金融的高水平开放、高质量发展及高水平安全相互协调，仍然是一个亟待破解的难题。

表 3-1　2018~2023 年我国高等教育与研发人员情况

年份	研发人员全时当量（万人年）	普通高校数（所）	高等学校研究与试验发展机构数（家）
2018	480.08	2663.00	16280
2019	480.08	2688.00	18379
2020	523.45	2738.00	19988
2021	571.60	2756.00	22859
2022	635.40	2760.00	24745
2023	724.10	2822.00	26881

资料来源：国家统计局。

第四节　稳步扩大制度型开放的影响效应

制度型开放涵盖贸易、投资、金融、创新等领域，各领域之间动态演进并相互作用。制度型开放对经济的影响，除贸易投资等对经济的促进作用外，还考虑了体制机制改革、制度变迁等规则规制变量。贸易投资不仅直接推动经济增长，还发挥对经济增长的间接外溢效应，对非贸易部门和内生性部门起到提升效率的作用。制度变迁既包括一个国家适应开放形势进行的主动调整或被动适应，还包括 WTO 等全球经济治理机制的自发改革和功能调整，以推动全球贸易投资实现可持续增长，最终实现平等有序的世界多极化和普惠包容的经济全球化。

一、稳步扩大制度型开放的经济影响

（一）制度型开放着眼于"制度"和"开放"两个维度有益于经济增长

国内学术界对制度型开放主要从如下方面进行探讨：一是侧重制度型开放的内涵，包括规则、规制、管理和标准等如何对接高水平国际经贸规则，这是完善高水平对外开放的体制机制问题和国内外制度对接问题。二是侧重制度型开放的比较。中国加入 WTO，实现了第一次制度型开放，包括商品和生产要素流动型开放，融入经济全球化进程，获得制度型开放红利，同时推动构建更高水平开放型世界经济。我国社会主义市场经济体制的基础已经确立，关键是如何加强制度协同，提升制度效率。三是侧重制度型开放的对外意义。中国稳步推进制度型开放，有利于全球经济治理体系变革，以制度型开放的视角来认识"逆全球化""去全球化"思潮并分析应对经济全球化的负面效应，提出全球经济治理体系改革与建设的制度型开放路径。维护以世界贸易组织为核心的多边贸易体制，积极参与全球经济治理体系改革，提供更多全球公共产品。扩大面向全球的高标准自由贸易区网络，建立同国际通行规则衔接的合规机制，优化开放合作环境。国内学者的研究主要立足中国视角，对中国制度型开放政策进行解读，助力中国式现代化建设。

中国加入WTO是制度型开放推动经济增长的里程碑事件。历经20余年的发展，中国已成功转型为全球领先的制造业强国和贸易大国。2001年加入WTO之初，中国专注于劳动密集型产品如纺织品和服装，随后迅速扩展其制造能力，如今在机械、电子和交通工具等产品的制造上正与资本丰富的国家展开竞争。表3-2展示了1999~2023年我国制造业的出口情况，表明了我出口额呈逐年增多趋势，体现了较强的竞争力。这种转变在世界其他地区对中国进口的依赖大幅增长中得到了体现，1999~2022年增长了7倍多。中国制度型开放对经济增长的贡献基于若干事实：一是中国制造业生产变得更加资本密集；二是中国出口的劳动密集度几乎没有变化，劳动密集型行业的出口参与增加，而资本密集型行业的出口参与减少；三是劳动密集型行业的全要素生产率增长比资本密集型行业更快。尽管资本深化使中国的生产随时间推移变得更加资本密集，但劳动偏向的生产率增长提供了一种平衡力量，使劳动密集型产业的出口比资本密集型产业更有优势。同时，贸易自由化有助于所有行业的出口，并显著提高了中国与其他国家的贸易开放度，出口产生了内生的生产率增长，显著重塑了比较优势，并贡献了1999~2007年约11.2%的生产率增长。如果将这一分析扩展到2017年，中国持续的资本深化和劳动偏向的生产率增长使其与2007年相比更像世界其他国家，这在未改变贸易成本的情况下降低了中国贸易开放度16%。尽管如此，中国与其他国家的贸易开放度并没有减弱，原因有二：一是中国经济相对于世界其他国家的规模上升；二是中国出口的资本密集度上升。这意味着中国继续稳定扩大制度型开放将在全球经济中扮演日益重要的角色。从中国进口的大幅增长，通常被称为"中国冲击"，在全球范围内产生了广泛影响。生产要素禀赋、技术和贸易成本的变化解释了中国在行业和企业层面的生产和贸易模式的演变，以及中国融入全球经济的长期趋势。除贸易自由化外，技术和禀赋的变化在重塑中国的比较优势和推动微观与宏观演变中发挥了重要作用，这不仅增强了对"中国冲击"的理解，还有助于理解中国融入全球经济，"中国冲击"增加而非减少了全球工资租金比，因此为世界其他地区的劳动因素创造了相对收益。

表 3-2 1999~2023 年我国制造业出口情况

年份	工业制成品出口额（百万美元）	机械及运输设备出口额（百万美元）
1999	174990.00	58836.00
2000	223743.00	82600.00
2001	239760.00	94901.00
2002	297056.00	126976.00
2003	403416.00	187773.00
2004	552777.00	268260.00
2005	712916.00	352234.00
2006	916017.00	456343.00
2007	1156266.66	577044.66
2008	1352736.13	673329.15
2009	1138483.47	590274.47
2010	1496068.56	780268.76
2011	1797836.00	901774.00
2012	1948156.13	964361.30
2013	2101736.37	1038534.39
2014	2229600.57	1070504.35
2015	2169541.11	1059118.22
2016	1992444.40	984212.26
2017	2145638.14	1082329.15
2018	2351688.68	1207787.54
2019	2365512.52	1195443.57
2020	2474322.31	1257890.68
2021	3222951.00	1617740.00
2022	3391421.00	1691602.00
2023	3214966.00	1646667.00

资料来源：国家统计局。

（二）制度型开放着眼于区域、法律和金融等维度有益于经济增长

制度型开放延伸至投资领域，不仅吸引外资有助于经济增长，大型新兴经济体鼓励对外投资也是制度型开放的重要内容。由此提出的一个研究问题是：新兴经济体制度型开放如何影响企业的投资？由于新兴经济体经济规模相对较大、疆域广阔，中央政府和地方政府分别承担不同的制度型开放角色，凸显明显的内部地区差异，如按国内生产总值计算，印度现在已经成为世界第五大经济体，法律上划分为30多个邦或中央直辖区，使用语言有447种口语；巴西国土面积为851万多平方千米，为世界第五大国，分26个州和1个联邦区，州下设市，为第二行政机构。新兴经济体的地方政府在法律环境开放和金融市场开放方面具有更大的自由权，鼓励当地企业更加倾向于投资。对5239个样本的多层次分析发现，制度型开放确实是一些中国企业投资的原因。

制度型开放意味着正式规则更为明晰化，赋予企业参与各种经济活动的权利、制定自己经营战略的权利。制度型开放也可称为"包容性经济制度"（Inclusive Economic Institutions），核心要素包括：确保财产权、法律和秩序、市场以鼓励投资；国家提供公共服务和监管以支持市场机制；对相对自由的新企业开放；维护契约精神，更好地分配资源，提高经济效益；为绝大多数公民提供受教育的机会。这些核心要素为经济增长创造强大的力量，经济发展和增长通常与"包容性经济制度"或制度型开放相关。这方面的例子是1688年英国的光荣革命。英国光荣革命带来了更具包容性、多元化的政治制度，然后向更具包容性的经济制度过渡，这为英国工业革命创造了条件。

从历史上看，制度型开放促进了公平交易和基于法律的商业交流。现代企业的国际化涉及全球价值链中更复杂的交易，并需要来自复杂的合同、组织和法律体系的更多支持。制度型开放促进本土企业国际化有法律环境开放和金融市场开放两个维度，这两个维度的开放程度不仅免受政治干预的保护，而且还得确保基于竞争的市场进入。此外，地方政府行政负责人的任期影响着区域政策的实施，也可能影响制度型开放对地方企业国际化和经济增长的效果。虽然法律在国家层面颁布，但其执行和金融市场开放通常是在地方政府层面进行的。新兴经济体区域层面的规则和法规往往多样化，从而造成了很大的区域间差异。在非正式制度方面，各地方保留了其独特的身份，有自己的美食、习俗、方言，有时还有语言。在正式制度方面，尽管在全国范围内实施了市场化政策和法律，但地方财务、人才和战略要素方面的差异仍然很明显，发展不平衡，许多企业依赖从地方

获得支持性的政治资源、有力的资金支持和顶尖人才。因此，地方政府的制度型开放至关重要，在法律环境和金融市场方面的地方制度型开放差异可能直接影响当地企业投资行为。

关于法律环境的制度型开放，其核心特征是企业通过法律体系得到保护和监管。包括法律、规则和规章的法律体系是一个国家治理基础设施最重要的属性之一。法律环境的制度型开放可以从四个相互关联的方面来观察：法治及其可执行性；企业和投资者的权利保护；财产权的执行，财产权是指保护个人使用、控制、转让和从所拥有的财产中获得利益的权利的一套法律安排；消费者权益保护。法治对政治权力起着制约作用，减少了既得利益者设置的进入壁垒，企业可以选择生产、交易和购买所需的产品，而无须政府强迫，这种有效的法治可以保护合同并减少机会主义行为，帮助企业家实现利润最大化和限制负债，并保护投资者和债权人免受征用。消费者权利的增加是法律环境制度型开放的另一个标志，对所有公民都是公正的。为了保护消费者免受不公平的贸易行为和待遇，他们需要了解自己的权利。法治及其可执行性有助于促进交易和解决争议。法律权利保护当地企业自行决策，并允许它们获得自己的利润和损失，投资者权益保护有助于企业获得资金和信贷。此外，产权（尤其是知识产权）执法降低了被征用的风险，并鼓励企业对有形和无形资产进行长期投资。最后，保护消费者权益增加了当地企业的竞争优势，这些优势在于客户导向和产品质量，而不是残酷的价格竞争。在质量上表现出色并尊重消费者需求和权利的企业在市场上更能生存。

金融市场的制度型开放，是指政府在多大程度上允许企业自由获取资本，为投资者提供更多样化的投资产品，并减轻企业与资本市场之间的信息不对称。企业通过增加资本资源的获取机会，更有可能扩大市场。在资本市场不发达或债权人权利薄弱的国家，跨国企业关联公司通过内部融资获得要素市场的财务资源，在其他条件相同的情况下，企业从本国筹集资金的能力越强，它在海外生存和发展的能力就越强。然而，如果受到本国金融市场不发达的制约，企业往往难以向海外扩张。只有金融市场的制度型开放，高绩效的私营企业才能获得在国内筹集资金以开展国际化业务，如印度的私营企业享有更好地进入国内金融市场的机会，这使它们能够筹集资金为跨境并购提供支持。此外，金融市场的制度型开放不仅对企业有意义，而且对投资者和债权人也有意义，因为这影响着资本配置体系。在开放金融市场上的企业会从同行和投资者那里获得有关其价值的最新和可靠的信息，进一步向企业发出改变战略并重置其主要活动的信号。如果政府允许更多的企业进入金融市场，投资者可能会相应地获得更多的企业信息，并具有更好的评估企业战略的能力。

为了推进制度型开放，地方政府在执行法律法规和培养市场竞争的规范和价值观方面发挥着重要作用。地方官员不仅可以确保企业遵守规章制度，还可以要求各部门负责人承担职责，对其管辖范围内的企业的成功负有政治责任。地方官员的任期会影响制度型开放对企业国际化程度的影响，因为他们在税收和政府支出等财政政策和战略性产业支持等产业政策方面有很大的自由度，赋予要素市场发展以创造更多的经济机会，这极大促进了经济增长和社会发展。地方官员的任期影响法律环境的开放性与当地企业的国际化。如美国州长可以使用州长权力来审查和建议州行政规则的变更，也可以行使更强的权力来执行和实施法治，从而保护地方法律环境的开放性，并强化其对该地区企业战略的影响。因此，地方企业更能体验到制度型开放的程度，从而增加它们的国际化动力。此外，地方官员的任期将影响金融市场开放与本地企业国际化，因为金融市场的开放性与劳动力市场、原材料市场和其他创业资源市场等其他要素市场的发展相辅相成，为国际化提供资源。一个在任时间较长的地区官员可能有更多的自主权来发展适当的要素市场，调整不同的偏好，减少市场发展中的信息不对称，并填补中央政府政策与地方需求之间的空白。因此，在相对稳定的政治环境下，由于地方官员的任期较长，金融市场开放对本地企业国际化的积极影响会得到加强。

（三）制度型开放着眼于国际经贸规则调整有益于经济增长

国际经贸规则是决定各国福祉的因素之一，对发展中国家和新兴经济体而言，是决定其经济增长的重要助推因素。国际经贸规则也是决定如何分享经济增长利益的关键因素，因为这些规则确定了影响一个国家、国际生产和消费模式的政策范围、文书和法律限制。纵观世界经济史，国际经贸协定影响着全世界数十亿人的生活，无论好坏，影响几代人。研究制度型开放对经济增长的影响，除关注区域经贸协定外，更需要仔细考察 WTO 作为国际经贸规则设计主要平台的运行特点及 WTO 改革的未来方向，因为这是国际高标准经贸规则的发源地。国际经贸规则的设计和制定建立在以规则为基础的多边贸易体制之上，依托 WTO 成员的经济实力和政治意愿，通过多边贸易协定，实现每个成员的最佳贸易政策。国际经贸规则置身于存在市场失灵、技术革新和产业调整、需要政治意愿加持的环境，特别是政治意愿在贸易协定设计、实施和执行中起着关键作用，这是国际协定与国内契约之间的关键区别，也是国际经贸规则具有可行性和推动经济增长的关键决定因素，而忽视自主创新和内生技术、禁止产业政策的国际经贸规则可能导致经济增长放缓和成员间及成员内地区之间的不平等。

从 GATT/WTO 的谈判历史来看，发达成员在确定贸易协定的细节方面具有决定性的影响，而在实践中，这些发达成员内部的强大利益影响着这些协定。当他们认为规则无法再为发达成员服务，且仍有足够的力量来影响规则时，发达成员试图修改规则，如美国阻挠 WTO 争端解决机制上诉机构成员遴选。经济学家倾向于将各类贸易协定与"自由贸易"联系得太紧密，他们可能没有意识到当前贸易协定的跨境特征。随着贸易协定的更新和升级，其范围已经超越了进口关税和配额，进入监管、规则和协调等制度型开放领域，包括知识产权、健康和安全规则、劳工标准、投资措施、投资者与国家争端解决程序等。贸易协定可能不会消除保护主义者的势力，反而可能有利于利益集团寻租，赋予国际银行、制药企业和跨国公司更有利的位置。贸易协定通过市场准入谈判，仍可能带来更自由、互惠互利的贸易，导致全球规则、规制和标准升级，如劳动力或环境，但也可能以"自由贸易"的名义产生纯粹的再分配结果。随着贸易协定越来越少地涉及边境关税和非关税壁垒，而更多地涉及国内规章和体制机制，经济学家更多担心后一种可能性。事实上，一些贸易协定架构是维护新殖民主义的贸易模式，由发展中国家主要生产初级商品，而发达国家主导着全球生产链中的高附加值环节。所有这些有缺陷的贸易协定都可以且应该被改变，这将为发展中国家提供在减缓和适应气候变化、公共卫生和其他可持续发展目标方面进行投资所需的资源。

国际经贸规则不仅决定生产专业化模式，而且决定产业政策可以在多大程度上以及以何种方式被采用。产业政策指导了东亚国家的成功发展，特别是在利用比较优势方面发挥了决定性作用，形成了世界银行总结的"东亚奇迹"。第一次产业革命以来，英国采取了在世界经济中处于竞争领先地位至关重要的产业政策。一经取得竞争优势，英国便将自由主义推向了国际层面，成功地倡导了一些国际经贸规则，这些规则使落后国家更难缩小与英国之间的差距，从而使英国赚取巨大的贸易收益，推动经济增长，拥有更高的生活水平。第二次世界大战后，英国主导了 GATT 及国际经贸规则制定，建立起基于规则的多边贸易体制。GATT 的规则一旦确立，往往很难改变，即使有变化，现行规则也可能影响未来的规则。例如，在基于规则的多边贸易体制中，如果美国担心另一个成员可能存在违规行为，就将这些违规行为提交给 WTO 争端解决机制特别是上诉机构，但是，还有另一种解释，即美国认为当前的国际经贸规则不再符合其利益。美国国家安全顾问杰克·沙利文提出"新华盛顿共识"，承认新自由主义基本原则有缺陷，并提供了证据，即强国只有在符合其利益的情况下才遵守"规则"，其他国家执行规则是因为这符合它们的利益。既然旧规则不再符合美国的利益，它们就需要改写。显然，如果国际经贸规则由霸权者制定，只有在符合霸权利益时才执行，并且可执行，这并不是一个真正基于规则的多边贸易体制。这意味着政府职能具有局限性，国际经贸规则的帕累托改进很难实现，因为一些潜在的规则变化也将损害小部分狭义群体，如改变法律体系的规则可能损害律师的利益，美国瘫痪 WTO 上诉机构后，上诉机构秘书处解散，贸易律师因缺少上诉案件而丧失了律师服务费。如果除狭义的特殊利益集团之外的所有人都能从中受益，那么应该进行帕累托改进。然而，在实践中，所有成员很少能充分参与国际经贸规则制定，不协调的谈判立场诱使谈判者采取不符合公众利益的行动。

GATT 和 WTO 规则所隐含的专业化模式及其执行产生了各种不同的后果：它们使数亿人摆脱了贫困，带来了静态的效率收益，但它们也创造了其他数以亿计的失败者，一些发达国家和发展中国家没有分享这些静态的效率收益，一些人的收入减少了。国际贸易通常不同于其他市场交易，它会以国内市场不会出现的方式引发公平问题。收入和财富不平等加剧导致了社会两极分化和社会不稳定，特别是由于缺乏市场调整能力，一些国家失业率增加，过早去工业化，并对现代化和产业结构转型产生了影响。不平等现象不仅在国家内部，而且在国家之间也有所增加，因为专业化可以使那些拥有基础知识和体制结构的部门受益或具有执行产业政策能力的国家受益。从全球视角看，以正确的方式和政策进行更深层次的一体化，有助于增加全球经济总量。

近年来，发展中国家抱怨国际经贸规则限制了它们执行产业政策的能力，而这些政策可以缩小与发达国家之间生活水平的差距。发达国家已拥有知识优势，并通过专利和知识产权来保护。事实上，关税结构增加了发展中国家向全球价值链上游移动的难度，允许发达国家农业补贴，损害了发展中国家农产品出口利益，限制发展中国家进行工业补贴，损害了产业发展潜力。国际经贸规则关于补贴限制的不对称性，进一步使发展中国家遭受不公平的竞争环境。随着各国经济和政治利益的变化，国际经贸规则基于新自由主义的假设也发生变化。这些假设基于福利经济学的基本定理，即市场有效地分配资本和其他资源，各国密集使用相对丰富的生产要素进行专门化生产，自由贸易导致全球效率的提高，各国经济增长得更好。

但是，知识是一种全球性的公益产品。当回报没有得到充分分配时，企业将没有足够动力去生产、参与研发和选择适当生产方式。知识产权和商业秘密可以促进占有，但也会扭曲知识的使用，导致市场力量再次破坏经济效率。效率需要政府进行某种形式的干预，包括产业政策。产业政策造成短期扭曲，但可以带来长期利益。产业政策既可以缩小国家间的优势差距，又可以提高全球增长率。产业政策还可以解决市场协调失败问题，这些市场协调失败导致在以边做边学和研发为特征的部门进行次优投资。通过帮助解决协调问题，政府干预可以通过实施产业政策扶持战略产业。产业政策可以被认为是这样一套重要的工具：它用于解决私人结果与社会期望结果不同的任何情况，包括内生技术、环境溢出效应、缺乏竞争、缺乏风险市场、协调失败等市场失灵情形，或市场产生的收入分配被认为不可接受，而产业政策是实现分配目标的有效方式。认识到标准贸易学说所依据的新自由主义假设的缺陷，可以开展关于产业政策的作用以及国际经贸规则如何适应这些作用的讨论。产业政策有助于发展动态的比较优势，精心设计的国家干预措施将使动态成为可能。在内生型创新下，禁止产业政策的国际经贸规则限制创新，尤其是具有正外部性的创新。以绿色技术创新为例，政府补贴能够有效降低新技术应用成本。政府不仅可以在宏观层面激励创新，更能通过精准施策引导创新方向。因此，限制产业政策会损害全球经济增长和福祉，对发展中国家尤其有害。鼓励创新活动将对未来的生产模式产生影响，从而影响到未来的比较优势。目前的国际经贸规则不是在气候变化等全球核心问题的时代设计的，是基于对固定技术的分析，而不是以内生创新为核心的分析。将产业政策纳入国际经贸规则，以便促进迅速开发和部署新的绿色技术所需的合作，这有助于提升全球经济增长水平。但改写国际经贸规则需要时间和耐心，而这正是WTO改革特别是我国稳步推进制度型开放的应有之义，将为进一步全面深化改革、推进中国式现代化营造更好的外部环境。

二、稳步扩大制度型开放的社会效应

党的二十大提出要"稳步扩大规则、规制、管理、标准等制度型开放"，标志着中国对外开放进入了从政策层面向制度层面转变的新阶段，由此也会对中国社会形成影响，其可能的社会正面效应预判如下：

（一）有利于构建更高水平开放型经济体制

扩大制度型开放需要引入竞争机制，优化资源配置，实现产业转型升级，建立完整的产业链，形成规模效应，降低生产成本，提高经济效率和社会福利。根据制度经济学的理论，需要通过形成建立全球共同的经贸规则体系，以降低交易成本、规避经济风险。同时，按照马克思主义世界体系理论，现代世界是一个有机整体，需要各国政府通过全球治理来协调各国利益和减少冲突。中国作为最大的发展中国家，通过构建更高水平开放型经济体制扩大制度型开放的同时，必然会积极参与全球经济治理，推动建立公平合理的国际经济秩序。

（二）有利于实现高质量双循环

高水平对外开放是全面深化改革的催化剂和推动力，制度型开放可以倒逼改革，破解阻碍经济顺畅循环的堵点、卡点、脆弱点，有利于完善社会主义市场经济体系和建设现代化产业体系。制度型开放可以强化内外经济循环的高效连接，更好地构建保证极端情况下国民经济能够正常运行的国内大循环，更好地参与国际经济循环，坚定不移实行高水平对外开放，敞开大门搞建设，实现合作共赢，更好地发挥中国市场规模巨大、产业体系完备、人力资源丰富、经济基础厚实和制度优势，吸引更多国际资源要素集聚，牢牢把握高质量发展的主动权，增强经济发展的安全性。

（三）有利于实现国民经济平衡发展和扩大就业面

建设更高水平开放型经济新体制是主动作为以开放促改革、促发展的战略举措。制度型开放将会促进中国企业在高标准国际经贸规则的基础上，通过产业结构优化升级，扩大高价值货物、服务和知识的出口，吸收更多的外资，有利于实现经济增长、通货膨胀、充分就业、国际收支之间取得相互协调，寻找促进四个目标平衡兼顾的政策搭配，扩大就业面，完善就业结构，提升收入水平，加入WTO 就是明证。

（四）有助于更好构建新发展格局

稳步扩大制度型开放做出的系统性政策体系研究，有利于进一步厘清政府与市场的边界，推动全能型政府向服务型政府转变。而新一代国际经贸规则对产权保护国民待遇、工业技术标准一致、市场竞争及监管规则一致的要求，将有效推动全国统一大市场建设，制度型开放为完善中国特色社会主义市场经济提供了又一次"以开放倒逼改革"的历史契机。

（五）有利于化解中国"深层次改革"面临的矛盾与挑战

中国改革已进入"深水区"，面临体制机制多重障碍，如何在安全稳定的基础上化解这些深层次矛盾，是未来改革的方向。通过分部门、分行业、分区域的层次性推进制度型开放，系统性的梳理开放存在的风险点，可以从点到面，分散进行，通过压力测试和风险防范，有助于更好解决监管不统一、规则不协调等矛盾，推进统一大市场建设。

（六）有利于构建高标准的技术、数据等创新要素市场基础性制度

稳步扩大制度型开放将为各地区针对产业链上下游、价值链中高端开展产业招商、资本招商以及持续加快重大项目攻坚突破和高质量项目集聚等行为提供制度保障。对接高标准国际经贸规则有助于打通技术、数据要素在市场中可能面临的知识产权、交易、流动和跨境传输等方面的机制体制障碍，尤其针对与"补链强链"紧密相关的核心技术、关键数据等中高端要素的合理流动。

（七）有利于提升企业社会责任感

高标准国际经贸规则强调企业的社会责任承担，要求缔约方应鼓励在其领土或管辖权范围内开展经营的企业在其政策和实践中自愿采取与环境相关的企业社会责任原则，并与该缔约方赞成或支持的国际公认标准和指南相一致。制度型开放有助于提升中国企业的社会责任，包括践行"环境、社会、治理"义务；有助于中国企业在"走出去"构建以我为主的全球价值链的进程中，彰显中国跨国公司的企业社会责任水平。

三、稳步扩大制度型开放的可能国际和地区政治效应评估

受地缘政治、大国博弈和意识形态影响，国际贸易格局正在发生长期持续的地壳构造性变迁，效率和安全已同为投资者优先考虑并对全球供应链的重构产生了巨大的影响，跨国公司正在采取"中国+1"的方式加速多元化布局以增加供应链韧性，由市场化的近岸外包和非市场化的友岸外包导致的局部"脱钩""断链"正在演进中。稳步扩大制度型开放有助于国际贸易格局朝着有利于开放型世界体制方向构造性变迁。

（一）有利于经贸合作继续成为国际关系的"稳定器""压舱石"

经贸合作是国与国之间关系的"稳定器"和"压舱石"，健康的经贸关系的本质是互利共赢，造福于人民。稳步扩大制度型开放将推动形成全面开放新格局，实施高水平的贸易和投资自由化、便利化政策，通过拓展经贸合作，促进国

与国之间关系的正常化。

（二）有利于为国际经贸治理贡献更多中国方案和最佳实践

稳步扩大规则、规制、管理、标准等制度型开放，推动中国"软"基础设施与国际接轨倒逼中国加快改革步伐，提高中国规制、管理和标准的科学性与普适性，尤其是"一带一路"建设和多边贸易体制改革进程中，让含有中国元素的普适性规则、规制、管理和标准走向世界。

（三）有利于世界各国共享中国的发展机遇

推动制度型开放有利于国际社会分享中国发展带来的巨大机遇。"中国开放的大门不会关闭，只会越开越大"，开放的中国将为经济全球化和多边主义正常运行提供"定心丸"。中国不断完善宜商环境，在关键环节和重要领域加快改革步伐，外资企业在华的合法权益将得到更有效保护，国际社会也将进一步享受到中国开放带来的巨大红利。

（四）有利于人类命运共同体的构建

当前，世界经济复苏艰难，发展差距不断拉大，地缘政治对抗加剧，冷战思维阴魂不散，生态环境持续恶化，人类社会面临前所未有的挑战，又一次站在何去何从的十字路口。推动制度型开放，有利于坚持对话协商，推动建设一个持久和平的世界；有利于坚持共建共享，推动建设一个普遍安全的世界；有利于坚持合作共赢，推动建设一个共同繁荣的世界；有利于坚持交流互鉴，推动建设一个开放包容的世界；有利于坚持绿色低碳，推动建设一个清洁美丽的世界。

四、稳步扩大制度型开放的可能风险判断

对接国际高标准经贸规则，积极推动制度创新，深入推进高水平制度型开放，是党中央赋予的重大使命。稳步推动对外开放格局由商品和要素流动型开放向制度型开放转变，实现开放重心由"边境内"向"边境后"拓展的高标准国际经贸规则，在实现贸易、投资、金融、创新秩序全方位转变的同时，也可能使国内产业链供应链、国有企业发展、市场安全、企业竞争等方面面临风险。实际的风险需要在制度型开放的实践中才能发现，但可以基于实证定量分析的结果与历史经验进行规范定性的预判。

（一）贸易领域制度型开放的可能风险预判

1. 产业链供应链风险

与 WTO 多边贸易规则相比，CPTPP 等国际贸易规则更侧重优质生产要素的配置，因而可能引起商品、要素的溢出。对产业链而言，原产地规则可能引致传统劳动密集型产业向现有 CPTPP 成员国转移，国际贸易规则变化引发高端制造业供需缺口，服务业较高开放标准可能致使中国服务贸易逆差增加，并进一步引致生产性服务业产业链断裂风险。对供应链而言，高标准经贸规则要求多种大宗商品多数在区域内生产，对标规则将引起限制中国主要农产品和工业原料进口，大宗商品价格上涨将提升供应链成本，引发农业与制造业供应短缺。

2. 国有企业发展风险

依据 CPTPP 相关条款，明确限定给特定企业的"专项性"补贴将会受到规制，这将使占中国经济比重较大的国有企业承担较大发展压力。若采用相应标准，中国国有企业将面临以下几种挑战：一是企业行为易被认为将产生不利影响，原因是相关间接判断标准将排除其他引致国有企业市场地位和份额提高的因素，而将其简单归咎于"非商业援助"，同时将这类国有企业生产活动对另一缔约方投资企业的市场销售影响也简单归为"非商业援助"；二是对国有企业的商业活动界定采用严苛标准，在价格、质量以外新增私营企业在进行商业活动时会考虑到多种因素，从而企业更易被划归为国有企业；三是对国有企业的透明度限定严苛，缔约方不得擅自披露其他缔约方提供的机密性质信息。

（二）投资与金融领域制度型开放研究的可能风险预判

1. 跨境资本流动风险

伴随着制度型开放引发的产业链发展，跨境资金将经常面临大幅进出中国境内的情形，由此带来的资金链风险也将增加。一是跨国公司生产链嵌入中国，并带来境外资金大幅涌入，为中国资金监管带来压力；二是区域贸易协定将同步引发中国对外投资增加，引致国内资金大幅外流；三是发达经济体宏观调控与金融监管等，将对中国资金流动产生溢出效应，企业也将面临更复杂的投融资环境；四是随着中国资本账户扩大开放和跨境投融资渠道拓宽，短期跨境资金流动也会增加，对中国金融稳定产生影响。

2. 金融市场风险

在国际市场一体化程度更高、国际投资管制放松的状况下，金融市场也将面临更高风险。一是国际金融市场协同性更高，国际金融风险更加快速地在国家间、市场间传导，市场相关性显著增加，复杂交互联动特性提升，由此将引发金融冲击；二是投资者对金融市场价格信息更加敏感，对于宏观经济基本面的信息将形成更快反馈，由此带来的资产配置变化更加即时，也带动了金融市场风险的跨市场传播。

（三）产业与科技领域制度型开放的可能风险预判

1. 高端技术"卡脖子"风险

在坚持稳步扩大制度型开放的同时，中国高端技术关键环节面临"卡脖子"风险。一是当前的双边或多边协议内，还包含着部分针对性的投资和贸易保护措施，需要在加快国内制度安排向国外接轨的同时，以互利共赢为开放原则加入和维护贸易协定；二是中国产业链和相关技术还存在薄弱环节，应当协同市场与政府力量，发挥市场在资源配置中的决定性作用，将供应链安全放在更突出位置，激发原始创新能力，系统推动技术进步。

2. 创新链或与国际创新体系脱钩

CPTPP 等高标准经贸规则更加注重知识产权保护，且侧重对全球分工垄断利益的保护，但中国当前相关保护期限较短或缺少明确规定。例如，在商标方面，CPTPP 承认气味商标的可注册性，但中国现有自由贸易试验区与国内法律均不承认；在版权方面，CPTPP 将权利保护范围扩大至网络或电子版权，较传统复制权"固定载体"要求更为宽泛，但中国现有自由贸易试验区并未扩大这一类别。对接高标准经贸规则，可能引致中国创新与国际创新体系脱钩，原因是部分高技术产品受关键核心技术垄断措施影响较大，与北美地区高新技术产品贸易存在局部被转移风险。

（四）制度型开放的可能财政风险预判

财政是国家治理的基础和重要支柱，是经济社会的最后防线。财政政策是宏观经济领域的重要研究主题，也是对外开放和全球治理的重要工具或手段。"十四五"规划纲要明确指出在"实行高水平对外开放，开拓合作共赢新局面，建设更高水平开放型经济新体制""更好发挥政府作用，推动有效市场和有为政府更好结合"的背景下，厘清贸易开放对财政风险的影响以及内在影响机理尤为重要。

开放制度下中国财政安全面临的长短期挑战，可能的财政风险在于：

1. 体制风险

对外开放带来的国内外市场一体化与财政分权体制冲突的风险。对外开放促进了中外企业的贸易交流，加强了区域市场之间的竞争，有利于市场一体化程度的提升；而财政分权使地方政府对财政收入有更大的自主支配权，通过给予本地企业更多的转移支付，使它们在与外地企业竞争过程中具有优势地位。因此，财政分权会对市场一体化程度造成不利影响，随着对外开放程度的加深，当前的财政分权体制需要进一步改革。

2. 核心风险

经济是财政的基础，经济持续健康发展是财政安全的根基和首要影响因素。随着制度开放的推进，产业结构、经济结构将发生重大变化，中国财政收入基础、税源结构也将继续发生重大变化，从而产生财政的核心风险。

（1）税制设计滞后，财政收入的增速低于GDP增速的风险。究其原因：一是经济处于下行通道；二是从财政收入内在结构看，中国财政收入中近60%是增值税、消费税等各类流转税。随着对外开放带来的关税、进口环节流转税的下降，税制设计滞后于新经济发展，会加大财政收入增速低于GDP增速的风险。

（2）支出规模膨胀，推高财政支出速度高于GDP增速的风险。对外开放中，中国对外要应对更加复杂多变的世界形势，对内要推动经济完成向高质量发展的变轨，加快形成以国内大循环为主、国内国际双循环相互促进的新发展格局。研究表明，贸易开放对财政支出规模有重要影响。因此，随着中国开放程度和全球化进程的逐步推进，财政将进一步加大对各个方面的财政投入。因此会推高财政支出的增长速度显著高于GDP增长速度的态势。

（3）政府债务继续增加的风险。受收入下降和支出增加的双重影响，预计中国财政收支缺口将继续扩大，必然会导致对提高赤字、增加债务方面的需求。由于内外部形势具有高度的不确定性，政府债务率预计将进一步上升。

3. 政策持久性和波动性风险

研究表明，财政政策持久性受到贸易开放的影响，二者之间可能存在负相关关系。财政政策持久性与政策相机抉择性、政策周期性呈现负相关关系，这表明财政政策持久性较高国家的财政政策更倾向于顺周期，发展中国家更甚。

4. 摩擦风险

近年来，由关税政策、出口退税、各种政府补贴、政府采购导致的全球范围内的贸易摩擦不断升级，进一步加剧了中国经济发展的不确定性。

五、稳步扩大制度型开放的实现路径研究

（一）近期稳步扩大制度型开放实施路径和风险防控

1. 分内容扩大制度型开放政策举措建议

（1）对接高标准国际经贸规则扩大制度型开放。以申请加入DEPA、CPTPP

为契机，稳步扩大制度型开放。作为非创始成员，中国不仅需要全面履行 DEPA、CPTPP 纪律，还要面临创始成员更高的要价。为此，中国加快推进对接这些高标准国际经贸规则的压力测试，积极支持加入谈判，寻找风险点及防控的方法。中国申请加入 DEPA 有助于在一个新的制度平台上参与国际数字经济规则制定。尽管 CAI 被暂时搁置审议，但要未雨绸缪，针对 CAI 协定中关于投资保护、市场准入、劳工标准的较高要求，进一步完善市场经济体制适应新的双边纪律。

（2）对接高水平自由贸易园区扩大制度型开放。要对接新加坡、阿联酋迪拜、中国香港和其他高水平的自由贸易园区，继续强化自由贸易港、自由贸易试验区的制度创新功能，加快向全行业、多领域推广。

（3）对接世界银行新版宜商标准扩大制度型开放。世界银行新版宜商标准（BEE）已经颁布，要根据其新的指标体系和评价方法，加快在试点城市先试先行，并加速在全国各城市推广。

（4）对接其他国际经贸规则扩大制度型开放。要加快对接 WTO 的《政府采购协定》（GPA），在自由贸易港、自由贸易试验区按 GPA 先试先行，勠力解决其他实体，主要是国有企业的公共目的性采购和商业目的性采购的区分问题，推动中国尽快完成加入 GPA 谈判。要积极落实《G20 转型金融框架》，加快出台转型活动和转型投资的界定标准，加快建立转型活动和转型投资的信息披露制度，加快开发转型金融工具，加快颁布激励政策和加快实现公正转型。

2. 分领域扩大制度型开放政策举措建议

（1）贸易领域扩大制度型开放。中国推进国际贸易高水平对外开放，关键要抓住数字化、绿色化、智能化发展趋势，在现有多边、双边和区域自由贸易协定框架下，促进贸易新业态、新模式发展，推动制度型开放。削减货物贸易关税与非关税壁垒，逐步推行零关税、零壁垒、零补贴的"三零规则"，以累计原产地规则提高区域供应链价值链韧性。对标 CPTPP、DEPA 等服务贸易开放的国际高标准规则，服务贸易不要求必须以商业存在的模式提供，重视便利和促进境外消费、跨境交付、自然人流动这三种服务贸易提供模式。

（2）投资领域扩大制度型开放。中国推进国际投资高水平对外开放，关键要提供全生命周期的外资服务。以完成谈判的 CAI 文本和中美 BIT 草本为基础，优化投资自由、便利、保护、促进措施，改善营商环境。采用外资负面清单管理模式，降低市场准入门槛，向外资企业提供国民待遇。在维护国家安全的前提下，坚持为双向资本流动提供便利，提升中国在全球价值链和区域生产网络的地位。

（3）金融领域扩大制度型开放。中国要着力提升金融业制度型开放水平，要继续坚持"引进来"和"走出去"并举，推动金融业高质量发展。

1）继续扩大金融业对外开放，拓宽金融服务业范围和地域范围。CPTPP、CAI 等新一轮国际经贸规则的构建，均推行与 WTO 正面清单相反的市场准入负面清单模式，实施更加全面的开放。加快自由贸易试验区跨境服务贸易负面清单的修订，推进金融改革和开放创新先行先试，实现更大程度压力测试和风险测试。以支付清算服务为基础推进银行业对外开放，制度化降低外资金融机构在境内的准入机制，落实外资机构在华投资的国民待遇。

2）继续推进人民币国际化进程，以人民币国际化推动货币市场高水平双向开放。稳步扩大资本市场制度型开放，深化与境外市场互联互通。通过政府在离岸市场发行人民币债券试点政策，推动离岸债券市场发展，有效增加境外的离岸人民币需求规模。将"引进来"和"走出去"相结合，出台政策鼓励国内商业银行参与离岸的人民币外汇交易。同时，打造离岸人民币循环系统，通过整合自由贸易试验区、自由贸易港的离岸人民币的试点经验，以自由贸易账户（FTA）为基准、统一境外机构境内外汇账户（NRA）、离岸账户（OSA）等各试点区域的涉外账户制度管理。

3）完善金融制度型开放的风险防控措施。提升金融业的制度型开放水平，需牢牢守住金融风险的底线。提高开放条件下防控风险和管理风险的能力，坚持风险防控能力与开放水平相适应，推进常态化、可持续的跨境监管合作机制，打造安全高效的中国金融监管制度体系，为更高水平开放保驾护航。

4）积极参与国际金融合作与治理。中国始终积极参与国际货币基金（IMF）、国际清算银行（BIS）、金融稳定理事会（FSB）和多边开发银行等机制，积极推动《G20 转型金融框架》落地，全方位、多层次参与全球经济治理和政策协调，共同促进全球经济增长，维护国际金融稳定。积极在数字金融、绿色金融、金融安全网等领域继续加强国际金融合作，在全球治理中有效传播中国声音，让中国方案为国际经济金融秩序做出新的建设性贡献。

（4）创新领域扩大制度型开放。中国推进创新高水平对外开放，关键要以中美第一阶段贸易协定和 CPTPP 知识产权保护纪律为基准强化知识产权保护，通过优化融资、税收、社会保障等政策措施，营造良好的创新环境和知识产权交易平台，吸引创新人才，提高创新活动的参与率和活跃度，促进创新成果转化、落地。

3. 分区域扩大制度型开放政策举措建议

结合自由贸易试验区提升战略，制度型开放拟采取分区域推进：第一批在自由贸易港推进，包括海南自由贸易港、上海洋山特殊综保区；第二批在作为特殊经济功能区的上海自由贸易试验区临港新片区实施；第三批在东南沿海自由贸易试验区落地，包括上海自由贸易试验区（拟扩大至虹桥国际中央商务区、G20科创走廊上海沿线），以及江苏、浙江、福建、广东自由贸易试验区；第四批在环渤海自由贸易试验区推广，包括北京、天津、河北、辽宁、山东自由贸易试验区；第五批扩大至沿边自由贸易试验区，包括广西、云南、黑龙江自由贸易试验区；第六批推广至内陆自由贸易试验区，包括安徽、河南、湖北、湖南、重庆、四川、陕西自由贸易试验区；之后向全国其他地区复制推广；最后在沿海沿边地区跨境合作区实现跨境跨国协同实施。

4. 分阶段扩大制度型开放政策举措建议

近期制度型开放拟分两个阶段推进。第一阶段（2023~2025年），主要任务包括全面对接高标准国际经贸规则，包括DEPA、CPTPP和CAI；全面对接高水平自由贸易园区；全面对接世界银行宜商环境标准BEE以及对接WTO的GPA，在对接的同时高度关注全风险防控。第二阶段（2025~2027年），在全国复制第一阶段对接成果和风险防控做法。

5. 近期扩大制度型开放的风险防控

（1）反"脱钩断链"（即反干涉）。面对一些西方国家"脱钩断链"，应重点关注关键产业链，做好定期监测与总结。首先，深入调研关键设备或零部件的进口及国产替代水平，根据现实情况确定哪些产业为关键产业。其次，在各地建立产业链供应链风险监测处置体系，并指定某特定机构汇总监测信息，及时掌握企业产业链供应链运行情况和苗头性风险。最后，继续强化中国部门间、地区间、企业间的协同和工作衔接，充分发挥以政府部门为依托，以行业协会为支撑，有针对性地进行协调解决。

（2）反"长臂管辖"（即反制裁）。从产业和技术领域来看，一些西方国家对我国制裁的重点是芯片、生物技术等敏感技术。从制裁手段来看，西方国家惯于运用国内法案对我国进行制裁和长臂管辖。从未来的发展趋势来看，美国叠加运用金融、出口管制等方式，以国家安全名义，运用CFIUS审查的力度会越来越大。一些西方国家（如美国）实施"长臂管辖"主要依赖：一是无限扩张的国会立法。除《反海外腐败法》《伊朗、朝鲜和叙利亚不扩散法》等明确域外适用的法律外，连续出台《以制裁反击美国敌人法》《外国投资风险评估现代化法案》等需要建立管辖正当性的间接制裁法律。二是扩大行政部门权力。国会通过立法将大量执法权赋予财政部的海外资产控制办公室（OFAC）、商务部的产业与安全局（BIS）等下属机构，这些机构通过制定各种清单，如"防扩散制裁清单""特别指定国民和资产冻结人清单""BIS 实体清单"等，且互相间形成"执法同盟"，使美国法"名正言顺"地在外国领土内对外国人发挥效力。

（3）确保金融安全。一些西方国家可能会对中国金融市场开放、中国金融制度改革以及中国金融机构处罚上进行持续而广泛的打压，以达到扰乱中国经济和社会可持续发展节奏的目的。需警惕一些西方国家以下行为：一是综合运用贸易、汇率和对外投资等手段，维持西方国家世界金融霸权；二是利用汇率操纵国（地区）名单要求中国货币升值、放松资本管制；三是利用美元结算体系对中国金融机构进行恫吓、处罚以打击中国金融和经济；四是对中国金融科技企业及中概股企业进行限制。

（4）确保数据网络安全。中国数据安全事业已取得一定成效，但在数字基础设施、制度体系、数据安全治理机制等方面仍存在薄弱环节，需要有针对性地加以完善和改进。确保数据网络安全，还应进一步完善数据安全治理规则制度体系。一是对数据权属进行细化；二是填补数据交易流通规则的缺位；三是建立数据分类分级保护制度；四是赋予数据控制者、处理者数据安全保护的必要权利义务。

（5）确保双碳绿色安全。双碳绿色安全问题已成为全球环境与可持续发展的重要议题，涉及多重主体利益。碳关税给现有国际经贸规则带来了重大冲击和影响。当前中国应坚决抵制单边主义，推动多边气候协商机制，并做好不同场景的压力测试，以便更好应对碳关税机制的实施。

（二）中长期稳步扩大制度型开放实施路径和总体安全保障体系构建

1. 中长期稳步扩大制度型开放实施路径

（1）构建高水平社会主义市场经济体制是稳步扩大制度型开放的核心任务。构建高水平社会主义市场经济体制是高水平制度型开放的基石。制度型社会主义公有制为主体、多种所有制经济共同发展的基本经济制度，按劳分配为主体、多种分配方式并存的分配制度是社会主义市场经济体制的根基，稳步扩大制度型开放就是要通过对接高标准国际经贸规则，完善国内规制、管理和标准，对国有企业、民营企业和外资企业一视同仁，发挥市场在资源配置中的决定性作用，更好发挥政府作用，不断满足人民日益增长的美好生活需要，促进人民群众物质生活和精神生活共同富裕。

（2）构建现代化产业体系扩大制度型开放。现代化产业体系既是实现制度型开放的物质基础，又是制度型开放的推动力。制度型开放不仅需要产业体系具有强大的国际竞争力和适应开放要求的韧性、提供具有核心竞争力的产品和服务、满足开放中的品质要求，还需要促进要素流动，发挥规模效应以降低平均成本，这对参与全球价值链至关重要。此外，现代化产业体系具有强大的溢出效应和相互促进作用。高新技术产业的外溢效应能带动其他产业进步，形成产业链协同效应，在开放中带来竞争，也促使产业不断提质增效。现代化产业体系还能为制度型开放提供安全保障。掌握关键核心技术有利于规避风险，数字监管也进一步提高了开放的安全系数。中国特色社会主义制度具有组织和聚集各类资源的优势，有利于推动产业快速迭代升级，在现代化产业体系体现制度优势。

（3）构建区域协调发展一体化扩大制度型开放。区域协调发展一体化与扩大制度型开放密不可分。在扩大制度型开放时，区域协调发展能够提供更广阔的市场空间，不同区域优势互补和统一开放市场带来规模效应，为开放提供坚实基础。此外，各区域资源和要素流动受阻是开放的障碍，区域协调能推动要素合理流动，打破区域分割有助于要素自由流动。在制度型开放中，扩大内需也是根本要求，区域协调发展有助于为开放提供稳定的国内市场，协调发展使各区域居民收入增加，带动消费增长。区域协调发展还有利于应对对外开放带来的国际竞争与冲击、有利于形成对外开放的联合体。

（4）构建全国统一大市场扩大制度型开放。在新发展格局下，重视内循环不仅是顺应当前国际局势发展国民经济的需要，也是对过去强调"对外开放"倒逼对内开放的反馈，是实现更高水平"双循环"的重要内容。而内循环的关键在于对内开放、构建全国统一大市场。以"对内开放"为实现内循环的抓手，从以长三角地区为代表的重点区域开始，分别对商品、劳动力、资本、技术和数据市场进行开放，更多地发挥市场机制作用，由点及面，促进全国统一大市场建设、发挥大国市场优势，可以使中国在未来以更主动的姿态拥抱全球化、实现更畅通的"双循环"，并通过协调积聚力量，发挥规模效应和综合效应，增强综合实力，以全国统一市场应对全球市场，增强谈判地位。

2. 稳步扩大制度型开放的总体安全保障体系构建

稳步扩大制度型开放，要高度注重总体安全保障体系的构建，总体国家安全观是扩大制度型开放总体安全保障体系的强大思想武器。

（1）增强维护政治安全能力，扩大制度型开放。政治安全的核心内容包括政权安全、制度安全和意识形态安全。政治安全是维护人民安全和国家利益的根本保证。扩大制度型开放要始终高度重视维护政治安全，是治国理政的重要历史经验。

（2）增强经济安全能力，建设扩大制度型开放。扩大制度型开放强化经济安全能力，要防范化解国际经贸摩擦、金融、政府债务、房地产、社会分化、人口老龄化等领域的风险。要全方位夯实粮食安全根基，牢牢守住18亿亩耕地红线，强化农业科技和装备支撑，确保中国人的饭碗牢牢端在自己手中。要努力实现科技自立自强，坚决打赢关键核心技术攻坚战，加快补齐在信息技术、工业制造、航空航天、海洋、生物医药、材料等领域的核心技术方面的短板，加大基础研究投入，强化科技安全能力建设。要深入推进能源革命，加强煤炭清洁高效利用，加快规划建设新型能源体系，统筹水电开发和生态保护，加强能源产供储销体系建设，确保能源安全。要处理好国际环境国际关系的不确定性带来的影响，防范化解外部环境重大风险，确保海外利益、机构和人员安全。在国际局势跌宕起伏的大背景下，重点确保粮食、能源等初级产品供给安全，防范金融风险，着力提升产业链供应链韧性和安全水平。

（3）增强其他重点领域能力，建设扩大制度型开放。除政治、经济外，国家安全的重点领域包括军事、国土、文化、社会、生态、核、太空、深海、极地、生物、人工智能和数据等诸多领域，扩大制度型开放必须考虑各重点领域的国家安全能力建设，完善安全保障体系。

第四章

稳步扩大制度型开放的
历史回顾与国际比较

本章主要对中国的制度型开放进行历史回顾，分析改革开放以来我国对外开放的不同阶段，对国际规则经历的被动接受、主动融入、引领构建的历史进程进行全面勾画。同时，从美国、欧盟、日本等主要经济体制度型开放的历程中，总结出制度型开放的国际经验与客观规律。

第一节　中国制度型开放的历史回顾

"制度型开放"的概念于 2018 年在中央经济工作会议上首次提出，但实际上我国制度型开放历程最早可以追溯至 1978 年改革开放政策的颁布和实施，从整体上看，我国的制度型开放历程可以划分为被动接受、主动融入和引领构建三个阶段。

一、改革开放初期：被动接受阶段

1978 年，党的十一届三中全会之后，实施改革开放之初，中国的对外开放以商品和要素流动为主，开放的目的主要是吸引外资、学习外国先进的技术和管理经验、扩展国内市场，从而促进国内企业进步和经济发展。这一阶段的制度型开放尚处于被动接受阶段，学习和适应国际规则，我国对于国际规章制度的接受更多的是出于扩大市场开放、吸引外资和先进技术的需求，对于国际规则制定和完善的影响力相当有限。

在这一时期，中国制度型开放的标志性事件如下：

（一）经济特区的设立

为促进对外开放，中国开始设立一系列的经济特区，从而促进外向型经济特别是加工制造产业的发展。1979 年 7 月 15 日，中共中央和国务院通过了《关于发挥广东优势条件，扩大对外贸易、加快经济发展的报告》和《关于利用侨资、外资、发展对外贸易，加速福建社会主义建设的请示报告》，在珠海、深圳、厦门和汕头开始尝试设立出口特区。1980 年 8 月 26 日，将以上 4 个出口特区改名为"经济特区"，规定在投资项目审批、税收、外资企业经营、出入境等方面给予优惠待遇，吸引外资企业进入和促进对外贸易发展。1983 年，国务院通过了《关于加快海南岛开发建设问题讨论纪要》，并提出一系列加快海南岛的开发开放的建议和措施。1984 年，为推动外资经营环境的全面改善，中国对外开放区域进一步扩大，由少数几个经济特区的试点型开放扩大到沿海地区的全面开放，在沿海 14 个城市设立了经济技术开发区。1985 年，中共中央在长三角地区、珠三角地区、厦漳泉三角区域设立沿海经济开放区，至此，开放区域从"点"扩展到"面"。1990 年，上海浦东新区开始开发。

（二）外商投资相关法规的颁布和完善

1979 年颁布了首部外商投资法规《中外合资经营企业法》，为外资企业和中外合资企业的建立和经营提供了法律指导和保障。1986 年颁布了《外资企业法》，允许外国投资者在中国境内设立独资企业，进一步扩大了中国市场的竞争力和吸引力。同年，通过《关于鼓励外商投资的规定》，在税收、进出口和信贷等方面给予外商投资更多优惠。1988 年开始实行《中外合作经营企业法》，允许设立中外合资企业。1995 年颁布了《外商投资产业指导目录》，该目录对外商投资项目进行了分类指导，明确了鼓励、允许、限制和禁止的外商投资领域。1994 年通过了《台湾同胞投资保护法》及其实施细则，推动了两岸同胞的经济交流与合作。这些法规和制度的通过与实施，既表明了中国对外开放的决心，也为后续的制度型开放和国际贸易合作奠定了基础。

（三）外贸体制改革

1978 年 12 月，中央工作会议提出要下放外贸经营权。1984 年，国务院明确了外贸体制改革的指导思想和原则：政企职责分开，工贸结合，推行代理制。

1988 年颁布了《国务院关于加快和深化对外贸易体制改革若干问题的规定》，开始实行外贸承包经营责任制，确立外汇留成制，建立外汇调剂市场，从而调动外资企业的活力。1992 年提出了构建社会主义市场经济，进一步推动了外贸体制的改革。1994 年确立以市场供求为标准的单一汇率制度，推动了贸易自由化的发展。同年颁布并实施《对外贸易法》，确立了公平、自由的对外贸易秩序。1996 年实现了人民币经常项目下可兑换，为贸易提供了便利条件。这些外贸改革措施，体现了我国从计划经济到市场经济的转型，逐渐放宽市场准入，减少政府干预，促进制度型开放。

（四）关税和税收政策的调整

1980 年颁布了《中外合资经营企业所得税法》，吸引了海外投资发展。1984 年，宣布对经济特区和 14 个沿海港口城市实行减征和免征企业所得税及工商统一税，极大地促进了上述地区的对外开放和经济发展。1995 年，中央通过改革和调整进口税收相关政策，推动贸易开放和市场自由化发展。此外，针对最不发达的国家，中国实施零关税政策，以鼓励这些国家的对外开放和促进经济合作。这些关税和税收政策的实施不仅促进了中国对外开放的发展，而且推动了中国和世界其他国家和地区的经济合作，降低了关税壁垒，促进了贸易自由化和制度型开放的发展。

二、加入世界贸易组织（WTO）后：主动融入阶段

2001 年，中国加入了世界贸易组织，标志着中国的对外开放进入了新的里程碑阶段。中国开始更加积极地参与国际竞争与合作，不断融入世界经济体系，同时也获得了参与制定和完善国际规则的机会。中国的制度型开放逐渐过渡到了主动融入阶段。

（一）行政审批制度改革和国内法规的修订完善

2001 年加入 WTO 后，中国对一系列的国内法规进行修订和完善，使之与国际规则接轨，其修订范围包括贸易、投资、知识产权保护等多个与国际贸易相关的领域，包括关税的逐步降低、非关税壁垒的取消以及贸易争端解决机制的建立。例如，发布了《进出口商品检验法》和《反倾销条例》等，确保贸易活动的合法性和公平性。同年，开始全面启动行政审批制度改革，由国务院成立相关领导小组，废除和停止了一批阻碍和不适合市场经济发展的制度和法规，促进市场经济发展和贸易自由化，减少政府干预，提高市场的资源配置效率，进一步推

动制度型开放。2005 年，全面取消有关普通商品的进口配额，并实行有管理的浮动汇率制，使人民币汇率更加灵活和市场化，以更好地反映国内外经济形势和供求关系。这一制度的核心是通过市场供求关系调整人民币汇率，同时保持一定的管理和干预，以防止汇率剧烈波动对经济稳定造成不利影响。汇率制度的改革不仅增强了人民币的国际竞争力，也提高了中国经济的开放度和抗风险能力。

（二）相关国际投资法规的修订和调整

为进一步适应经济发展和对外开放的需要，中国对一系列的外商投资法进行了修订和完善，例如颁布了《中外合资经营企业法》《外资企业法》《外商投资产业指导目录》等。1986 年，对外商独资经营立法之后，国家对外资并购中国企业并无专门法规约束，开始的几年仅有零星的外资并购发生。1985～1990 年，全部外资并购金额只有 3210 万美元。1992 年，"中策现象"出现，开启了外商并购国有企业的先河，大规模投机性并购引致各方争议。1995 年，外资并购国有企业一度被叫停，国有资产流失和产业安全问题受到各方关注。进入 21 世纪后，外资并购我国国有企业的各种限制逐渐放宽，政策导向由限制转向鼓励。

早在 1987 年我国便出台了《指导吸引外商投资方向暂行规定》，将我国对外商投资项目分为鼓励、允许、限制和禁止四类。1992 年之后，随着市场经济体制改革的推进，利用外资的政策框架渐趋完善。2007 年，我国颁布了《外商投资企业所得税法》，将内外资企业所得税合并，实现了税制的统一。2015 年修订的《外商投资产业指导目录》进一步放宽了外资准入限制，鼓励外资投向高新技术产业和现代服务业等领域。2020 年与 2022 年颁布与更新《鼓励外商投资产业目录》，再次放宽准入，为扩大开放做加法。这些法律法规的颁布和修订改善了投资环境，促进了中国经济和对外贸易的发展，也体现了中国积极促进与国际投资规则接轨的决心。

（三）共建"一带一路"倡议的提出和自由贸易试验区的建立

2013 年，中国正式提出了共建"一带一路"倡议，旨在加强国家间的经济交流与合作，促进共同发展和贸易一体化。在共建"一带一路"框架下，中国助力基础设施的互联互通，推动了中国高铁技术和标准的国际化；通过成立丝路基金等专门基金，构建了一个稳定、可靠、持续的金融支持体系。同时，中国本着平等互利的原则与沿线各国共同打造共建"一带一路"的新发展平台，积极推动"五通"工程，为各方的繁荣发展开辟新天地，塑造了新型的全球经济政治格局，促进了中国对外开放从要素驱动向制度开放的升级，共同构建了在共享规则下的人类命运共同体。回顾过去的 10 年，我国与共建国家在货物贸易方面取得了令人瞩目的成就。图 4-1、图 4-2 以及表 4-1 具体展示了我国签署共建"一带一路"倡议以来双方贸易的发展情况。2013~2022 年，双方货物贸易规模累计达到了 19.1 万亿美元，年均增长率高达 6.4%，充分展现了共建"一带一路"倡议在促进贸易往来方面的巨大潜力。同时，双向投资也实现了快速增长，累计超过 3800 亿美元，承包工程累计完成营业额达 1.3 万亿美元，为共建国家带来了实实在在的经济效益。

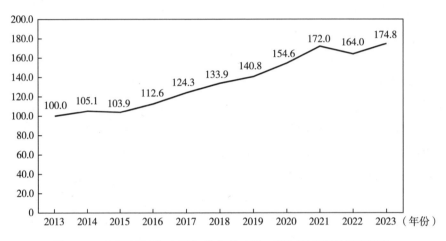

图 4-1　2013~2023 年中国与共建"一带一路"国家贸易互利指数

资料来源：《2023 年中国与共建"一带一路"国家贸易指数报告》。

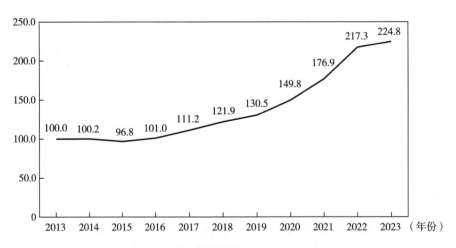

图 4-2　2013~2023 年中国与共建"一带一路"国家贸易促进指数

资料来源：《2023 年中国与共建"一带一路"国家贸易指数报告》。

表 4-1 2013~2023 年中国与共建"一带一路"国家贸易结构指数

年份	中国与共建"一带一路"国家贸易结构指数
2013	100.0
2014	100.6
2015	101.7
2016	101.9
2017	108.6
2018	112.1
2019	114.9
2020	115.9
2021	119.3
2022	118.9
2023	128.1

资料来源:《2023 年中国与共建"一带一路"国家贸易指数报告》。

此外,中国已同 150 多个国家和 30 多个国际组织签署共建"一带一路"合作文件,形成了 3000 多个合作项目,带动全球国际合作"范式"效应,形成了包括欧亚经济联盟在内的一系列政策性成果,推进了雅万高铁、中老铁路等基础设施建设,也通过亚洲基础设施投资银行(AIIB)、丝路基金(Silk Road Fund)等共建"一带一路"金融服务机构和产品推动了相关国家的经贸合作和资金融通。共建"一带一路"倡议以项目建设带动制度对接,成为中国向世界提供的最重要的制度性公共产品。如今,共建"一带一路"已成为当今世界最受欢迎的公共产品和最大规模的国际合作平台。通过这一平台,各国共同探索合作发展之路,实现互利共赢。经贸利益纽带进一步拉紧,不仅促进了我国与共建国家的经贸往来,也推动了全球经济的复苏与增长。"一带一路"建设不应仅仅着眼于我国自身的发展,而是要以我国发展为契机,让更多国家搭上我国发展的便车,帮助它们也实现发展目标。

同样在 2013 年,中国设立了第一个自由贸易试验区——上海自由贸易试验区,随后开始在全国范围内推广。其主要任务包括加快政府职能转变、扩大投资领域的开放、推进贸易发展方式转变、深化金融领域的开放创新以及完善法制领域的制度保障等,在刚成立的首年内就取得了重大进展,极大推动了上海市转口、离岸业务的发展。作为制度型开放的重要平台,我国自由贸易试验区先后

7 次扩容，总数增至 22 个，充分发挥了自贸区作为改革开放试验田的作用，推动各类制度创新成果在全国复制推广，全力打造市场化、法治化、国际化一流营商环境，降低国际市场与国内市场联通的制度壁垒。党的二十大报告首次提出"实施自由贸易试验区提升战略"，这是应对逆全球化趋势、推进高水平对外开放、推动高质量发展和助力自由贸易试验区建设再上新台阶的必然要求，是适应当前国内外形势发展需要作出的重大战略部署。不仅如此，2022 年 1 月 1 日正式生效的 RCEP 使成员间货物、服务、投资等领域市场准入进一步放宽，原产地规则、海关程序、检验检疫、技术标准等逐步统一，改善了成员国间资本、技术等核心要素流动的制度环境。中国通过稳步扩大制度型开放，对标高标准的国际相关通行规则，加快建设国内统一开放、竞争有序、制度完备、治理完善的高标准市场体系，营造稳定、公平、透明、可预期的制度环境，促进全球信息、数据等高端资源的要素配置，以制度优势形成新的比较优势，助推国内国际双循环，促进经济高质量发展，让世界共享中国大市场红利，不断提升中国参与全球经济治理的底气和能力。这一举措在我国制度型开放历程中具有重要意义，旨在探索更高水平的开放政策和制度创新，进一步促进贸易和投资自由化与便利化，推动改革开放进一步深化，为更广阔的地区提供可借鉴、可推广的先行先试经验。另外，这也是在探索如何更好融入经济全球化进程，为开放型世界经济发展提供一个多元利益汇聚的试验场所。

（四）亚洲基础设施投资银行的成立

2013 年 10 月，中国提出了成立亚洲基础设施投资银行（以下简称亚投行）的倡议。2015 年 12 月，亚投行正式成立，标志着中国积极参与国际合作和在国际规则制定方面有了更重要的影响力。亚投行是一个向亚洲各国家和地区政府提供资金以支持基础设施建设的区域多边开发机构，旨在促进亚洲区域内的互联互通建设和经济一体化进程，并加强我国与其他亚洲国家和地区的合作。其不仅为亚洲地区的基础设施建设提供了强大的资金支持，也推动了全球治理体系的改革和完善。

亚投行与世界银行、亚洲开发银行等现有多边开发银行在知识共享、能力建设、人员交流、项目融资等方面开展了众多合作，形成了有益互补。通过参与亚投行的建设和运营，中国积极分享发展经验，推动各方加强对话和合作，共同应对全球性挑战，提升了自身的国际影响力。同时，亚投行也为全球基础设施建设提供了新的融资渠道和合作平台，为全球经济的复苏和增长注入了新的动力。

三、制度型开放概念的提出和实践：引领构建阶段

2018 年，中央经济工作会议首次提出"制度型开放"的概念，突出强调要实现从商品和要素的流动型开放向国际规则等制度型开放的转变。这标志着中国的对外开放开始由以政策层面作为重点向制度层面的转变，要更积极地参与国际规则的制定和完善，实现国内法规和国际法规的对接，促进制度创新。从此，中国的制度型开放开始进入引领构建阶段。

（一）《外商投资法》的审议和实施

2019 年 3 月 15 日，《外商投资法》草案于第十三届全国人民代表大会第二次会议上通过。该法律更加明确地加大了对外商投资的相关权益和知识产权的保护力度，标志着我国在外商投资领域法治化建设的重大进步。

截至 2018 年 11 月底，我国境内外商投资企业累计达 95 万家，实际利用外资累计超过 2 万亿美元，而分别于 1979 年、1986 年、1988 年设立的《中外合资经营企业法》《外资企业法》《中外合作经营企业法》这"外资三法"中所规定的范围，与《民法》《物权法》《合同法》等法律条款形成多处重叠，不再适应新的外商投资环境。由此加快统一了内外资法律法规的建设，并制定新的外资基础性法律。经过"外资三法"长时间的实施和实践探索，《外商投资法》的制定水到渠成。新修订的《外商投资法》吸收了"外资三法"贯彻施行中的经验，内容精雕细琢，意见征求充分，文本严谨精准，成为新时代中国利用外资的基础性法律。法案回应了外国投资者和外资企业的主要关切，是推动我国高水平对外开放的重大举措，也是我国由商品和要素流动型开放向规则等制度对外开放转变迈出的重要一步。审议通过的《外商投资法》，不仅进一步明确了外商投资的合法地位，更为外商投资提供了更加稳定、透明和可预期的法治环境。该法特别加大了对外商投资相关权益和知识产权的保护力度。通过明确外商投资的准入条件、经营范围、税收待遇等关键内容，保障外商在中国市场享有与内资企业同等的权利和待遇。此外，《外商投资法》强调加强对知识产权的保护，严厉打击侵犯知识产权的违法行为，为外商在中国的创新和发展提供坚实的法律保障。该法案强调的"内外资一致"的原则正是中国持续优化营商环境的具体体现，真正从之前的"内外有别"走到了今天的"一视同仁"，是在以实际行动表明中国将改革开放进行到底的决心。德勤中国副主席蒋薇薇表示，该法展现了中国"更高透明度"的信号，将"提升中国市场对外资的吸引力"。

（二）自由贸易试验区的扩展和建设

自 2013 年成立第一个自由贸易试验区以来，我国已经先后建立了 22 个自由贸易试验区，形成了覆盖东西南北中、统筹沿海内陆沿边的改革开放新格局。具体来看，这一时期有关自由贸易试验区建设的具体措施有：

1. 制度创新

在各自由贸易试验区进一步深化制度型开放的过程中，不断和更高标准的国际制度和规则接轨，推动制度创新。各地都出台了各种有助于改善外资营商环境、促进贸易便利化和自由化的政策法规，在贸易、投资、金融等众多方面和领域对接国际经贸规则。在推动系统性制度创新的同时，重点关注与强调投资和服务贸易领域的创新进步，既全面发展又有所侧重，推动制度型开放和对外贸易科学健康发展。

2. 加强各自由贸易试验区的联动

以京津冀联席会议制度、长三角自由贸易试验区联盟等联动格局为基础，聚焦新质生产力，发挥各自的区域优势，促进共同发展，联合制度创新和制度型开放。利用国际经贸规则体系，加强城市群一体化建设。

3. 缩减负面清单

对自由贸易试验区的外资准入负面清单进行多次修改和调整，由 190 条减少至 27 条，放宽了外资准入限制，最终实现了制造业项目清零，大大减少了对服务业领域的投资限制。

4. 改善自由贸易试验区的营商环境

加快转变政府职能，建设服务型政府，促进市场经济发展，实施"证照分离"，大大改善了自由贸易试验区的经营环境。建立以国际贸易"单一窗口"为核心的贸易便利化模式，提升了贸易监管、服务效率和能力。

5. 金融创新

创立自由贸易账户，通过本外币一体化、账户内自由兑换等措施为自贸区内的对外贸易提供便利，降低企业的融资成本，吸引外资，提高国际竞争能力。

（三）设立海南自由贸易港

2018 年，中共中央决定支持海南逐步探索、稳步推进中国特色自由贸易港建设，分步骤、分阶段建立自由贸易港政策和制度体系，要求海南以供给侧结构性改革为主线，建立自由贸易港。这对中国的制度型开放和制度创新具有里程碑意义。作为离岛以及中国内地最大的经济特区，海南在制度上被视为中国经济全面深化改革和试验最高水平开放政策的特殊地区。《中共中央国务院关于支持海南全面深化改革开放的指导意见》中提及，将加大出入境安全措施建设，为进一步扩大免签创造条件；完善国际贸易"单一窗口"等信息化平台；积极吸引外商投资以及先进技术、管理经验，支持外商全面参与自由贸易港建设；在内外贸、投融资、财政税务、金融创新、出入境等方面探索更加灵活的政策体系、监管模式和管理体制，打造开放层次更高、营商环境更优、辐射作用更强的开放新高地等。特别是在外籍人才引进制度上，允许境外人员担任法定机构、事业单位、国有企业的法定代表人，并对外籍人员工作许可实行负面清单管理，极大地提升了中外交流的层次和水平。

在政府的立法与行政权上，《海南自由贸易港法》赋予海南省人民代表大会及其常务委员会在部分事务上的立法权力，海南自由贸易港可行使不同于中国其他地区的法规与地方政府规章，建立相对独立及具有改革特点的独立地方法律。例如，已经推出的法律涉及环境保护、反走私、大数据开发应用、经济特区律师条例、经济特区注册会计师条例、经济特区禁毒条例以及公司注册的快速简单审核法律等。此外，地方性法规和商事纠纷机制将成为建构自由贸易港的核心，海南省亦可在遵循宪法规定和现行全国性法律及政策的情况下，参与国际商事仲裁及调解。

建立海南自由贸易港，不仅有助于借鉴国际先进经验，对标国际高标准经贸规则，形成具有国际竞争力的开放政策和制度安排，同时也能引领我国对外开放向纵深推进，为全国更高水平的改革开放探索新路径、积累新经验。此外，设立海南自由贸易港也是打造市场化、法治化、国际化营商环境的迫切需要，可以引进国际先进技术、经营理念和管理经验，打造包括资本、知识、技术、管理、人才在内的全球优质生产要素集聚区，形成具有海南特色的现代产业体系。这将为全国经济高质量发展提供典型示范，推动各类要素跨境自由、有序、安全、便捷地流动。

（四）更高水平地对接国际经贸规则

1. 参与创立 RCEP

RCEP 于 2022 年 1 月 1 日正式生效，作为第一批批准该协定的成员国之一，中国积极参与了该协定的制定和实施，加强了与协定各成员国之间的贸易往来和合作。作为亚太地区至关重要的跨区域贸易协定，RCEP 不仅设置了标准较高的对外贸易规则，而且充分地将发展中国家的利益考虑在内，体现了巨大的包容性和进步性，努力促进不同价值观之间的协调和共赢。同时，RCEP 的实施促进了中国在各个领域的国内法规和高标准的国际法规制度对接，大大提高了国内的立法水平和执法能力。

2. 加速对接 CPTPP

中国正式提出申请加入 CPTPP，并对有可能实行的改革措施和需要修改的法律法规进行梳理和总结。此协定高度展现了贸易投资的自由化和便利化，有助于促进国内法规的国际化和开放化，促进市场经济发展，具有广泛包容的开放标准，成员组成方面具有多边性，对于推动我国的深化改革、扩大对外开放、促进经济发展和进步以及全力维护的多边贸易体制等具有重要意义和作用。

3. 发布《全面对接国际高标准经贸规则推进中国（上海）自由贸易试验区高水平制度型开放总体方案》

该法案由国务院于 2023 年发布，强调扩大服务贸易开放、提升服务贸易自由化和便利化水平等 7 个方面内容，提出了 80 项举措，旨在提高我国的制度型开放水平。

4. 印发《关于在有条件的自由贸易试验区和自由贸易港试点对接国际高标准推进制度型开放的若干措施》

在上海、天津、北京等 5 个自由贸易试验区和海南自由贸易港开展试点，促进国内贸易规则与更高水平的国际贸易规则接轨。

第二节　全球主要经济体的制度型开放历程及规律经验总结

尽管"制度型开放"是近年来提出的新概念，但从全球开放实践的历史来看，许多主要经济体的开放制度均可纳入制度型开放的范畴。通过对一些制度型开放起步较早国家的制度和经验进行借鉴，可以更加清晰地认识到中国开放的目标和方向。

一、美国

20 世纪 30 年代初发生的大萧条动摇了美国"贸易保护能够促进美国发展"

的思想观念，并且在体会到了以邻为壑、最终两败俱伤的贸易战将美国进一步推向萧条之后，美国将开放性贸易作为经济和安全的核心，积极地进行对外贸易，并在与多国签订了贸易协定后开始尝试建立进一步推动贸易发展的制度型规则体系。

美国在"二战"后建立起来的国际贸易投资规则始终以国内利益为基础。在原本就具备的先进科技和市场规模优势的基础上，要形成合理的制度型规则体系，才能够为形成稳定的要素流动、国际贸易投资提供适宜的规则环境。为此，美国逐渐建立起以国内规则为蓝本的国际贸易投资规则。比较关键的影响因素是"二战"之后大量涌入美国的来自亚洲和拉丁美洲的移民，原本认为会遵循"熔炉"理论，与多人种的美国人重新融合形成新的美国文化，但事实是较大的文化差异使得现实更趋近于"沙拉碗"理论。在此情境下，群体之间的论证中会更多地出现"我们"和"他们"之间的对立，如果自由贸易政策在国内的利益分配是不平均的，那么尽管贸易对于国家整体是有利的，在经济中受损的人也不会支持这项政策。在这种环境的影响下，人们更加注重的并非国际贸易能否带来更多的绝对利益，而是哪个组织或者国家能够从贸易中获益更多，因此"二战"后的一段时期内美国虽然支持以开放贸易推动发展，但是贸易投资的"边境内"规则充满了保护主义的色彩。

不同于出生在战前时期的人生活在物资匮乏的环境中，出生于战后的人更加注重自我价值的实现而非仅关注福利问题，因此在这段时期中后物质主义价值观逐渐兴起。在这种价值观的影响下，关于贸易规则的讨论逐渐开始关注环境、人权等问题，不同于先前的单纯追逐经济利益，而是将经济以外的更广范围的制度问题考虑在内。

早在 2004 年，保罗·萨缪尔森就曾经发文表示自由贸易可能会对美国产生不利影响。在 2008 年国际金融危机发生后，美国自由主义经济理念开始动摇，人们认为正是由于进行自由贸易，全球范围内的经济冲击才会波及美国内部，于是美国主流经济思想开始回归到最初的"贸易保护主义"，贸易投资规则制度方面的发展也因此放缓甚至停滞。

近年来，一方面，美国处于优势地位的多边经贸规则体系在一些知识产权等日益重要的方面并不完善；另一方面，美国还面临着新兴经济体国际话语权和影响力逐渐强大的竞争挑战，因此美国开始进行制度型开放的路径调整，主要着眼于多边和区域规则，在规则构建中始终坚持"美国优先"原则，退出不利于美国利益的规则框架并推行单边主义规则，建立以美国为核心的规则体系，并且通过在区域协定中对知识产权、环境与劳工保护等规则新领域进行严格界定来保证自身的绝对优势地位，同时也提高了发展中国家参与的门槛。

总体来说，美国的制度型开放更多地依赖于自身原本具有的强大的综合国力和国际影响力，以自身的国内规则为基础，逐渐影响现有规则的发展或向外扩张，具有一定的代表性和主导性，逐渐形成具有美国特征的多双边规则或以美国为核心的区域规则。同时该过程也受到了美国复杂国情的影响，多种文化相互杂糅形成了难以接受其他群体、国家意识薄弱的观念，这使美国在建立与其他国家之间的贸易规则时会更多考虑从自己的利益出发，并且有些制度改革方案也会因国内不同利益集团的冲突而难以实施。而其发展路径则是根据不同历史时期的政治、经济、地位等因素的变化进行选择。

二、日本

"二战"后为了解决封闭式对外经济的问题以及顺应世界各国对外贸易的趋势，日本相继加入了各种国际经济组织并开始实施贸易和资本自由化政策。但国内对于贸易自由化产生了一系列担忧，为了规避相关的风险，政府考虑了自由化对策并以保护国内产业为主进行了积极的防备工作，也就是说，这个阶段贸易开放并没有涉及制度方面。而在资本自由化方面，日本为此进行了各种法律方面的改革，主要是取消外汇方面的限制，不过这方面的制度开放主要是来自国际压力，西方经济竞争向纵深发展，开始关注投资场所资源，正在快速发展的日本正是资本投资的最佳选择，而且不断从欧美国家获得好处的日本也难以拒绝这个要求。于是日本选择了部分部门分阶段开放，为了尽可能地减少摩擦、寻求妥善的自由化进行了广泛调查，并进行了相应的制度调整。

但随着日本经济实力的增强和贸易出口规模的扩大，日本与美国之间的贸易摩擦不断升级，因此，为了解决作为摩擦关键原因的制度性因素，日本开始进行了"规制"改革，其目的从"只是为了减轻国民负担、适应国际化"逐渐转变为"建立开放的实行市场经济原则的自由公正的经济社会"，并且推动改革向纵深发展。但这一时期的改革仅是数量多，在质量方面存在着措施不深入、缓慢等问题。

安倍内阁时期，根据"安倍经济学"进行了一系列改革，这是对经过泡沫经济后长期萧条的主动反应，不同于之前改革的被动性。同时这次改革也涉及了先前改革的"禁区"——农产品，在农产品对外开放方面，通过建立特区、放宽规制的方式鼓励投资创业，还允许在一定条件下吸收外国人才。

可以看出，日本的开放历程有很大程度的被动性。早期日本实行军国主义，不断进行对外扩张，并最终将战争扩大至直接与英、美等国家对立，在战败之后日本经济陷入颓势并且不断衰退，在接受了欧美国家的帮助后才逐渐恢复，这使得日本在与欧美国家的谈判中处于劣势，只能被动地实行一些开放性政策。日本的开放也具有一定的"单向性"，在20世纪后期的日本正在经历快速发展并逐渐赶超欧美国家，但日本并没有及时调整追赶时期实行的政府干预明显的市场经济，因此在对外贸易中产生并积累了大量矛盾，导致经济增长乏力。这个时期日本的对外开放就具有明显的单向性特征，外来商品在日本内的竞争总存在着一些看不见的制度性壁垒。另外，在日本经济追赶期结束后，仍然缺少适合新经济发展要求的制度环境，虽然政府也在根据社会状况采取了一些措施，但整体的制度改革缺乏灵活性和适应性，政府的选择也在规则改制和刺激经济之间徘徊不定，逐渐演变为了低效率的模式并陷入低迷。

三、欧盟

虽然成立时间较其他国家与组织较短，但作为一个主张多边主义的多国共同体，欧盟十分注重贸易自由化。欧盟的政治制度独特，具有超国家和跨国特征。主要机构包括欧洲议会、欧洲理事会、欧盟理事会、欧盟委员会、欧洲法院和欧洲中央银行。这些机构共同运作，确保欧盟的决策过程既反映成员国的意愿，又具有独立性和高效性。

欧盟十分注重对内开放和对外开放的平行发展。在对内开放方面，为了规范各成员国参差不齐的海关管理，欧盟出台了一系列海关制度，使各成员国在文件格式、管理、流动等方面得到统一化和标准化。1986年，欧共体签署了《单一欧洲法》，旨在强化共同体机构的权利，促进商品、资本、人员、服务自由流动，建立内部统一大市场，并实施经济货币联盟计划。此外，欧盟也加强了外交政策方面的合作，采取有效措施促进这一合作，以促进欧盟内部贸易的便利。欧盟实施共通农业政策（CAP）和区域发展政策，旨在支持农业生产和促进区域平衡发展。CAP通过补贴和市场干预稳定农产品价格，保护农民利益。区域发展政策通过结构基金和投资基金，支持落后地区的发展，缩小区域间的差距。在对外开放方面，影响最重大的当数2008年通过的《现代海关法典》。该法典将贸易相关的程序大幅简化，建立了通关一体化等配套措施，进行了与之相关的系统构建与法律法规的改革，有力推动了欧盟对外贸易便利化。2015 年，为了应对经济全球化新形势，欧盟发布"新贸易政策"，强调贸易与投资自由开放并重，主张新自由主义。

近年来，欧盟也在吸引外资方面做出了新的制度探索，一方面放宽对外资的投资保护政策，强调平等准入和公平竞争；另一方面欧盟提出要构建国际投资仲裁法庭，以实现更高透明度和更严格的行为准则，且建立外资审查机制，以应对外资并购欧洲企业中导致的利益流失问题。这体现了欧盟在进一步开放中越加注重风险防范。

与发展中经济体和发达经济体达成贸易协定一直是欧盟的目标之一，其中与发达国家的贸易谈判的重点在于贸易中关于监管、规范和"境内"等问题。但欧盟对以中国为代表的发展中国家的态度不明确，同时在一些领域对外资设置了过度的规则，使发展中经济体对欧盟的投资具有较大的风险。总的来说，欧盟在制度型开放方面走在了前列，通过政策协调与统一、经济一体化与开放市场、社会包容与区域均衡发展可以有效提升区域内部的整体治理水平和国际竞争力。其经验对于推动全球化发展、促进国际贸易投资自由化具有重要借鉴意义，但是欧盟开放程度在不同领域也存在差异，制度创新仍需与时俱进。

四、韩国

同样是在"二战"后，韩国尝试进行制度开放。作为新兴工业化国家，韩国彼时正处于赶超发展阶段的关键阶段，采取了出口导向型经济战略，根据本国比较优势积极参与国际分工。该战略高度依赖外部市场环境，需要积极融入多边贸易体制。1962 年，韩国实施第一个经济五年计划，该计划强调实行出口振兴战略，指出韩国国内市场狭小，出口导向型产业政策是适合韩国国情的正确选择。此后，韩国选择了"WTO 一边倒"的立场，积极推动在制度层面融入以WTO 为代表的多边体系，并在汇率、金融、税收等方面给予本国出口导向型产业各种优惠扶植政策。自 20 世纪 80 年代后，韩国产业政策由出口导向逐渐转为开放与自由化并重，旨在加强市场的功能。1986 年出现巨额国际贸易顺差后，韩国开始加快开放和自由化进程，开放国内市场，1988 年实行外汇交易自由化，1990 年推进进口自由化，1992 年推进资本市场自由化，实现了政策与制度的转型。

在经济腾飞的进程中，韩国不仅努力适应现有的多边贸易规则，而且也尝试左右规则的制定，以求在特定领域影响规则走向。以该国竞争优势相对较弱的农产品贸易领域为例，韩国凭借一些灰色地带操作，如以所谓"合规性"理由设置贸易壁垒、提高关税水平等做法，在一定程度上扭曲了全球农产品贸易规则发展，并使其逐渐成为当前全球农产品贸易中问题最多的部门之一。反映韩国在融入多边规则的同时也在努力维护自身利益。实际上，韩国早期对外国直接投资一直采取消极态度，主要目的是发展民族工业，且防止外国资本控制本国经济命脉。但在 1997 年亚洲金融危机后，韩国逐渐意识到外国直接投资的重要性，进行了贸易制度的转向。

除了多边贸易，韩国也高度重视区域经济合作。随着世界格局多极化，以及中国逐步替代美国成为东亚主要国家的最大贸易投资地，东亚地区的区域贸易发展迅速。韩国将区域制度协调作为目标，适时加入区域合作进程，以适应自身经济发展转型的需要。1996 年，韩国加入了有"富国俱乐部"之称的经济合作与发展组织（OECD）。进入 21 世纪后，伴随着全球贸易自由化的浪潮，韩国与多个国家签订了自由贸易协定（FTA），包括 1999 年与智利、2003 年与美国、2006 年与新加坡、2009 年与东盟、2010 年与印度等。2021 年，韩国加入了 RCEP。

总的来说，韩国的制度型开放之路是渐进的、务实的。它立足国情，既遵从大方向规则，又注重维护本国利益；既主动融入多边体制，又参与区域合作机制。通过这种"接受现实、争取利益、完善规则"的方式，韩国较为成功地实现了制度型开放，为其经济腾飞奠定了基础。作为实力相对较弱的新兴经济体，韩国的制度型开放更加倾向于主动适应现存国际规则并积极与其接轨，通过利用而非强行影响的方式引导国际规则的发展方向，同时在此过程中倒逼国内的经济体系体制进行改革。这既体现了对主动融入现有规则的必需，也侧面反映了新兴国家在融入全球化进程中的无奈和权衡。

五、新加坡

尽管国土面积狭小，但得益于高度发达的市场经济体系、毗邻马六甲海峡的优越的地理位置、先进的基础设施、高素质的就业人口、较低的税率、完善健全的制度以及廉洁高效的政府，新加坡已成为世界上最具竞争力的经济体之一。1965 年，新加坡脱离马来西亚独立建国，与印度尼西亚的贸易活动停止，马来西亚也不再通过新加坡的港口进行对外贸易，新加坡的经济支柱转口贸易受到重创，经济陷入困境。在李光耀带领下，新加坡进行经济改革，开展以工业化为中心的经济发展战略，带动了经济多元化。在外向型经济导向下，新加坡开始发展以传统手工业为主的劳动密集型工业，大规模填海造地，实行进口替代政策，对以出口为主的工业进行税收优惠。1968 年 10 月，新加坡始设"亚洲货币单位"，经营以美元为主的国际离岸金融业务；1978 年，新加坡进一步全面放开外汇管制，实现国际资本自由流动，从而迅速成为东南亚重要的金融中心。1979 年7 月，新加坡提出了"第二次工业革命"的经济重组战略，从劳动密集型工业进入高科技工业，即实行机械化、自动化、电脑化，向高度精密工业迈进。20 世纪 80 年代末，电子产业已成为新加坡最大的工业门类。当前，新加坡期望发展成为一个先进的、具有全球竞争力的知识经济体。

新加坡前总理李光耀曾言，作为一个没有天然资源的国家，新加坡取得成功的关键在于手握资金的人或机构对本国的信心，这份信心建立在稳固机制、健全政策和开放贸易的基础上。新加坡的制度与政策在全球都具有相当的竞争力，其在发展过程中形成了一套高效且富有弹性的制度，包括经济制度、司法制度、海关管理制度、社会保障制度等。新加坡采取了高度开放的经济政策，通过自由贸易和吸引外资推动经济发展。其建立了自由港政策，取消进出口关税，简化贸易程序，吸引全球企业在新加坡设立区域总部和运营基地。其强大而稳定的司法制度为许多跨国公司与国际组织的入驻创造了良好环境与保障。同时，新加坡在产业发展的选择上具有针对性与战略性，而非完全由市场决定。在产业发展策略上，新加坡通过税收优惠、政府补贴、发展基金等一系列政策，吸引符合其区域发展战略需要的企业进驻，并且高度重视教育，实行双语政策，推动素质教育和职业教育的融合。通过建立世界一流的大学和职业培训机构，培养高素质的人才，为国家的长期发展提供了强大的支持。

新加坡的经验表明，稳定和高效的政治环境是推动经济开放和发展的基础。政策的连续性和稳定性能够增强企业与投资者的信心，吸引长期投资。在开放过程中不仅通过吸引外资和跨国公司推动经济国际化，还通过培养本地人才和企业，增强本地经济的竞争力和韧性。其成功在很大程度上依赖于其创新驱动的发展模式。通过大力支持科技创新和产业升级，推动经济向高附加值和高技术方向转型，增强了经济的持续发展能力。

六、规律与经验

通过回顾上述国家的制度型开放历程，总结各国制度型开放的历史经验，可以看出制度型开放有其一般规律。一国制度型开放的广度与深度取决于其参加国际分工的程度以及在国际分工中的地位。拥有科技和产业优势的国家在国际分工中处于生产中心的地位，与大量的要素和商品流动相关联，从而这类国家拥有足够的动力和影响力去积极构建有利于自己的国际规则，来降低交易和争端成本。那些市场准入门槛低、规模大的国家由于能够为别国的出口提供市场，从而在贸易谈判中拥有更多的话语权，也能够利用在贸易中的优势使国内规则逐渐成为国际规则。

与此同时，制度型开放在范围上的扩张路径一般遵循着由国内到周边，再到多双边乃至全球的规律，这是各国经济开放、国家之间相互影响渗透的过程中产生的对制度协调的需要。各个国家内部要形成与开放经济相匹配的上层建筑，这是成功通过国际贸易优化资源配置并实现发展的必要条件，在此基础上才能由内而外地实现贸易规则制度的协调。并且对于发展中国家来说，通过合理公平的制度体系能够克服贸易中的隐形障碍从而能够充分发挥开放带来的好处。但目前由于各国在体质规则改革中的主张各不相同甚至有所冲突，世界多边规则的发展趋于停滞，尤其是针对 WTO 规则的争论，欧盟强调坚持公平原则，要追求全球经济的共同发展；中国明确表示支持 WTO 改革，同时主张维护多边贸易体制并保障发展中成员的利益；美国提出了"推倒重来"的颠覆性方案，不承认非歧视原则、差异性与包容性以及争端解决的权威性等，甚至试图利用 WTO 针对中国；其他成员国也提出了具有鲜明自身立场的方案。这些理念上的差异使多边体系的谈判进程存在着不确定性。从而使近年来多数国家都将制度型开放的重点转移到了与联系较为紧密的伙伴国建立起区域规则体系，如 CPTPP、RCEP、USMCA、CAF-TA 等。

中国是一个多民族国家，这一点与美国在某种程度上相似。早期美国建立制度型开放相关规则体系的过程在某种程度上受到了多民族文化的不利影响，这是由美国无法处理较大文化差异带来的文化协调的困难造成的。对于中国来说，坚持"求同存异"的理念使国内 56 个民族之间几乎不存在原则性冲突，使中国能够建立更加具有包容性的制度规则。

对一个国家来说，虽然主动进行制度开放更有利于在贸易中获得主动权和话语权，但被动性地开始进行开放或制度改革并不是一件坏事，以某些外部事件的影响为契机也是逐渐参与全球经济治理、学习国际通行规则及其制定的一种途径。但在制度型开放的过程中要尤其注意制度体制改革的灵活性，应对新冲击新变革要能够及时做出相应的反应，在不同发展阶段采取相应的措施，同时建立起准确高效的执行体系，让政策、改革落到实处，这个过程也需要政府干预的作用。政府干预与自由市场并不完全冲突，二者之间可以相互利用，把握好"看得见的手"和"看不见的手"之间的量和边界的关系，需要政府来防范一些自由市场难以解决或控制的问题，如垄断，也需要政府力量来保证政策的实施。

制度型开放要服务于构建更加全面的开放型经济体制的目标。随着世界范围内开放型经济的不断发展，要素商品的流动逐渐频繁与新贸易模式的出现使国际贸易逐渐触及各国边境内的规则。为了实现更高效率更高水平的国际贸易，不同国家就必须形成制度上的协调，促进国内规则与国际通行规则接轨。

第五章

稳步扩大制度型开放的
现实需要与困境挑战

进入新时代，稳步扩大制度型开放对推动我国经济发展、促进社会进步、深化对外开放战略实施以及落实国内国际双循环战略具有关键性作用。这一开放进程既受到世界经济政治格局演变等外部因素的驱动，也源于我国经济发展转型升级的内在需求，是实现经济社会高质量发展、深度融入全球经济体系并与各国实现合作共赢的重要路径。本章主要从世界经济形势挑战、国际分工治理体系等外部因素以及弥补制度差距、构建新发展格局、推进中国式现代化等内部因素，分析新时期稳步扩大制度型开放的现实需要。同时从制度短板、体制机制、制度竞争三个维度剖析我国稳步扩大制度型开放面临的困境和挑战。

第一节　稳步扩大制度型开放的现实需要：外部因素

一、当今世界经济形势

新时期，世界经济形势复杂多变，挑战与机遇并存，既存在有利于复苏与增长的积极因素，也存在逆全球化、地缘政治紧张、通货膨胀等阻碍经济发展的消极因素。在上述背景下，面对世界百年未有之大变局，扩大制度型开放，各国基于共同利益扩大制度型开放，深化交流合作，已成为推动国内经济稳健发展和世界经济可持续增长的关键路径。

（一）全球经济格局不断向多极化演进，同时也存在着逆全球化因素

随着世界经济发展进入新时期，尤其是 20 世纪 80 年代以来，发展中国家的经济发展速度不断提升，国内生产总值不断上涨，对外贸易进出口数量和金额持续增加。新兴市场国家不断崛起，发达国家的经济增速逐渐放缓，新兴市场国家尤其是金砖国家 GDP 占全球 GDP 份额不断提升，在世界贸易和经济中彰显越来越重要的作用和地位，逐渐成为推动全球经济增长的主要动力，世界经济实力的比较也朝着有利于发展中国家的方向转变。但不可忽略的是，也存在着很多阻碍全球化和多极化趋势发展的逆全球化因素。例如，退出全球多边治理体系（如英国脱欧）、放弃国际合作条约（如美国退出气候巴黎协议）、颁布和实施一些不合理的政策限制移民流入等。再如，以美国为首的一些发达国家，为了促进本国企业发展和改善就业，通过一系列税收优惠政策吸引制造业回流。这些政策和因素正阻碍着全球化的发展和多极化格局的形成，不利于世界经济的健康发展。

（二）地缘政治紧张，抑制国际贸易的发展

近年来，全球地缘政治紧张局势持续加剧。俄乌冲突的爆发和持续，使欧洲成为世界动荡的焦点，发达国家纷纷颁布措施和政策，对俄罗斯加以制裁和限制自由贸易，使东西方之间的冲突愈演愈烈。巴以冲突不断加剧，中东地区之间的矛盾对全球地缘政治的稳定构成威胁。美国试图在亚太地区建设排他性阵营等系列事件相继发生。伴随发展中国家的崛起，全球格局逐渐形成"东升西降"的态势，美国等西方国家为维持其霸权地位、维护其霸权利益和在世界上的影响力，间接加剧了地缘政治紧张的局势。这些地缘政治风险对国际贸易的发展产生了深刻的影响，给对外合作与交流带来了更多的不确定性和风险。例如，地缘政治紧张的局面直接限制了某些地区的国际投资和外资企业的发展，由于政治的不稳定性使得投资风险加剧，减弱了这些地区的外资吸引力。冲突和矛盾的加剧，使运输成本和保险费用有所提高，粮食和原油价格上升，增加了国际贸易成本。此外，地缘政治紧张使一些国家开始推行贸易保护措施，对相关国家实行制裁和增加贸易壁垒，抑制了自由贸易的发展，为了降低地缘政治的风险，企业开始开辟多元化市场，调整全球供应链布局，重新构建贸易伙伴关系，甚至形成经济军事联盟。

（三）国际贸易竞争加剧

虽然全球经济逐渐开始复苏，但供应链的中断以及原材料成本和能源价格的上升等导致许多国家遭遇了通货膨胀，各国为了控制通货膨胀纷纷采取了加息等紧缩性货币政策。在加息政策的影响下通货膨胀得到一定控制，但由于主要经济体服务业发展过于繁荣，服务类价格持续呈现上升态势，叠加劳动力供给，核心通货膨胀仍然偏高。受全球经济不确定性、贸易保护主义、经济制裁、利率上升和地缘政治紧张的影响，全球各国有效需求减少，市场出现供大于求的局面，严重拖累了国际贸易的增长。

（四）世界经济增长不平衡

伴随着金融危机和地缘政治紧张局面等突发"黑天鹅"事件的爆发，世界各经济体为应对经济危机，改善营商环境，推动经济社会复苏和健康发展，分别基于本国和本地区基本经济制度与具体国情采取了差异化的政策和措施，导致各国在走出危机的过程中出现了经济增长速度分化的情况，而这种分化又反过来促成了政策的进一步差异化，最终导致全球经济的增长出现了明显的不平衡趋势。除了各经济体之间的发展不平衡，由于受到发展历史、自然资源禀赋、劳动力供给等因素的影响，各经济体内部也存在着发展失衡的问题，一些国家和地区经济增长速度较快，而一些国家和地区的增长速度开始放缓甚至出现经济衰退的趋势。

（五）许多国家面临债务与财政压力，对经济社会的稳定发展带来不利影响

全球经济不振导致投资和需求不足，税收减少，多国采取扩张性政策刺激经济发展，许多国家发放国债造成财政赤字。俄乌冲突和其他地缘政治问题造成粮食危机和能源紧张，推高了全球范围内的通货膨胀水平，迫使各国采取提高利率等手段抑制通货膨胀，而全球利率的普遍上升不可避免地导致了债务融资成本的上升，进一步加剧了债务负担。此外，国际贸易需求不足、全球经济增长放缓在抑制各国贸易收入增加的同时也阻碍了财政收入的增长，加剧了财政赤字的风险。在前所未有的全球经济和社会发展背景下，各国在降低通货膨胀水平、促进就业和经济增长以及稳定社会发展的平衡之间面临着艰难的政策权衡。

（六）经济发展方向面临绿色和数字化转型

受经济发展模式、地缘政治冲突等因素的影响，新时期以来，世界面临着严峻的气候变化挑战，如全球变暖导致海平面上升，热浪、暴雨、干旱等极端天气频繁爆发。这些气候变化给经济社会发展带来了一系列的威胁，破坏农作物生长环境，减少粮食产量，破坏基础设施，降低了劳动生产率，同时也可能改变原有

的国际贸易模式和全球供应链。为了应对气候变化带来的不利影响，许多国家的经济发展正在向绿色模式和低碳化转型，在各种政策和措施的推动下，各国投资者也更加关注环境、社会和治理因素（ESG因素），这可能会带来新的经济增长点和增加更多的就业机会。此外，随着世界经济的进步和发展，信息数字技术逐渐成为推动经济社会发展的关键驱动力，图5-1和图5-2展示了全球物联网设备数量和主要经济体电商销售额。从图中可以看出，数字经济表现出强劲的生命力，线上教学、跨境电商等开始蓬勃发展，数字经济将渗透到经济和社会生活的方方面面，各国都纷纷采取政策促进数字经济和人工智能技术的进步，互联网、云计算、大数据、区块链等加速创新，并融入到日常的经济与社会生活中。其中，欧盟以数字治理规则的探索和数字单一市场建设为双轮驱动，打造强大统一的数字经济生态。英国不断完善数字经济整体布局，以数字政府引领数字化转型。美国更是联合两洋盟友在数字基础设施、新能源等领域与中国抗衡，通过主导标准制定占据未来数字竞争的制高点。数字经济在国际贸易中发挥着越来越重要的作用，绿色和数字化转型，成为了新时期经济和对外贸易发展的新动力，同时也带来了新的机遇和挑战。

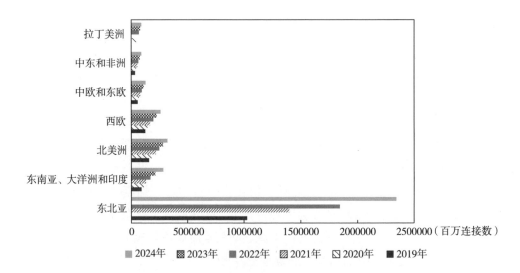

图5-1　2019~2024年世界具有蜂窝连接的物联网设备数量

资料来源：联合国贸易与发展会议（UNCTAD）。

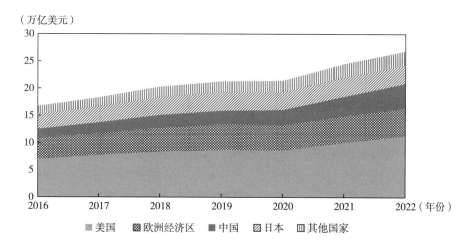

图 5-2　2016~2022 年全球主要经济体电商销售额

资料来源：联合国贸易与发展会议（UNCTAD）。

（七）多边合作对于促进经济发展日趋重要

在当今时代背景下，为共同应对气候变化、经济和社会发展所面临的挑战，加强多边合作对于促进经济全球化、减少贸易壁垒促进自由贸易、维护国际和平与安全、促进文化交流与理解、寻求世界各国的共同发展具有重要意义。各国应该保持开放的态度，积极参与多边合作，共同构建一个公平公正、合理有序的国际发展格局，推动世界经济复苏和健康可持续发展。

二、国际分工治理体系

进入新时期，国际分工治理体系正在发生深刻的变革，逐渐形成了新型国际分工格局（见图 5-3），全球价值链得到深化与调整，跨国公司在国际贸易中的地位越来越重要，发展中国家的地位不断提升，贸易摩擦、技术进步等因素推动着国际分工朝更加细化和深化的方向发展。在新型国际分工模式的背景下，国家间的相互依存度不断提高，扩大制度型开放对于促进我国经济进步和对外开放战略落实具有相当重要的意义。

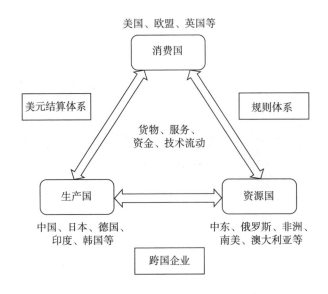

图 5-3　全球化分工体系

（一）国际分工治理体系的特点

1. 全球价值链得到重塑和调整，新型国际分工治理体系形成

随着各国技术的进步和经济全球化的发展与深化，国际分工体系中的全球价值链变得更加的精细化和专业化，各个行业的生产过程不断细分，价值链得到延长和分解，不同环节在不同的国家和地区内实现梯度转移，在不同国家和地区进行不同工序的生产，从产业间分工向产业内分工和产品内分工不断演进。同时，数字经济、云计算、人工智能、新能源等新兴产业成为参与国际分工的新焦点。以自然资源禀赋为基础的传统国际分工体系逐渐过时，形成当今时代以新技术、新工艺流程为基础的新型国际分工格局。垂直型分工在国际分工体系中的地位不断下降，而水平型国际分工和水平—垂直混合型国际分工的地位不断提高。

2. 跨国公司在国际分工体系中的中心主导作用不断增强

在新型国际分工治理体系中，跨国公司继续占据重要地位，发挥核心作用。通过跨境投资、全球采购等在世界范围内促进资源的有效配置，进行合理的研发和生产布局，尤其是通过将资源集约型和生产技术要求较低的生产过程转移到欠发达地区来提高生产效率和降低生产成本。跨国公司生产网络或过程的每一部分都由分工链构成，将全球各地的个人、企业、资源等整合到国际分工体系中，组织和协调全球价值链的运作。同时，跨国公司的出现使国际分工由市场价格引导向跨国公司引导转变，而跨国公司作为国际投资的主体将极大地促进国际投资活动和国际分工治理体系的发展。

3. 发展中国家在国际分工体系中的地位日趋重要

随着世界经济的发展和国际分工治理体系的变革，发展中国家在新型国际分工格局中扮演着越来越重要的角色，尤其是近年来，亚洲新兴市场国家的崛起和金砖国家的发展，发展中国家主要参与零配件加工、组装等生产环节，同时也开始吸引外资、学习先进技术和管理经验，致力于技术创新，在某些新兴领域展现出研发创新和规模经济的趋势。中国作为最大的发展中国家，在航天科技、数字经济、轨道交通等众多领域，不断展现自己的优势地位和发展潜力，向全球价值链中高端环节不断攀升，国际竞争能力不断增强，成为全球生产和贸易的主要参与者。但发达国家和发展中国家在国际分工中的地位仍存在较大差异和不平等，发达国家位于全球价值链的上游，其参与国际分工的主要是高端制造业、研发设计、品牌管理等技术密集型产业，发展中国家位于价值链的中下游，其参与国际分工的主要是零配件加工制造等低端的劳动密集型产业，这造成了国际分工体系的不平等，及发达国家和发展中国家之间的收入差距和福利差距。

4. 区域一体化和经济全球化不断深化

随着生产过程和生产环节的精细化与专业化划分和国际分工的深化，全球价值链在全世界范围内扩展，跨国公司在全球范围内布局生产网络，推动生产要素和资本的跨境流动。此外，除传统的生产要素外，技术和知识等也开始跨区域流动，在国际贸易中起到越来越重要的作用，并且推动了区域一体化和经济全球化进程。各国通过构建互联互通的交通运输网络、推进统一大市场建设、降低贸易成本、营造良好的营商环境、促进区域间的经济友好往来和合作等措施，逐步形成了区域间的经济运行新机制，推动了金融、投资、服务等领域的进一步合作。同时，通过构建 RCEP 等区域经济合作组织、加强落实"一带一路"建设，推动了经济全球化朝着更加开放、包容、普惠、平衡、共赢的方向发展。

5. 贸易摩擦和引资竞争不断加剧

随着经济全球化的不断深化，越来越多的发展中国家参与到全球价值链和国际分工体系之中，这些国家多数都负责价值链中低端环节的生产，国际贸易竞争变得日趋激烈。为了获得更多的贸易利益和争夺市场份额，不可避免地加剧了贸易摩擦和争端。同时，改革开放战略实施以来，我国积极参与国际分工，向价值链中高端环节不断攀升，经济的发展和技术水平不断提高，以美国为首的发达国家开始对我国实行贸易制裁，限制技术密集型产品的自由贸易，加征关税和实施贸易保护措施。因此，为了减少贸易摩擦和不良竞争，适应新的全球经济现实和平衡各经济体的发展利益，推动全球经济治理结构和国际规则朝着更加公平的水平调整具有重要的意义。

（二）国际分工治理体系下稳步扩大制度型开放的重要意义

1. 有助于提升我国企业的国际竞争力，加强国际交流与合作

制度型开放意味着一个国家在制度、政策、规则、管理等方面的开放，可以促进我国对外贸易有关政策和规则更高水平地与国际标准对接，进而实现制度创新，适应当今世界经贸规则竞争激烈的现状，提高我国企业在国际分工中的地位和全球竞争力，促进与不同国家和地区之间的经济交流与合作，吸引更多的外资，促进技术、文化和知识的传播，在全球市场中获得更多的份额。同时，通过参与国际组织和多边机制，有助于推动更加开放、公正和包容的国际合作新环境的形成，有助于我国更好地融入全球价值链，提升在全球分工治理体系中的地位，尤其是在高附加值生产环节。

2. 有助于深化全球治理参与度，提高我国的国际影响力，构建新型国际关系

扩大制度型开放可以使我国更加深入地参与到国际分工治理体系中来，在国际事务中发挥更加积极和重要的作用，对国际规则和制度的制定、调整和修改有更大的影响力。为国际治理贡献力量，有助于构建基于相互尊重、公平正义、合作共赢的新型国际关系，提升我国的国际影响力，推动共建"一带一路"和人类命运共同体。在百年未有之大变局中，为实现世界各国和地区的共同发展与进步、促进世界经济可持续发展、实现经济发展和环境保护的平衡贡献力量。

3. 有助于增强政策透明度，促进自由贸易和投资的发展

制度型开放要求国内对外贸易政策具有高度的透明性和可预测性，这有助于改善我国的贸易和投资环境，降低贸易壁垒，防止不合理的贸易保护措施，减少外国投资者来华投资的风险，增强对我国市场的信心，从而基于我国的市场条件做出更加明智的投资决策。制度型开放使我国的国内制度与规则和国际制度与规则实现一致性，国内制度国际化、国际制度国内化，从而大大降低了对外贸易中的摩擦，减少不必要的贸易成本，促进贸易和投资自由化发展。

4. 有助于更好地应对全球性挑战

扩大制度型开放促使我国的国内政策和国际标准对接，通过加强国际交流与

合作，寻求共同利益，促进合作共赢。当面对当今世界突出的气候变化、碳排放、地缘政治紧张、网络安全等全球性挑战时，制度型开放促进了全球各经济体之间的技术知识共享与合作，通过多个方面协商和协调，开展联合行动，共同解决国际性挑战，推动整个世界朝更好的方向发展。

三、驱动要素变化与国际分工转变

随着贸易与投资自由化的不断深化，经济全球化的驱动机制正经历着显著变革。产业驱动力正逐步从传统的"要素驱动"模式转向更为核心的"创新驱动"。传统的经济发展依赖于土地、劳动力、资本等要素的投入，往往能在经济发展的初期阶段发挥重要作用。然而，随着科技的不断进步与全球化的深入发展，创新驱动正成为推动经济发展的核心动力。创新驱动模式强调知识、技术、信息等创新要素的投入和整合。这些要素具有高度的流动性和增值性，能够迅速转化为现实生产力，推动产业结构的优化升级和经济的持续增长。在创新驱动模式下，企业的核心竞争力不再仅仅依赖资源的占有，而是更多地依赖创新能力和市场适应能力。

在全球产业转移的浪潮中，一般性生产要素的自由流动主要依赖传统产业的国际梯度转移，这一过程中伴随着成熟技术的国际扩张。然而，创新生产要素作为产业发展与国家硬实力积累的基石，其跨境流动对国际经贸环境的要求更加严格。在商品与要素流动型开放日益完善的背景下，关税与非关税壁垒的降低以及投资自由化的提升，为一般性生产要素的跨境流动提供了便利。然而，要实现创新生产要素的高效流动，则需要建立更高标准、更深层次、更全面的国际国内制度协调机制，以确保制度环境的统一性和协调性。

面对新一轮技术革命的挑战，世界各国均意识到创新要素在产业发展中的关键作用。美国、日本、德国和英国等国家纷纷出台了科技和创新战略，如《2021美国创新与竞争法案》《第5期科学技术基本计划》《研究与创新为人民——高技术战略2025》《工业2050战略》等，旨在从战略层面把握新兴技术带来的机遇，强化创新要素的制度环境，进而提升创新要素的集聚与吸引力。

从国际分工的视角观察，我们正经历着从"禀赋优势—产品分工"向"全球价值链协作"的深刻转变。在过去，我国的国际分工主要基于产品的生产环节进行，即"产品分工"模式。在这种模式下，我国多根据自身的资源禀赋和比较优势，参与产品的不同生产环节。随着信息与交通技术的进步和贸易自由化的推进，国际分工正在逐步向全球价值链协作转变。全球价值链协作强调各国在全球价值链中的相互依存和协作，通过优化资源配置、提高生产效率、加强技术创新等措施，共同推动全球价值链的升级和发展。这一转变是科技创新引领社会生产力提升、全球价值链重塑以及国际分工体系向纵深发展的必然结果。在经济全球化的第三阶段，国际分工以最终产品为主导，表现为生产要素通过对外直接投资等方式实现跨境流动。然而，随着贸易与投资自由化的推进和跨国企业的蓬勃发展，国际分工正逐渐聚焦于产品生产的不同环节和阶段，即全球价值链协作。这种新型国际分工要求各国在要素投入和生产环节上实现无缝衔接，特别是在规则、规制、管理、标准等制度层面达到高度相容，以推动全球生产的高效协作与顺畅进行。全球价值链协作也为各国提供了新的发展机遇，通过加强技术创新和产业升级，推动国家在全球价值链中走向更加有利的位置，并促进经济的可持续发展。

第二节　稳步扩大制度型开放的现实需要：内部因素

一、构建新发展格局

新发展格局是我国基于当今时代背景下，在深刻理解和认识国内外经济发展环境的变化，以及我国现实国情和自身比较优势变化的基础上审时度势，制定的在当前和未来一个时期内的重大战略决策。它以国内大循环为主体，国内国际双循环相互促进，强调扩大内需，激发我国国内市场活力，同时坚持和国际市场的联通，形成更加开放的经济格局。新发展格局是全局性的系统性变革，旨在构建一个更加开放、协调、可持续的经济发展模式，深入贯彻新发展理念，有助于科学合理地应对复杂多变的国际环境，推动中国经济高质量发展，也是实现中华民族伟大复兴的重要途径。

在新时期，稳步扩大制度型开放对于构建新发展格局具有重要意义：

稳步扩大制度型开放既是新发展格局下社会主义市场经济体制的鲜明特点，也是推动高水平对外开放的必由之路。通过制度的对外开放、对内开放和自我构建，建立国内高标准规则制度，制度型开放战略措施的实施有利于充分发挥其纽带作用，进而消除阻碍双循环新发展格局顺畅运行的制度障碍。

稳步扩大制度型开放是新时期深化变革、提升国内大循环的内在动力和稳定性的关键支撑。通过与国际高标准规章制度的接轨，相应地优化我国国内有关法律法规、执行条例和配套性政策，全面推动各个领域的深入改革，发展和完善社会主义现代经济体系，贯彻落实新发展格局的构建。这对于我国经济社会的可持续发展来说既是长期任务，也是推动近期发展的关键力量。

稳步扩大制度型开放是改进和优化国内国际营商环境的关键保障。营商环境的市场化、法治化和国际化是相互促进、相辅相成的，需要国内外的协调合作和共同推进。通过扩大制度型开放，可以利用营商环境的国际化来推动国内营商环境的市场化和法治化。这将成为促进我国经济高质量发展的新动力、对外开放的新标识、培养我国企业竞争的新优势。

稳步扩大制度型开放是新时期加强我国与世界各国友好合作的必经之路。随着全球经济贸易规则竞争的不断加剧，制度创新正逐步成为当今时代背景下的新竞争优势。中国需要通过扩大制度型开放，积极主动参与全球治理，不断深入贯彻对外开放战略，推动全面开放，构建以国内大循环为主导、国内国际双循环相互促进的新发展格局。

二、中国式现代化

中国式现代化是立足中国国情、历史文化和社会主义制度，以人民为中心，追求经济、政治、文化、社会和生态文明全面发展的现代化道路。它强调独立自主、自力更生，注重可持续发展和社会和谐，旨在实现中华民族伟大复兴。

中国式现代化具有独特鲜明的中国特色，而通过制度型开放融入全球经济，是推进中国式现代化建设的必由之路。通过扩大制度型开放，中国可以更好地融入世界，与全球各经济体实现友好合作和互利共赢，共同推进人类文明进步和发展。

扩大制度型开放有利于充分发挥以开放促改革的作用。通过稳步扩大规则、规制、标准等制度型开放，可以积极主动对接国际高标准经贸规则，为加快打造对外开放新高地、推动经济高质量发展提供制度保障。同时，扩大制度型开放也是深化改革开放战略的重要措施，有助于进一步推动国内改革，促进社会主义市场经济体制更完善，加快国家治理体系和治理能力现代化发展。

扩大制度型开放有助于建设更高水平的开放型经济新体制。制度型开放有助于形成更加开放、公平公正、透明的市场环境，激发企业的创新活力，提高我国企业在国际市场上的竞争力，为社会主义现代化建设提供强大动力。高水平制度型开放的不断深入推进使中国具有基于中国式现代化构筑经济实力的自信、以社会制度优势凝聚坚强政治意愿的自信以及践行多边主义并推进新型全球化的自信。

扩大制度型开放有助于推动产业结构优化升级，促进中国经济高质量发展。在稳步扩大制度型开放的过程中，中国企业可以吸引更多的对外投资，同时学习其他国家和地区先进的技术和管理经验，延长产业链，促进产业结构的优化升级。另外，还可以促进区域间的经济合作，缩小地区发展差距，推动区域协调发展。

扩大制度型开放可以推动绿色可持续发展。通过学习世界其他国家先进的环保理念和环境治理措施，引进新技术可以推动环保工作的开展，实现绿色可持续发展，推进生态文明建设，协调和平衡经济利益与环境保护之间的关系，为中国式现代化建设提供良好的生态环境支撑。

在中国式现代化的视角下，推动制度型开放，要深入研究和分析我国的国情，基于现代化发展需要，致力于推动重点领域的制度创新和机制创新。积极推动与世界主要经济体规则和制度的协调与对接，加强与国际社会的合作和交流，主动参与和引领国际经贸规则的制定与调整。

第六章

稳步扩大制度型开放的理念与目标定位

本章首先阐明新时期稳步扩大制度型开放是党中央统筹中华民族伟大复兴战略全局和世界百年变局作出的重要举措，不仅能为中国的高水平对外开放创造良好的制度环境，更有利于推动构建人类命运共同体，开拓合作共赢新局面。进而从学习借鉴与引领构建、对外开放与深化改革、系统设计与重点实施、底线思维与安全保障等方面阐明制度型开放的原则。最后提出构建"与国际通行规则相衔接的高标准市场制度体系与监管模式"的总体目标和阶段性目标。做好稳步扩大制度型开放的"进出"工作，注重制度的对接、引领与拓展，从而实现制度协调融合的创新。

第一节　新时期稳步扩大制度型开放的核心理念

一、制度型开放是构建人类命运共同体的需要

制度型开放是在全球化的背景之下，一国的规则、规制、管理、标准等主动对标国际高标准规则，构建与之相衔接的国内规则和监管体系，积极向世界各国提供创新且有效的制度供给，深度参与协调融合，从而实现更加包容、普惠、公平的全球治理体系。中国目前正处于由商品和要素流动型开放向制度型开放转变的关键时期，党的二十大报告强调"推进高水平对外开放，稳步扩大规则、规制、管理、标准等制度型开放"，这是制度型开放首次被写入中国共产党全国代

表大会报告。而人类命运共同体是站在全球视野、立足于世界人民幸福、化解时代困境、追求世界和平发展所提出的全球治理中国方案，有其自身的生成逻辑，蕴含着现实性和可操作性，得到世界上众多国家的积极响应。党的二十大报告指出，构建人类命运共同体是世界各国人民前途所在。开放带来进步，封闭必然落后。在构建人类命运共同体的过程中，推进制度型开放至关重要。制度型开放为构建人类命运共同体创造了必要条件。在推进制度型开放的同时，贯彻人类命运共同体理念势在必行。因此，制度型开放在中国经济发展与国际地位提升中发挥着重要作用。在这个关键时刻，中国需要持续推进制度型开放，为构建人类命运共同体贡献更大力量，实现共同发展与繁荣的愿景。随着全球化的不断深入和发展，构建人类命运共同体成为国际社会的共同目标。在利益共同体、规范共同体和命运共同体三个构建人类命运共同体的阶段中，制度型开放都扮演着关键的角色，为构建人类命运共同体提供了重要支撑。

（一）利益共同体阶段

1. 建立开放的贸易和投资政策

在新时代新征程中，中国应以加快和完善自由贸易区建设为宗旨，打造吸引外资新格局，降低贸易壁垒，鼓励外商投资，拓宽市场准入，继续完善外资准入负面清单制度，创造更有利于经济合作和发展的条件，以开放促发展。

2. 完善投资环境

中国需努力确保法律和制度的透明度和稳定性，保护知识产权，加强监管和法治环境，为外国投资者提供公平竞争的机会，增加投资吸引力。政府应扮演好服务者的角色，简化行政手续，为开放进程清除不必要的障碍，优化投资环境进而吸引更多优质的外商投资，推进产业结构升级，加快比较优势转换，营造互利共赢的投资环境。

3. 推动区域经济一体化

中国需不断加强区域间的经济合作，通过减少贸易壁垒、推动产业链的深度融合和优化资源配置，签署更多的双边和多边自由贸易协定，为区域经济一体化注入更多动力，实现共同利益最大化。为推动区域经济一体化，中国还需要建设并维护 G20、APEC 等国际交流平台。通过这些平台，各国可以充分沟通、协商共同关心的问题，共同制定解决方案，推动全球经济治理朝着更加民主、包容和有效的方向发展。

（二）规范共同体阶段

1. 参与制定和遵守国际规则

在基于共享规范的共同体中，中国应积极参与国际法律体系的建设，推动国际规则和标准的制定与执行，坚持公平竞争与开放市场的原则。根据一系列国际高标准协定，在符合中国基本国情的基础上，中国需有计划、有层次地在自由贸易试验区开展先行先试，逐步缩小与国际高水平标准的差距，主动融入全球化进程，在"负面清单"以及外商投资等方面增加制度包容性与开放性，发挥重要引领作用。

2. 推动全球治理改革

借助现有的经济制度、法律制度和市场制度，参考自由贸易试验区的成功经验，因时制宜，因地制宜，积极推动全球治理的创新和改革以适应新的全球挑战和需求，增加制度的灵活性和适应性。参与国际组织和多边机制的改革，为发展中国家和新兴经济体争取更大的代表权和发言权。同时，中国要深入推进产业链合作，尤其在制造业升级、科技创新等领域强化协同发展，提高各成员在全球价值链中的地位，形成合作共赢的局面。

（三）命运共同体阶段

1. 强化国际合作与对话

在全球化的背景下，各国的相互联系和依存日益加深，在构建人类命运共同体的进程中，合作与对话至关重要。中国作为世界上最大的发展中国家，应当积极加强与其他国家之间的理解和合作，通过高层对话、对外交流和合作项目，就重大国际问题展开交流和磋商，减少分歧和误判，增进各国之间的合作意愿，促进共同利益的实现。只有通过合作与对话，各国才能共同应对全球性问题，共建人类命运共同体，实现和平、繁荣与可持续发展的共同愿景。

2. 加强可持续发展合作

CPTPP 和 DEPA 是中国借鉴学习高水平经贸自由机制和实践成果、推进制度型开放的重要平台，也是中国与世界各国降低贸易壁垒，参与全球治理的重要途径。中国应主动提升开放水平，积极主动对接 CPTPP 和 DEPA 等高标准国际规则。党的二十大报告指出，要深入分析国际国内大形势，科学把握中国面临的机遇和挑战。为实现可持续发展，中国应积极在政治、安全、文明、发展以及生态领域向全球治理新规则拓展，致力于共同应对气候变化、资源短缺和环境污染等环境保护和可持续发展方面的全球性问题，推动经济、社会和环境的协调发展。

中国还应当在国际舞台上推动可持续发展理念的传播和推广。通过开展国际交流与合作，向其他国家传递中国在可持续发展方面取得的经验和成就，形成全球范围内的合作共识，推动全球可持续发展事业向更高水平发展。

二、制度型开放是政府治理变革的重要目标

制度型开放是我国进一步推动全方位对外开放的重大战略部署。改革开放特别是加入 WTO 以来，我国积极主动学习、熟悉、对接、运用国际贸易规则，以开放促改革，深度参与全球产业链价值链分工。新时代，我国积极探索全面实现与国际经济贸易制度规则和管理标准的对接相融，通过自由贸易试验区制度创新引领构建开放型经济新体制，构建面向全球的高标准自由贸易区网络，实行"准入前国民待遇+负面清单"管理制度，提升开放型经济水平。同时，积极推进共建"一带一路"国际合作，构建全方位、多层次、复合型的互联互通网络，打造国际公共产品和国际合作平台。此外，我国还积极推动区域经济合作，正式签署 RCEP，正式提出申请加入 CPTPP 和 DEPA 等，图 6-1 展示了 RCEP 成员国。这一系列举措，充分体现了我国进一步扩大开放、建设高水平开放型经济新体制的意志和决心。目前，我国面临国际贸易保护主义与"逆全球化"问题，国际贸易中心、国际分工体系以及国际贸易体制与规则也呈现新特点和新趋势，国际经贸规则谈判的一些前沿领域正由"边境内措施"转向"边境后措施"。在这样的背景下，我国提出制度型开放，是为了适应经济全球化的新趋势和新要求，通过对标最新的国际规则，营造更加具有国际竞争力的制度环境，尤其是营商环境。推进制度型开放，首当其冲就是对政府治理提出许多新挑战和新要求，需要同步推进政府治理变革，提升政府治理效能，以推动有效市场和有为政府更好结合。制度型开放对政府治理变革提出了许多新要求，必须紧紧抓住政府治理变革这只"牛鼻子"，在界定政府与市场关系的前提下对政府职能再定位，升华政府治理理念，完善政府治理模式，提高政府治理效能，逐步实现从行政管理向公共治理方向演进。

（一）正确处理好政府与市场的关系

如何进一步简政放权，让市场发挥资源配置的决定性作用，同时发挥"有为政府"的作用，这是改革的"深水区"。要紧紧围绕政府与市场的有机统一，把建设高标准市场经济作为重要目标，以政府治理变革推进高标准市场体系建设。高标准市场经济的重要标志就是正确处理政府干预与市场自治的边界，其核心是

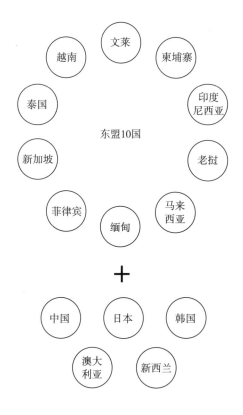

图 6-1 RCEP 签署国

竞争中性，这是发达市场经济国家经济治理的主要导向，也是 CPTPP 等高水平经贸协定的基本精神，要把强化竞争政策作为政府治理变革的重要导向，保障各类不同市场主体在要素获取、准入许可、经营运行、政府采购、招投标等方面的平等待遇。市场经济是竞争经济，要加快土地、金融、科技等关键性、基础性领域的市场化改革，打破要素流动的体制性障碍，进一步释放创新要素活力，让企业有更多活力和空间去发展经济、创造财富，真正发挥市场对资源配置的决定性作用。要创新和完善宏观调控，更好发挥政府作用，建设对保障社会公平正义具有重大作用的制度，保证市场主体有更多获得感。

（二）尽快完善"准入前国民待遇+负面清单"管理制度

制度型开放作为开放升级的"新版本"，其重要的政策安排以"外资准入前国民待遇"和"负面清单管理"为重要特征。党的十八大以来，我国着力建设更高水平开放型的经济新体制，以高水平开放促进高质量发展，连续多次修订

《外商投资产业指导目录》，并发布施行《外商投资法》《外商投资准入特别管理措施（负面清单）》等，进一步压缩准入限制，推动投资、贸易、金融等对外交流合作重点领域体制机制进一步深化改革，有力提升了政策的透明度与执行的一致性，营造了内外资企业一视同仁、公平竞争的市场环境。但当前我国仍面临着市场准入负面清单、外商投资准入负面清单、鼓励类产业目录等"多单共存"的局面，市场准入负面清单仍有进一步压缩的空间，外商投资"负面清单"的可操作性和透明度仍有待提高。"负面清单"不只是一张一成不变的清单，而是一个制度体系，应加快建立市场准入负面清单动态调整机制和第三方评估机制，以服务业为重点试点，进一步缩减限制准入的领域，取消外资准入"负面清单"之外的限制，并加快建立市场准入评估制度，定期评估、排查、清理各类显性和隐性壁垒，推动"非禁即入"普遍落实。同时，进一步细化部分相关规定，真正落实准入后的国民待遇，促进内外资企业公平竞争。

（三）尽快推动由"边境内措施"转向"边境后措施"的对外开放延伸拓展

当前国际经贸规则正从强调"边境内措施"向强调"边境后措施"延伸扩展，如知识产权、环境、劳工等标准一致化，竞争政策、投资、国有企业、政府采购等竞争一致化，法治、监管一致化等。适应这一变化趋势，要以参与更高层次国际合作和竞争为导向，加快在相关领域形成一系列制度性、结构性安排。要对标国际先进规则，通过规则变革和制度优化，在市场规则、政府规制、监管体制和产业标准等方面向发达经济体看齐，打造更加自由化、国际化与法治化的营商环境。比如，统筹加强知识产权协同保护，建立与国际接轨的知识产权保护体系和平等保护知识产权的长效纠错机制；尽快加入WTO《政府采购协定》，改革和完善政府采购制度，提高政府采购全过程的透明度；加快探索"零关税、零补贴、零壁垒"等国际贸易经济新规则以及电子商务等新兴领域的治理模式和规则。要加快推动RCEP实施，深度对接CPTPP、DEPA等高标准国际经贸规则，通过规则变革和制度优化，尽快推动由边境内措施转向边境后措施转变，逐步形成与当前更高标准国际经贸规则相衔接的基本制度体系。

（四）推动监管转型，加快构建安全、高效、透明的监管体系

制度型开放的重要条件是监管转型。制度型开放既涉及监管范围的调整，也涉及监管理念的变革，更涉及监管权力结构的调整。推动监管转型，既是政府治理变革的重大任务，也是推进制度型开放的迫切需求。从我国实际情况来看，我国政府"监管盲区"、监管缺位及某些监管过度等问题仍然存在，监管标准、监

管重点、监管规制等与服务业市场开放、新经济发展还不适应。这需要以政府治理变革推动监管转型，以构建安全、高效、透明的监管体系。适应转向服务贸易为重点的开放趋势，在监管对象上，要推动市场监管主要对象由商品为主向服务为主转变，以标准对接提升服务监管的国际化水平，重点加强服务新业态新行业在统计数据分类归属、网上消费者保护、知识产权保护、跨境数字产品税收征收等方面的规则探索。在监管方式上，要逐步由事前审批为主向事中事后监管为主转变，不断推动信用平台、监管平台、机构整合和流程优化等领域的改革创新，进一步完善动态监管政策体系，加快健全外商投资国家安全审查、反垄断审查等制度。在监管模式上，要率先探索建立与更高水平开放型经济相适应的监管模式，对标境外高水平"境内关外"的监管模式，加快推进标准和认证国际互认，提升国际标准制定能力。在监管效能上，要处理好高度开放与高效监管的关系，着力提升国内监管能力和监管水平，重视运用国际通行规则维护国家安全，提升重点领域、重点地区安全审查水平。

（五）努力打造市场化、法治化、国际化营商环境

以往的世界竞争主要是硬件竞争，当前的世界竞争主要是营商环境等软环境的竞争。制度开放的实质是建立与高标准国际经贸规则相衔接的国内规则和制度体系，这是创造良好政策环境、稳定外商投资预期、增强外商投资信心的核心逻辑。适应转向规则等制度型开放的要求，政府治理变革的重要导向是努力打造市场化、法治化、国际化的营商环境。良好的国际营商环境建设是我国进一步推进高水平对外开放的基本前提，目前我国营商环境仍有部分指标与国际先进水平存在较大差距。适应规则、标准等制度型开放要求，国际营商环境建设要对标全球营商环境评价标准，积极探索和补充更多符合国际通行规则的制度标准。从政府层面看，需要持续深入推进行政审批改革，进而推动一系列相关制度的改革，补齐短板，通过制度创新构建更高标准的市场体系、更加公平的竞争制度等来激发经营主体的活力和社会创造力。也就是说，要借鉴国际先进经验，加快清理现行与准入前国民待遇不相符的法律法规，相应调整大量涉及外商投资的行政法规、地方性法规和部门规章，尽快制定更加细化、可操作性强的配套法规规章，保障外商投资法政策落地。同时，加快建立对各类市场主体公平、公正、公开、透明的市场规制环境，营造更加开放、便利的贸易投资环境和更加有效、协调的产业发展环境。

（六）积极供给国际公共产品，推动完善规则导向的全球治理体系

制度型开放不仅需要政府瞄准高质量发展"引进来"，也需要积极推动高水平"走出去"。面对国际局势动荡不安、供应链短缺、全球通货膨胀等严峻形势，尤其是我国在多领域面临美国等西方国家的"筑墙设垒"，更需要寻求政府治理变革进一步促进构建"双循环"新发展格局。要积极主动供给国际公共产品，争取成为全球规则、规制和标准的"并跑者"甚至"领跑者"，推动全球治理体系朝着更加公正合理的方向发展，在参与全球经济治理的过程中发挥更加积极的作用。第一，积极促进共建"一带一路"国际制度合作共建。作为对现有国际经贸规则的补充与创新，规则治理是共建"一带一路"的制度基础，应在基础设施、产能合作、贸易、投资等领域加强协商与兼容、对接与协调，以共建共商共享为原则深化制度协同，推进相关经贸规则创新，推进建立合作共赢的制度规则体系，着力将"一带一路"建设成一个更具包容性的国际合作平台。第二，积极推动WTO改革，倡导并尽快促成对WTO规则修改完善的谈判，维护多边贸易投资体制，进一步完善全球治理体系，为推进WTO等国际多边机构改革贡献中国方案、中国智慧。第三，积极参与RCEP区域价值链治理，并促进区域贸易规制优化，提高我国在RCEP区域价值链治理中的话语权。第四，深度对接CPTPP、DEPA等高标准国际经贸规则，在跨境电商、国有企业、知识产权保护、数据隐私等重点领域探索改革方案，引致国内制度型开放。第五，积极参与数字技术等新兴领域规制治理，完善跨境数据产权保护、安全防护和流通管理规则等。

三、制度型开放可以畅通双循环新发展格局

改革开放以来，我国经济关系经历了从国内国际双循环平行运行到交叉运行、国际循环主导、双循环新发展格局开启的几个阶段，对外开放的主动性日益增强。对外开放推动了我国经济社会多领域的快速发展，但也由此暴露了长期实施出口导向型发展战略的内在缺陷，再加上当前国内外发展环境正发生深刻复杂变化，构建双循环新发展格局已是历史必然。制度型开放突破了过去开放理念的设限，是我国将超大规模经济体转化为超大规模市场优势、促进国内和国际经济循环之间形成正向反馈机制的关键纽带，但当前我国仍面临大多数规则的制定权和控制权被欧美等发达国家掌控、企业"走出去"过程中存在制度对接不畅和冲突、制度的对外开放力度不够大以及国内部分行业和区域市场壁垒仍然比较明

显等诸多问题。由此，畅通"双循环"的首要问题就是要加快制度型开放的步伐，通过制度的纽带效应实施对外开放、对内开放和自我构建，打破构建双循环新发展格局的制度壁垒。制度型开放包括对外开放和对内开放两个基本维度，结合我国是世界第二大经济体的实际，还应加上"以我为主"开放这个关键性维度，这三者共同构成了我国制度型开放的根本所在。具体来看，通过对外开放发挥制度纽带的"蝴蝶效应"，放大开放价值；通过对内开放发挥制度纽带的"乘数效应"，推动国内经济高质量发展；通过自我构建发挥制度纽带的"虹吸效应"，加强与全球更多国家和地区的合作。

（一）通过制度的对外开放有效联动国际循环

当前，一些发达国家利用 TPP、TTIP 等构建新的区域一体化规则体系。美欧日之间已经就"三零"贸易开展谈判并达成初步共识，其在构建和引领新一轮全球经贸规则的同时却将包括中国在内的一些发展中国家排除在外，且 USMCA 和欧盟的区域主义是全球化的"绊脚石"，更多发挥的是替代作用且具有防御性。应该说，在规则体系方面与美欧的冲突和不协调是导致我国国内大循环无法深入有效联动国际循环的重要原因。因此，如何与美欧等西方国家在"斗争"与磨合中最大限度地发挥制度纽带的"蝴蝶效应"，是"双循环"能否有效联动、顺利推进的关键。基于此判断，在具有最大公约数和强烈正外溢效应的相关领域进行开放是我国当前制度型开放的关键，这恰恰也是目前我国对外开放的重点。具体来看，一是在贸易和投资领域以及生产中的管理和标准等方面进行衔接与协调，最大限度地与世界经济有序融合。以自由贸易试验区为例，"境内关外"的定位使自由贸易试验区制度具有国内公共物品和国际公共物品的双重属性，其本质上是国际规则中国化的"试验场"。事中事后监管模式、外资准入和负面清单管理制度、贸易监管举措、数据流通和产权保护制度以及扩大服务业开放等一系列制度创新使各类企业不但不会造成"拥挤成本"，反而可以形成规模效应和外溢效应，进而强化国内市场参与者对制度创新的路径依赖。二是加入 RCEP 能够助推包括我国在内的成员国借助贸易投资自由化、便利化以及区域累积的原产地规则，加速区域一体化进程，促进亚太地区经贸规则和制度衔接，加快区域内供应链、产业链和创新链融合，同时也有助于推动成员国国内规则与 RCEP 协定间的相互渗透与协同，塑造有利于各方利益的区域经济合作新秩序、新规则和新环境。当前我国正申请加入的 CPTPP 和 DEPA 正是上述开放模式的延伸，将在更宽领域、更深层次增强内外双循环的联动效应。

（二）通过制度的对内开放畅通国内大循环

在双循环新发展格局中，国内大循环是根基和主体，是拓展内部发展空间和解决我国经济发展主要矛盾的重要方面。从我国外循环与内循环比值的变动趋势来看，国内大循环的重要性日益凸显。从需求侧来看，60%～80%的重要创新是受需求拉动而产生与扩张，强大的国内市场是推动技术创新的重点所在；从供给侧来看，就是要通过质量变革、效率变革和动力变革，推动供给侧结构性改革，强化创新驱动能力建设。通过供需两侧协同发力，打通从生产到消费的各个环节，最终形成需求牵引供给、供给创造需求的动态平衡形态，畅通国内大循环。不过需要注意的是，不仅地方政府和具有市场优势的企业能够产生市场分割行为，来自中央部门主导的纵向产业政策和竞争政策也同样会形成分割效应，这使我国无法将超大规模经济体优势转化为超大规模市场优势，而解决这一问题的关键在于运用制度纽带的乘数效应，形成整个市场体系长期的、巨大的连锁反应。《中共中央 国务院关于加快建设全国统一大市场的意见》强调市场基础制度规则的统一，并从产权保护、市场准入、公平竞争、社会信用四个方面明确了制度保障措施，其理应成为畅通国内大循环的重要抓手。具体来看，一是对物权、债权、股权、知识产权及其他各种无形财产权等进行平等、全面、依法保护，有利于稳定社会预期，激发各类经济主体在市场经济中的积极性和创造性，打开民众财富上升的通道，推动"大众创业、万众创新"和创新型国家建设。二是严格落实市场准入制度的"全国一张清单"管理模式，这有利于打破地区封锁和行业行政性垄断，扩大市场参与度，增大市场主体容量，通过充分的市场竞争优胜劣汰，培育出更多具有市场活力的行为主体，不断激发创新潜能。三是对各类市场主体一律平等对待的竞争中性原则，能够使各类市场主体享受"国民待遇"，不仅有利于市场主体在市场活动中进行更为激烈的公平竞争，而且反向倒逼国有企业加快混合所有制改革进程，发挥产业链中"链主"的引领作用，提高产业国际竞争力。四是信用是市场经济高效发展的通行证，全国统一的社会信用制度有助于打通国内生产、分配、流通、消费各个环节，解决核心企业信用传导问题以及区域间生产、消费和创新协同问题，畅通国内大循环。

（三）通过制度的自我构建主导国际循环

学术界将"金德尔伯格陷阱"界定为在全球权力转移过程中国际公共产品的供给缺失问题，这也是20世纪30年代世界经济大萧条的根本原因。近年来，个别大国推行的单边主义和保护主义政策严重冲击全球治理体系的多边制度基础。例如，美国主导下的全球经济治理体系已经出现国际公共产品"治理赤字"问题，一方面表现为"301调查"和"长臂管辖"等对WTO规则的违背和践踏；另一方面表现为以政治"小圈子"代替WTO，用原产地规则限制公平和自由贸易把经济贸易纠纷政治化，不断冲击以WTO规则为基础的国际贸易秩序。当前，我国已经成为世界第二大经济体，凭借日益上升的国际影响力，进一步提高国内治理体系的先进性，并形成有效的制度向外供给渠道，完全有能力也有可能在某些领域逐渐引领未来全球经济治理体系改革，塑造辐射和造福全球更多国家和地区的经济治理新体系，弥补国际公共产品"治理赤字"带来的问题。这就需要我国充分发挥制度纽带的"虹吸效应"，加强与全球更多国家和地区的合作。一方面，我国加快了"以我为主"的规则体系"走出去"的步伐，提出共建"一带一路"倡议。该倡议中的双边和多边合作机制能够有效提升国际机制的灵活性和包容性，有助于完善全球治理结构，提供区域乃至跨区域公共产品，形成一套相对稳定的制度和行为规范，同时有助于我国以更高水平参与国际大循环建设。另一方面，为了避免与欧美等发达国家发生直接的正面冲突，在一些全球经济治理体系仍没有覆盖，但我国具有明显优势的新兴领域，加快提升规则制定权。例如，我国利用庞大的内需市场、政策支持和研发快速迭代能力，在多个领域建立了与新能源汽车相关的100余项标准体系，与美国、日本和欧盟共同牵头制定的电动汽车安全全球技术法规（EVS-GTR）是我国首次以主要牵头国身份参与全球技术法规研究制定的，从而形成了我国在新能源汽车标准体系方面与发达国家并跑甚至局部领跑的局面。

第二节　新时期稳步扩大制度型开放的原则

一、"主动对接—积极引领—创新共建"原则

就中国在规则、规制、管理、标准等领域的开放而言，1979年以来，中国从接受国际通行经贸规则，到2001年加入WTO后主动对接国际经贸规则，一直到2013年提出共建"一带一路"倡议，开始积极引领国际经贸规则。具体表现为四种形式，并呈现一定的渐进式发展趋势。即从"接受+内化"国际规则（以

中国对"避风港原则"的吸收与借鉴以及与 WTO 要求的规则相衔接为例），到"接受+借鉴"国际规则（以实施"准入前国民待遇+负面清单"的外商投资管理制度为例），再到"参与+接受"国际规则（以中国参与并认同"双支柱税改方案"为例），直至"参与+引领"国际规则（以共建"一带一路"倡议促进区域经济合作为例），中国已经完成了从主动对接国际经贸规则到积极参与国际经贸规则制定的角色转换，并逐渐向"参与+引领"国际规则发展。2023 年 1 月"增强在国际大循环中的话语权"的提出，为新形势下中国的制度型开放提供了根本遵循。按照新发展格局下中国制度型开放的新目标，即以制度型开放积极参与全球经济治理制度创新，新形势下中国的制度型开放将围绕三条主线展开：一是主动对接国际经贸规则；二是积极引领国际经贸规则；三是向共建全球经济治理新规则拓展。这三条主线是同时存在、协同发展的。

（一）主动对接国际经贸规则

2001 年中国加入 WTO 后，就从改革开放之初的接受国际经贸规则转向主动对接国际经贸规则，先后清理了 1 万多项法律法规、部门规章和政策文件。2013 年，中国进一步深化体制机制改革，建立了中国（上海）自由贸易试验区，并出台了《中国（上海）自由贸易试验区外商投资准入特别管理措施（负面清单）（2013 年版）》，该负面清单包括 190 条管理措施。8 年后，全国版和自由贸易试验区外资准入负面清单（2021 年版），分别将负面清单缩减至 31 条和 27 条。自 2020 年 6 月《海南自由贸易港建设总体方案》公布以来，180 多项政策文件落地实施，《海南自由贸易港外商投资准入特别管理措施（负面清单）（2020 年版）》《海南自由贸易港跨境服务贸易特别管理措施（负面清单）（2021 年版）》也先后出台。此外，商务部等 6 部门还于 2022 年 1 月联合印发《关于高质量实施〈区域全面经济伙伴关系协定〉（RCEP）的指导意见》，旨在通过高质量实施 RCEP，以更高水平开放促进更深层次改革。

（二）积极引领国际经贸规则

从 2013 年提出共建"一带一路"倡议，到党的二十大报告提出"推动共建'一带一路'高质量发展"，共建"一带一路"在中国规则、规制、管理、标准等领域的制度型开放方面作出了重要贡献，在一定程度上引领了国际经贸规则的发展。数据统计表明，截至 2022 年 10 月，中国海关已经和 32 个共建"一带一路"国家及地区签署了经认证的经营者（AEO）互认安排。截至 2022 年末，中国和 26 个沿线国家、地区签署了 19 个自由贸易协定，与 20 余个沿线国家签署了双边本币互换协议，与 10 余个沿线国家建立了人民币清算机制；国家市场监督管理总局（国家标准委员会）和 36 个共建"一带一路"国家、地区签署了 44 份合作协议。截至 2023 年 7 月，中国与 14 个国家签署第三方市场合作文件，与 31 个国家共同发起共建"一带一路"绿色发展伙伴关系倡议。截至 2023 年 10 月，中国同 150 多个国家、30 多个国际组织签署共建"一带一路"合作文件，成立了 20 多个专业领域多边合作平台；相关理念不仅与联合国 2030 年可持续发展议程对接，而且获得世界银行等国际组织的高度评价和认可。共建"一带一路"已经成为中国从主动对接国际经贸规则向积极引领国际经贸规则转变的典范。

（三）向共建全球经济治理新规则拓展

党的二十大报告指出"推动绿色发展，促进人与自然和谐共生""积极稳妥推进碳达峰碳中和""积极参与应对气候变化全球治理"，这是"双碳"目标首次被写入党的代表大会报告，充分显示了中国积极参与全球气候治理的立场和决心。同时，形成人与自然和谐发展现代化建设新格局也是中国式现代化的五大特征之一。长期以来，中国不仅积极推动《巴黎协定》《联合国气候变化框架公约》，和 77 国集团共同推动设立损失与损害基金，还多次邀请美国气候问题特使访华，加强与美国等西方发达国家在气候问题上的对话和沟通。因此，在以制度型开放参与全球经济治理制度创新的过程中，以中国与美国为代表的西方发达国家，在全球气候合作等新兴领域中，具有共建全球经济治理新规则的可能。

二、"对外开放—深化改革—双向互促"原则

改革开放是当代中国大踏步赶上时代的重要法宝，是决定中国式现代化成败的关键一招。推进中国式现代化，必须进一步全面深化改革开放，不断解放和发展社会生产力、解放和增强社会活力。我们要顺应时代发展新趋势、实践发展新要求、人民群众新期待，以改革到底的坚强决心，动真格、敢碰硬，精准发力、协同发力、持续发力，坚决破除一切制约中国式现代化顺利推进的体制机制障碍。政府工作报告提出，我们要以更大的决心和力度深化改革开放，促进有效市场和有为政府更好结合，持续激发和增强社会活力，推动高质量发展取得新的更大成效。

（一）改革开放是决定中国式现代化成败的关键一招

实践证明，改革开放是当代中国发展进步的活力之源，是党和人民事业大踏步赶上时代的重要法宝。回顾改革开放以来的历程，每一次重大改革都给国家发展注入新活力、给事业前进增添新动力。党的十八届三中全会提出的改革目标任务总体如期完成，党和人民事业正是在不断深化改革中向前推进。开放带来进步，封闭导致落后。在构建新发展格局中推进高水平对外开放，是顺应经济全球化历史大势的需要，也是提升国内大循环质量和促进国内国际双循环在更高水平上相互促进的客观要求。过去，中国经济发展是在开放条件下取得的，未来高质量发展也必将在更加开放的条件下进行。改革开放既是决定当代中国命运的关键一招，也是决定中国式现代化成败的关键一招。困难挑战越大，越要全面深化改革开放，向改革要动力、向开放要活力。深层次改革和高水平开放相互促进，以深化改革促开放、以扩大开放促改革，两者统筹推进，有利于破解深层次体制机制障碍，更好地把制度优势转化为国家治理效能。

（二）坚定不移深化改革，增强发展内生动力

1. 充分发挥市场在资源配置中的决定性作用

使市场在资源配置中起决定性作用，实质就是让价值规律、竞争和供求规律等市场机制在资源配置中起决定性作用，进一步解除对生产力发展的束缚，让劳动、资本、土地、知识、技术、管理、数据等生产要素的活力竞相迸发，让创造社会财富的源泉充分涌流。市场在资源配置中起决定性作用，而不是起全部作用。市场经济也是信用经济、法治经济。在现代市场经济中，更好地发挥政府作用，不是要弱化或取代市场作用，而是要弥补市场失灵，并为市场有效配置资源和经济有序运行创造良好环境，同时防止收入和财富分配差距过大，促进共同富裕，维护社会稳定和公平正义。充分发挥市场在资源配置中的决定性作用，更好发挥政府作用，有利于进一步在全党全社会树立关于处理政府和市场关系的正确观念，有利于进一步解放和发展生产力，进一步解放和增强社会活力，同时让发展成果更多更公平惠及全体人民。

具体可以从以下几个方面来理解：一是有利于激发各类企业活力。企业是市场经济的细胞，是创新创业的主体，是整个经济充满生机活力和蓬勃发展的基础。平等的市场准入和产权保护、公平的竞争条件以及市场化、法治化、国际化的营商环境，是企业保持生机活力的根本保证。二是有利于构建更加系统完备、更加成熟定型的高水平社会主义市场经济体制，使资源依据市场规则、市场价格、市场竞争进行更为有效的配置，最大限度地激发企业等各类经营主体的创业创新活力。三是有利于加快我国经济转型升级。当前，我国经济运行中的主要矛

盾是结构性的，矛盾的主要方面在供给侧。同时，经济持续回升向好仍面临诸多挑战，主要是有效需求仍然不足。使市场在资源配置中起决定性作用，要求我们坚持社会主义市场经济改革方向，不失时机地加大改革力度，大幅度减少政府对资源的直接配置，把扩大内需战略同深化供给侧结构性改革有机结合起来。这有利于推动我国经济发展增强平衡性、协调性、可持续性，迈上更高质量、更有效率、更加公平、更可持续、更为安全的发展之路。四是有利于建设高效廉洁的服务型政府。使市场在资源配置中起决定性作用，要求凡是市场和企业能做好的都交给市场和企业，凡是社会中介组织能承担的职能都交给社会中介组织。更好地发挥政府作用，要求政府把该做的事做好，把该管的事管好，不要去干预市场和企业能够解决的问题。这不仅有利于政府真正转变职能，把重点转到加强和优化公共服务、保障公平竞争、加强市场监管、维护市场秩序等上来，而且有利于铲除滋生腐败现象的土壤。五是有利于加快形成高水平对外开放新格局。改革和开放相辅相成、相互促进。扩大对外开放不仅使我国能够充分利用国内国际两个市场两种资源来推动发展，而且为国内改革提供了进一步发展社会主义市场经济的经验、规则等，成为推动改革的重要动力源泉。当前，世界经济深度调整，单边主义、保护主义抬头，外部环境复杂性、严峻性、不确定性明显上升。处理好政府和市场关系，充分发挥市场在资源配置中的决定性作用，更好发挥政府作用，有助于更好适应国际竞争新特征新要求，加快形成高水平对外开放新格局。

2. 加强科技创新成果的产业化转化

科技创新能够催生新产业、新模式、新动能，是发展新质生产力的核心要素。必须加强科技创新特别是原创性、颠覆性科技创新，加快实现高水平科技自立自强，打好关键核心技术攻坚战，使原创性、颠覆性科技创新成果持续涌现，培育发展新质生产力的新动能。要牢牢牵住科技成果转化这只"牛鼻子"，着力打通创新成果转化为新质生产力的关键堵点，激发各类主体创新活力和转化动力，优化市场服务，培育良好生态，加强政策激励，切实将创新成果优势转化为创新发展的强大动能，为发展新质生产力赋能助力。强化供需对接，畅通科技创新和产业发展深度融合应用渠道。要贯通科技成果需求侧和供给侧，促进创新链、产业链深度融合，完善承上启下的要素保障与资源配置，形成环环相扣、一体推进的"研发+转化+制造"的供需对接模式，实现科技研发、生产制造、配套服务的全流程全过程打通和整合，促成上游的基础研究、中游的技术创新、下游的技术推广和产业化全链条无缝衔接。要狠抓基础研究源头供给，深化产学研合作，充分发挥高校、科研院所和产业技术研发机构的基础资源、科研优势与产业资源，促进原创性、颠覆性科技创新成果不断涌现。要加强组织模式和管理机制创新，围绕产业链布局创新链，聚焦新兴产业培育和未来产业布局，建立基础科学问题的凝练机制和原创性、颠覆性技术的甄别机制。要加强技术供需平台的渠道建设，积极发挥科技中介机构的桥梁纽带作用，凸显技术经纪人在转化过程中的串联、捏合作用，促成企业家与科学家的深度对接。

具体可以通过以下措施来推动实现：一是创新确权模式，激活科研人员成果转化内生动能。职务科技成果权属是制约科技成果转化的核心问题之一。要依靠改革破除体制机制障碍，赋予科研人员职务科技成果所有权，同步推进落实薪酬制度、考核评价，从顶层设计上引导科技成果转化中核心技术发明人权责匹配，进一步打通转化动力不足带来的"梗阻"，激发科研人员创新创造的内生活力和积极性。二是加大政策力度，护航验证中心中试平台蓬勃发展。科技成果转化平台是促进科技成果转移转化的重要载体，也是"实验室"到"生产线"的重要一环。要积极出台政策，鼓励各级以政府、产业、高校协同合作的模式组建混合所有制中试公司，重点布局、建设一批概念验证中心、中试熟化、小批量试生产等面向社会开放的中试平台，打通科技成果转化的"最初一公里"和"最后一公里"。三是增强服务协同，提升科技成果转化精准效能。完善的创新成果转化服务，是提高科技成果转化率的基本保障，也是实现内涵型增长的"关键一公里"。要加强地方政府部门、产业园区、行业协会和全国知识产权运营服务平台体系等各方协同，匹配政策、服务、资本等优质资源，推动高校院所、孵化平台、科创企业等创新主体的精准对接，促进专利高效转化。四是构建金融体系，抵御科技成果转化投资风险。资金是科技成果转移转化中最重要的一个要素。要建立包括科技成果转化引导基金、风险补偿资金、概念验证基金、种子基金等在内的科技成果转化资金支持体系，完善适应不同类型、不同阶段的专利转化规律的金融支持模式，充分发挥资本在成果转化中的杠杆作用。面向种子期的金融需求，要由财政安排专项资金与高校院所、产业集团、校办企业组建创投类基金，完善基金考核指标体系，打破传统的"唯利润""唯绩效"的评价考核指标，明确"投新、投早、投小、投硬"原则，推动政府引导基金重点投向具有市场前景的实验室成果项目、中试研发项目、颠覆性技术项目。

3. 加快推进全国统一大市场建设

加快全国统一大市场建设是释放内需潜力、巩固经济回升向好基础的重要抓手。破除各种形式的地方保护和市场分割迫在眉睫。2024 年的《政府工作报告》把"加快全国统一大市场建设"作为一项重要工作，提出"深化要素市场化配置综合改革试点"。应以建设全国统一大市场为抓手，促进劳动者、劳动资料和劳动对象在区域间的有序流动，实现在地理空间上的优化组合，从而培育壮大新质生产力，助推高质量发展迈向更高层次。新质生产力作为推进高质量发展的重要动力，"以劳动者、劳动资料、劳动对象及其优化组合的跃升为基本内涵"，如何把具备高素质的劳动者、蕴含新技术的劳动资料、更加广范围的劳动对象在空间上进行有效聚合，是形成新质生产力的肯綮所在。我国拥有十四亿多人口的超大规模市场，已成为世界第二大经济体。根据《中共中央 国务院关于加快建设全国统一大市场的意见》，要做到"五统一""一破除"，加快建设全国统一大市场，畅通经济内循环。

具体可以通过以下措施加快推动：一是破除地方保护主义。中央在地方政府及官员评核的标准中，适度降低对当地国内生产总值的要求，更多侧重于考核当地如何优化公平竞争的营商环境，打破地方保护主义。发挥市场在资源配置中的决定性作用，鼓励地方政府利用某个比例的补助款项，研究或推动与相邻地区之间在产业链协作分工、产业联动发展、生态环境防治等方面的合作，大胆探索跨区域的制度试验和制度创新，并定下绩效指标，建立统一大市场的宏观意识。建设全国统一大市场是一项大工程，在打破各项壁垒之前，可先探索在区域经济板块内试点的联通，再逐步实现全国各大区域板块之间的互联互通。中央可以鼓励地区之间自主探索跨地区合作新模式、建立健全跨地区城际合作平台，在恒常对话交流机制、行业标准接轨等方面率先实现互联互通互认，同时支持东部发达地区的城市主动对接中西部城市，形成国内大市场。粤港澳大湾区是先行示范区域市场一体化的绝佳选择，未来应继续推动粤港澳大湾区全面一体化，在湾区推动更多开放措施，再将成功的经验在国内推广，为形成全国统一大市场作出贡献。二是培育数据要素市场。数字经济作为推动经济的新引擎，已是全球共识和大势所趋。应尽快完善围绕数据所有权、数据使用权、数据流转权等的数据产权法律法规，完善数据要素的价格决定机制、要素流动和配置机制，以提高数据交易的积极性。新质生产力由技术革命性突破、生产要素创新性配置、产业深度转型升级催生，而数字经济在这三个方面都扮演着重要角色。数字经济带来了技术的革命性突破，当前新的科技革命呈现人工智能、量子科技、生命科学等领域的交叉融合、多点突破的态势，为新质生产力的发展注入强大动能。而以人工智能为核心的数字经济，是新一轮科技革命最活跃、最前沿的领域，正在重塑创新生态、催生产业变革、大幅提升生产效率，是新质生产力发展的主要动力。有别于传统生产力，新质生产力的"新"源自科技创新，不仅涉及领域新，而且科技含量高，体现了数字经济时代的新要求。所以只有通过整合科技创新资源，引领发展战略性新兴产业和未来产业，加快形成科技创新起主导作用的新质生产力，才能为中国经济高质量发展构建新竞争力。

4. 增强国内国际两个市场两种资源联动效应

扩大高水平对外开放政府工作报告提出，扩大高水平对外开放，促进互利共赢。主动对接高标准国际经贸规则，稳步扩大制度型开放，增强国内国际两个市场两种资源联动效应，巩固外贸外资基本盘，培育国际经济合作和竞争新优势。揭牌成立4年多来，上海自由贸易试验区临港新片区稳步扩大规则、规制、管理、标准等制度型开放，形成突破性创新案例103个，其中全国首创案例48个。临港新片区将在数据跨境流动、知识产权保护、政府采购、公平竞争等领域率先开展更大程度的压力测试，为推进新一轮高水平对外开放探路破局。近年来，通过各级政府努力，中国外资结构持续优化，高技术产业成为引资重要增长点。中国吸引外资具备超大规模市场、完整产业体系等诸多有利条件，越来越多的外资企业为中国市场投下"信任票"。加大吸引外资力度，以高水平对外开放构建全球创新网络，鼓励外资企业在华开展更多研发活动，增加国内外创新资源交流合作渠道，实现更高质量引资引智。高水平对外开放有助于拓展中国式现代化的发展空间。口岸是国家对外开放的门户，也是打造开放型经济体系的重要支撑。伴随西部陆海新通道加快推进和RCEP协议生效，经广西口岸通关的人员和货物通关量日渐攀升，为包括林产品在内的商品贸易提供新机遇。建议加大支持力度，推动口岸高水平开放，构建边境口岸高水平开放新格局。

（三）推进制度型开放与深层次改革双向互促

当前，世界百年未有之大变局加速演变，我国发展面临的国内国际环境更加复杂多变，对深层次改革和高水平开放提出新要求。稳步扩大制度型开放，加紧实施更具系统性、前瞻性、战略性的制度型开放新举措，释放开放新红利，是未来一段时期我国深层次改革与高水平开放的重点任务。

1. 改革开放以来我国逐步扩大制度型开放

改革开放初期，我国逐步实施以优惠政策为主要特征的对外开放政策，以低成本要素开放积极发展外向型经济，建立了以中外合资经营企业法等为主体的外商投资基本法律框架，并围绕社会主义市场经济体制和开放型经济，不断深化改革，健全完善涉外法律制度，引导国际资本、技术、管理等先进要素流向国内。2001年我国加入WTO，开启了制度型开放探索实践进程，我国对标WTO规则，完善社会主义市场经济体制，深化涉外经济体制改革，提高贸易和投资自由化、便利化程度，迅速融入国际分工体系，经济实现高速增长。党的十八大以来，我国着力扩大制度型开放。提出共建"一带一路"倡议，加快构建开放型经济新体制，推进自由贸易试验区和自由贸易港建设，及时复制推广了349项自由贸易试验区和自由贸易港制度创新成果，推动国内改革与扩大开放有机衔接。出台外商投资法及其实施条例，并全面清理与外商投资法不符的法律法规，实施"准入前国民待遇+负面清单"管理制度，为保护外商投资合法权益提供了制度保障。2021年，我国正式申请加入CPTPP和DEPA，以积极姿态参与全球经贸治理。我国成为140多个国家和地区的主要贸易伙伴，货物贸易总额位居世界第一，吸引外资和对外投资位居世界前列。

2. 新时代对制度型开放提出新要求

制度型开放是应对世界百年未有之大变局的关键抓手，也是以开放促改革、着力推动高质量发展的内在要求。一方面，有效应对世界百年未有之大变局要求稳步扩大制度型开放。当前，新兴市场和发展中国家占全球经济比重上升至40%左右，对全球经济增长贡献率达80%，新兴市场和发展中国家参与全球治理体系建设的话语权不断提高。气候变化、地缘政治冲突导致大型经济体立足自身发展制定经贸规则，全球产业链、供应链、价值链近岸化、友岸化、短链化，经贸合作成本大幅度上升，尤其是美国把我国定位为最重要竞争对手，试图通过"规则锁定"战略推动全球生产要素与中国"脱钩"。跨境电商、数字贸易迅猛发展，5G、人工智能等前沿关键技术多点突破、交叉汇聚，推动以工业互联网装备、人工智能与大数据服务等为代表的新兴产业迅速发展，各国纷纷抢占新规则、新标准制定的战略制高点。国际形势复杂多变，但和平与发展仍是当今时代主题，我国仍是世界上最大的发展中国家，这要求我国稳步扩大制度型开放，在推动联合国框架下，共建以制度为基础的全球经济治理体系，提出更多中国方案；在改革西方主导的不公平、不合理的国际经贸规则中有更多主动作为；在领先优势领域，主导全球规则制定权。另一方面，高质量发展要求以制度型开放促进深层次改革。我国正处在全面建设社会主义现代化国家开局起步的关键期，高质量发展正面临要素流动受限、结构矛盾突出、发展不平衡等发展瓶颈。要借鉴和引入国际高标准规则等制度创新成果,深化"边境后"管理制度改革,充分发挥市场在资源配置中的决定性作用,更好发挥政府作用,建设高标准市场体系,完善产权保护、市场准入、公平竞争、社会信用等市场经济基础制度,打造市场化、法治化、国际化的一流营商环境,激发微观经营主体活力和创造力,降低交易成本,提高全要素生产率,吸引全球先进生产要素集聚,形成具有全球竞争力的创新生态。

三、"系统设计—重点实施—塑造优势"原则

(一)系统设计政策制度体系

从国际经验来看,各个国家的自由贸易园区都是各个国家在各个阶段结合各自发展诉求,量身定制的适合自身特点和开放发展诉求的开放平台,其政策制度体系具有高度自主性、系统性等特点。一是高度自主性。以迪拜为例,很多人在研究国际知名自由贸易园区政策时,往往把所得税水平作为重要指标,但实际深入调研后会发现,尽管迪拜自由贸易园区的所得税为零,但企业经营相关费用水平在10%以上,单纯看税率并没有实质意义。迪拜自由贸易园区最大的特点是其政策和制度设计的高度自主性。例如,废除保人制度。外商在阿联酋当地投资必须找一个当地保人,保人可以一分钱都不出,但具有签字控股权,在这种保人制度下很难吸引外资落户,为解决这个问题,迪拜在自由贸易园区内首先废除了保人制度,外资可以100%控股。二是高度系统性。例如,我国的香港就是典型的"小政府、大市场"模式,这一模式备受推崇,税率也非常低,而且采取"以支定收"的财政制度,每年还有相应的税率下调空间。但之所以能支撑其小政府、大市场和简税制、低税率,是因为其存在大量的法定机构。根据香港民政事务局不完全统计,香港地区共有242个法定机构。香港的"小政府、大市场"与大量法定机构分不开,法定机构承担了大量政府职能,但经费来源多元化、财政资金非常少,工作机制灵活。香港的法定机构、低税率、小政府和大市场等政策和制度是相互支撑的,是系统性的政策制度体系。

因此,在自由贸易试验区政策制度设计和落实过程中,要转变简单对标国际经贸规则的做法,系统设计政策制度体系。一是认清国际先进自由贸易园区政策制度体系的本质特征。它们的本质特征不是范围,不是名称,不是一条条的具体措施,而是作为一个整体的政策和制度设计,主要看这套政策和制度体系是否满足了一国特定阶段的特定发展诉求。因此,不能简单对标一条条的具体政策和制

度，片面追求某项措施或每项措施都达到全球最高水平。例如，当前国内也有很多城市在学习香港经验，设立法定机构，但法定机构的设立要考虑与财政、税收等政策相匹配、与机构改革统筹推进才行，否则，只学表面，盲目成立大量法定机构，不但发挥不了实质性作用，反而会带来机构臃肿等新问题。二是进行系统性政策制度体系设计。虽然自由贸易试验区强调对标国际先进规则、对标高标准国际经贸规则，但要深度剖析国际先进自由贸易园区政策和制度设计的背景和原因，从全局性、整体性上进行把握，要追求政策和制度体系的整体适应性和有效性，系统性设计政策制度体系。

（二）实施产业定制化、国内外联动的高质量发展策略

产业既是政策制度设计的基础，也是政策制度效果的直接体现。随着制度型开放的不断深入，定制化的产业开放策略是各地服务实体经济、促进经济高质量发展的最佳切入点。通过聚焦制约不同产业高质量发展的深层次问题，查找短板，破除各种体制机制障碍，激发各类市场主体活力，集聚高端生产要素，推动经济高质量发展。因此，需要转变传统的开放发展思路，聚焦重点产业，把握不同产业开放特点，实施有针对性的产业开放新策略，推动经济高质量发展。一是精准性施策。根据不同产业的难点堵点，查找问题，弥补短板，精准定位产业发展诉求，真正把解决产业发展诉求放在突出位置。二是差异化施策。适应我国经济由高速增长阶段转向高质量发展阶段的需要，按照新时代推动经济高质量发展的新要求，聚焦人才、数据信息等高端要素，加快构建有助于高端要素、高端产业集聚的产业发展新生态。三是前瞻性施策。随着新产业新业态新模式的不断涌现，产业链、产业生态等都可能发生颠覆性变化，需要实施适应新业态新模式的前瞻性产业开放发展策略。

WTO改革深陷困境触发了全球经济治理体系的转型，面对以"边境后"措施规制融合为特征的高标准国际经贸规则，加上中国高质量发展与全面深化改革的需要，推动以规则、标准为主的制度型开放成为中国推动高水平对外开放的战略抉择。在制度型开放方面，中国任重道远，当前所面临的问题是国内外经贸规则之间的差异，国际通用规则的运用、开放制度"输出能力"和生产要素自由流动机制建设等方面的不足。为了推进制度型开放，中国可以采取以下措施：一是加快完善自由贸易试验区建设，推动国内开放制度创新，通过自由贸易试验区的试点示范作用，积极探索符合国际规则的开放模式和制度安排。二是对标高标准的国际规则，重视规制改革，进一步提高对国际通行规则的理解和运用，确保

国内外规则的一致性和相互融合。三是积极参与贸易协定的构建，与其他国家和地区共同建设高水平制度型开放的安全保障机制，通过多边和区域合作，推动国际高水平制度协商和合作，确保中国在全球经贸规则制定中有更多的发言权和影响力。四是进一步发掘中国其他特殊经济功能区的潜力，使其与国际经贸规则演变进程的充分联动，代表国家参与国际经贸规则建构的话语竞争，为中国在全球经济治理中发挥更大作用提供支持。通过以上措施，中国能够更好地推进制度型开放，克服国内外规则差异，提高开放制度的适应能力，加强与国际经贸规则的互动和融合，以更高水平的对外开放推动中国经济的发展。这将为实现中华民族伟大复兴的重要要求提供更加坚实和强大的物质基础，同时也有助于推动全球经济治理体系的转型和发展。

（三）塑造更高水平开放型经济新优势的战略选择

综观全球，发达国家和新兴经济体都把抢占更大国际市场份额、强化吸引和利用外资、加大引进高端人才作为重大战略，集聚吸引全球高端要素的国际竞争日趋激烈。先进的经贸规则不仅左右着全球高端要素的流动方向，它本身也日益成为更高水平开放型经济的重要标志之一，因此只有主动推进制度型开放，才能增强国内国际两个市场两种资源的联动效应，提升贸易投资合作质量和水平。依托我国超大规模市场优势，通过更深层次改革，增强国内大循环的内生动力和可靠性，形成制度型开放良性循环。我国经济长期向好的基本面没有改变，市场规模超大、供应链配套完备、基础设施完善、人力资源丰富等构成的引资综合优势依然突出，一系列稳经济、促开放、引外资的政策效应正持续显现，而且我国正积极培育和发展新质生产力，这让众多外资企业看到了新的市场需求和投资机遇，越来越多的外资纷至沓来。

面对日益复杂的国际环境，中国坚持以深化改革、扩大开放的战略定力应对外部环境的不确定性，已成功吸引了全球企业的关注和信任。展望未来，中国需要进一步打造市场化、法治化、国际化一流营商环境，增强外资外企信心，提升外商投资"磁吸力"。一是以央地联动为基础加大外资招引力度。未来应建立健全中央与地方之间的联动开放机制，中央加快建立对外开放分类管理制度，出台更精准的改革方案深化相关领域对外开放，同时给予地方更多的政策支持和自主权，发挥地方政府积极性，激发地方创新活力，鼓励地方政府利用地方优势吸引外资。加强不同地区之间的协调合作，推动形成区域开放合作的新机制，通过跨区域合作，共享开放资源、优化开放布局、提升开放水平，共同打造我国开放型经济新优势。以制度衔接为核心建立高水平开放机制。二是以新质生产力为抓手推动外资量稳质升。持续积极引导外资进入先进制造业、高技术服务业以及数字经济等新质生产力关键领域，稳步提升高科技、高附加值的外商投资占比，鼓励跨国公司设立研发中心、采购中心、结算中心等全球性或区域性运营机构，提升其在全球范围内的资源配置效率，以此来扩大外商在华投资的规模，通过结构"质优"，引领外资"量稳"的趋势逐步形成。三是以基金招商为杠杆拓宽外商投资渠道。设立专门吸引外商的地方引导基金，通过基金招商的方式，积极引进海外有影响力的龙头企业。特别针对共建"一带一路"国家、金砖国家及东盟等，可设立外商专项投资基金，精准引导这些国家的优秀企业来我国投资。对于具有战略意义的重大项目，可专门成立外资重大产业基金，吸引世界 500 强企业及行业领军外资企业，推动其重大项目在华落地。四是以营商环境优化为根本增强外商投资信心。进一步加强外商投资保护工作，加强法治建设，强化知识产权保护，保护外资企业合法权益；进一步提高外商投资服务水平，简化行政审批流程，减少外资企业的制度性交易成本，落实数据跨境传输，持续优化出入境政策措施，为外商投资企业的外籍高管、技术人员本人及家属提供出入境、停居留便利；进一步提升投资促进工作水平，完善外商投资信息平台，编制发布外商投资指引，建立在华外国商协会、外资企业常态化交流机制，擦亮"投资中国"品牌。

四、"底线思维—安全保障—平稳有序"原则

（一）改革转型中把握底线思维

国际金融危机爆发至今已经过去 7 年，世界经济还在探寻复苏之路，过程显得漫长且不平衡。中国正处于一个新的阶段，"换挡提质"是这个阶段的表征和要求。中国经济 30 多年的高速增长已成为过去时，正转向中高速增长的轨道，预计在这一时期中国经济增长可能会达到 7% 左右的水平。随着时间的推移，今后还会经历中低速增长阶段，以及增长速度大体和发达国家持平的阶段。从人均收入水平来看，中国将进入高收入国家的行列。这符合经济发展的一般规律，也是一个落后国家在成功实现经济起飞后必经的"追赶进程"的真实场景，呈现倒 U 型曲线（见图 6-2）。中国正处在这个曲线的右侧，一段时期内会稳定在一个相对狭小的区间内波动。表 6-1 展示了中国在 2014~2023 年的经济发展情况，这十年的国内生产总值和人均国内生产总值均呈现出稳步增长的趋势，反映了我国经济实力不断增强。

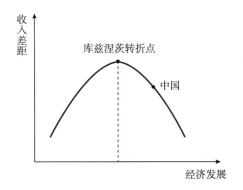

图 6-2　库兹涅茨曲线

表 6-1　中国经济发展情况（2014~2023 年）

年份	国内生产总值（亿元）	人均国内生产总值（元）
2014	643563.1	46912
2015	688858.2	49922
2016	746395.1	53783
2017	832035.9	59592
2018	919281.1	65534
2019	986515.2	70078
2020	1013567	71828
2021	1149237	81370
2022	1204724	85310
2023	1260582.1	89358

资料来源：国家统计局。

　　对未来谨慎乐观的前提是具备"底线思维"。当前中国经济面临着一个挑战，即如果让市场自然发展，而政府不采取行动，那么经济硬着陆将是不可避免的。然而，如果一味采取总量刺激政策，忽视深化改革和结构调整，并不准备为此付出代价，那只是延缓系统性风险爆发的时间，其结果同样是危险的。因此，政府应该基于底线思维，既要采取行动，又不过度干预。经济增速的转变期意味着增速下降，而底线的容忍程度在于确保社会的稳定。首先是稳定就业，要稳定社会可接受的较低失业率；其次是稳定风险，稳定风险意味着在经济增速下降的过程中，允许一些企业破产清算，但不能引发系统性风险。同时，经济结构调整的过渡期意味着需要深化改革。改革必然面临风险暴露和痛苦的过程，改革的速度底线在于"可承受的部分痛苦"，不能因加剧痛苦而引发"生命危险"，也就是不能引发国家范围内的全面系统性风险。例如，资本账户的开放改革，当国内条件不成熟且存在资产泡沫风险时，如果完全开放资本流动，会导致中国经济的混乱，因此该项改革只能渐进推进。此外，前期刺激政策的消化期，消化过剩产能也有底线，全国的资产负债表可以缩减，金融可以去杠杆，企业可以破产，但不能让当前的经济增长剧烈冲击就业，也不能因为部分企业债务问题而引发全国范围内的系统性风险和经济危机。换言之，对于已经存在的风险，只能用时间来换取空间，在相对稳定的环境中逐渐消化，而不能采取危机式、休克式的方式来应对。总而言之，底线思维意味着政府在实施各种调控措施时，必须坚守就业稳定和避免系统性风险爆发的大局。这不仅是出于对经济的考虑，也是为了维护社会和政治大局的稳定。

（二）健全国家安全保障机制体制

开放发展在给我国带来巨大发展机遇的同时，也给国家安全带来一定挑战。当前世界百年未有之大变局正加速演进，国际力量对比深刻调整，全球局部冲突和动荡频发，全球性问题加剧，国家安全是不得不面对的重大现实问题。对此，必须坚持底线思维、极限思维，不断健全国家安全保障体制机制，着力提升开放监管能力和水平，为更高水平开放保驾护航。把握好开放与安全的关系，将扩大对外开放与维护国家安全相结合。坚持底线思维，未雨绸缪，健全风险防范机制，有效识别和应对各类潜在风险；健全外资安全审查、反垄断审查等制度，提高对跨境资本流动的监测和风险防控能力，提升开放监管能力和水平；健全反制裁、反干涉、反"长臂管辖"机制，加强对外部重大突发事件的研判和应对能力；健全海外利益保护机制，加强对境外投资的服务和保障，一方面促进企业在"走出去"时遵守当地法规，另一方面坚决维护我国海外公民和法人的合法权益。

自 2013 年启动自由贸易试验区建设以来，我国自由贸易试验区改革开放的首创性和引领性不断凸显。加快实施自由贸易试验区提升战略，关键是在"提升"上展现新作为、实现新突破。为此，建议加快自由贸易试验区制度创新，推动构建全方位、多层次、宽领域的制度型开放新格局，引领高水平对外开放。不仅要加强系统性制度创新，筑牢高水平对外开放基础，加大重点领域创新力度，深入推进高水平制度型开放，坚持问题导向优化营商环境，激发高水平对外开放活力，更要统筹发展和安全，构筑与高水平开放相匹配的监管和风险防控体系。

在推进自由贸易试验区"大胆闯""大胆试"的同时，强化底线思维、提升风险防控意识，完善监测预警与应急管理体系；织牢高水平开放"安全网"，积极探索建立更加有效的外商投资国家安全审查制度；完善金融监管机制，充分利用金融科技工具，实现全流程实时风险智能监测和动态预警管理。

（三）稳步扩大制度型开放的广度、力度和深度

中国的制度型开放经历了初步探索和有序调整、主动对接和渐进开放、深度融入和创新引领三个阶段，目前表现出全方位开放、开放范围向"边境内"延伸、国际规则与国内规则双向互动的特点。中国将推动各国各方共享制度型开放机遇，稳步扩大规则、规制、管理、标准等制度型开放，实施好新版《鼓励外商投资产业目录》，深化国家服务业扩大开放综合示范区建设；实施自由贸易试验区提升战略，加快建设海南自由贸易港，发挥好改革开放综合试验平台作用。以开放促改革、促发展是我国现代化建设不断取得新成就的重要法宝。中央经济工作会议提出，"必须坚持依靠改革开放增强发展内生动力，统筹推进深层次改革和高水平开放"。制度型开放是实现更高水平对外开放的关键所在，是持续发挥以开放促改革重要作用的必然选择。必须稳步扩大规则、规制、管理、标准等制度型开放，积极主动对接国际高标准经贸规则，建设更高水平开放型经济新体制，为加快打造对外开放新高地、推动经济高质量发展提供制度保障。同商品和要素流动型开放相比，制度型开放是一种更高层次的开放。通过打通制度、规则等层面存在的各种壁垒，能够有效增强国内国际两个市场两种资源的联动效应，更好发挥对外开放作用，以制度创新推动全球经济治理，为建设开放型世界经济作出积极贡献。中央经济工作会议强调，必须坚持依靠改革开放增强发展内生动力，统筹推进深层次改革和高水平开放，不断解放和发展社会生产力、激发和增强社会活力。改革开放 40 多年的实践表明，对外开放是推动我国经济社会发展的重要动力，以开放促改革、促发展是我国现代化建设不断取得新成就的重要法宝。

在当前外部环境日趋复杂、不确定性明显上升的背景下，我们要在广度、力度、深度上持续发力，切实推进高水平对外开放。一是拓宽广度，有序扩大开放领域。增强国内国际两个市场两种资源联动效应。既要完善外资"准入前国民待遇+负面清单"管理制度，有序扩大服务业对外开放，引导外资更多投向先进制造业、现代服务业等领域，创新提升国家级经开区、边合区、跨合区、综合保税区等开放平台，也要提升对外投资水平，鼓励有实力、信誉好的企业"走出

去"，规范企业海外经营行为，树立中国投资形象。形成对全球要素资源的强大吸引力。深化贸易领域科技创新、制度创新、模式和业态创新，增强外贸综合竞争力。二是加大力度，优化对外开放格局。在地缘冲突加剧、大国竞争日趋激烈的背景下，要聚焦重要领域和关键环节开展高质量国际合作，推进共建"一带一路"高质量发展，不断优化对外开放格局。全面拓展国际市场。积极推进同更多国家商签高标准自由贸易协定和区域贸易协定；扩大跨境电子商务综合试验区，鼓励企业完善国际营销网络，推动适应国际市场需求的产品出口。充分利用东部沿海地区和超大特大城市的资源集聚效应，在特定区域逐步形成全球价值链的核心节点；充分开发中西部地区和东北地区广阔的腹地，在吸引资金、技术、数据等要素方面作出努力，积极培育集聚中心。各地区应因地制宜，更有针对性地加大开放力度，加快内外贸一体化发展，调整优化区域开放布局。推进共建"一带一路"高质量发展。中国已与150多个国家和30多个国际组织签署共建"一带一路"合作文件，数千个务实合作项目相继开展，政策沟通、设施联通、贸易畅通、资金融通、民心相通"五通"全方位推进，不仅给共建国家带来实实在在的好处，也为推进经济全球化健康发展、破解全球发展难题和完善全球治理体系作出了积极贡献。三是延伸深度，提升对外开放质量。制度型开放是新发展阶段全面深化改革的务实选择。制度型开放是相对于商品和要素流动型开放而言的，强调的是规则、规制、管理、标准等方面的开放。从一定意义上说，制度型开放更多要求通过国内系列制度创新，建立与开放型经济体系相适应的基本制度框架、行政监管体系和规则标准生态等，通过国内规则与国际规则的双向互动，推进中国经济与世界经济高质量安全有序融合。

第三节　新时期稳步扩大制度型开放的目标定位

一、稳步扩大制度型开放的总体目标

稳步扩大制度型开放的总体目标是构建与国际通行规则相衔接的高标准市场制度体系与监管模式。2023年6月29日，《国务院印发关于在有条件的自由贸易试验区和自由贸易港试点对接国际高标准推进制度型开放若干措施的通知》

（以下简称《通知》）发布，提出稳步扩大规则、规制、管理、标准等制度型开放，聚焦若干重点领域试点对接国际高标准经贸规则，构建与高水平制度型开放相衔接的制度体系和监管模式。法律、规则、制度和标准是开放型经济新体制的核心和基础，构建开放型经济新体制必须不断完善贸易、投资、货币金融、人员信息流动等重点领域的法律法规和管理制度。

（一）制度型开放与高标准国际经贸规则的关系

国际高标准经贸规则，一般是指标准高于 WTO 规则，往往是在区域贸易协定（优惠贸易协定）中出现的，如《服务贸易协定》（TISA）、CPTPP 等。主要有两类：一类是"WTO+"，即 WTOplus 规则，在现有 WTO 规则基础上具有更高的标准，如更低的关税、更长的知识产权保护年限等；另一类是"WTO-extra"（WTO-x）规则，在现有 WTO 规则之外的新议题新规则，以应对新的问题，如数字贸易、环境问题、劳工问题、竞争政策、政府采购等。制度型开放是旨在增强国内国际两个市场两种资源联动效应，强化制度中性，通过规则、规制、管理、标准等一揽子工具箱 N 种组合式运用，促进深层次体制性变革与创新，构建更高水平开放型经济的制度体系，促进要素便利流动和优化配置。制度型开放主要包括规则、规制、管理和标准等制度的"进出口"，形成区域性双边诸边规则乃至全球多边规则，进而构建公开透明的开放型世界经济体系。

1. 制度型开放与国际经贸规则的契合性

中国改革开放是一部不断对接国际经贸规则，参与、融入国际经济，推进开放型世界经济建设的历史，也随着我国从商品和要素流动型开放迈入规则、规制、管理和标准等制度型开放的迭代进程。2001 年中国加入 WTO，主动对接国际经贸规则，并逐步兑现了入世承诺。之后，我国积极实施自由贸易区战略，推进 RCEP 签订和实施，积极申请加入 CPTPP、DEPA，推动内地与港澳共建"单一自贸区"，提出高质量共建"一带一路"等。所以说，二者关系相互交融。

（1）二者都是全球化新形势新需求的制度供给。随着国际劳动分工及产品内分工即同一产品由"一国生产变成多国生产"的深化，以全球产业链、供应链、价值链为核心的全球经济一体化的深入发展以及数字经济的蓬勃兴起，为降低产品内分工及中间贸易品的交易成本，国际经贸领域亟待新的制度供给，不仅要求消除关税壁垒及宽领域的自由化便利化边境措施，而且要求各国营造公平竞争、国际化、法治化、市场化的营商环境，尤其是市场准入、技术标准、环境安全卫生标准、公平秩序、监管一致性、数字规则等的融合，"边境内"规则、标准、规制等已成为国际经贸规制度变迁的主要内容。为顺应国际劳动分工及产品内分工的新趋势、新需求，以高水平开放推动高质量发展，更加主动融入和推进建设开放型世界经济，我国与国际高标准经贸规则相呼应，提出并推动规则、规制、管理、标准等制度型开放的制度变迁，营造国际化、法治化、市场化的营商环境，更加主动参与全球化的制度供给。

（2）二者都强调系统性、集成性。制度型开放强调"边境内壁垒"层面以及"跨边境互通互联"、重视制度"走出去"和"引进来"并重，内涵更加强调全局性、集成性。国际高标准经贸规则也强调全面性、集成性，涵盖货物贸易和服务贸易、"边境内措施"和"边境后措施"。我国在商品、要素的流动型开放阶段，主要是对接、遵从 WTO 规则等国际经贸多边规则，大幅度削减关税和非关税壁垒，坚持非歧视性原则，推动货物贸易和投资领域的逐步自由化，但这更加注重边境上、货物贸易的开放措施，制度供给更好地满足了最终产品贸易和产业内贸易的需求，成就了"世界工厂""中国制造"，使外资成为中国发展的重要一环，出口成为经济发展的"三驾马车"之一。制度型开放不但延续了商品、要素的流动性开放，更大幅度、更大力度削减关税和非关税壁垒，更是聚焦围绕满足产品内国际分工、服务贸易和数字经济发展进行制度供给，"边境上措施＋边境内措施""货物贸易＋服务贸易"等规则开放创新同步推进，强化制度供给的组合性和协同效应。

（3）二者均强调"规则高标准"。制度型开放是要构建更加公平规范的"规则导向"开放型世界经济，在制度上形成兼容及统一融合的世界开放体系，"规则导向"的治理特点更加明显和突出。高标准经贸规则要求更加严格，如关税趋零和其他贸易壁垒趋零、负面清单模式管理、金融开放、电信开放等。当下，国际高标准经贸规则有"去主权化"的趋势，强调"规则导向"的治理特点更加明显和突出、要求更加严格，规则调整涉及成员国内部的政府职能转换、市场监管和经济规制、标准等制度变革，也涉及市场准入、技术标准、环境保护、知识产权保护、安全卫生标准、争端解决机制、监管一致性以及服务贸易、跨境电商、跨境数据自由流动等方面的规则标准，这也是 WTO 改革的焦点和难点。制度型开放规则顺应措施由"边境内"向"边境外"转移的趋势，强调打破"边境内壁垒"层面，不但强调服务贸易领域开放，推进投资贸易自由化便利化，而且强调竞争中性、劳工、环境、数字贸易和透明度等的规制、管理、规则、标准等，推进产业政策、社会经济政策、环境政策、监管框架等"边境内措施"的制度变迁。国际高标准经贸规则呈现规制空间向"边境内措施"扩展延伸，WTO 架构下的"边境措施"将继续优化的同时，区域规则强化一国的产业政策、社会经济政策、环境政策、监管框架等"边境内措施"。

（4）二者协同推进国内外经贸制度的融合。当下，以产品内的国际分工为主要特点的国际劳动分工要求规则的"跨边境互通互联"或国内外规则兼容及统一融合，以降低交易成本。因此，国际高标准经贸规则有了更多的"边境内""去主权化"措施。相应地，我国与之呼应的制度型开放就与之形成互为参照、互为融合的关系。一方面，需要对标最高、最优、最好国际经贸规则，通过"引进来"的"制度进口"并进行创造性转化，借鉴学习、对接衔接、转化融合，促进国内深层次的体制机制改革，形成与国际经贸活动中通行规则相衔接的制度体系和规则规制，求同存异，抹平国际与国内规则融通的制度鸿沟，增强国内国际两个市场两种资源联动效应，巩固外贸外资基本盘，培育国际经济合作和竞争新优势。另一方面，通过"走出去"分享制度成果，为新的国际经贸规则体系制定中作出更大的"制度贡献"，进而推进公平规范、兼容及统一融合的"规则导向"开放型世界经济建设。

2. 制度型开放与国际经贸规则"互为参照、互为融合"

一方面，我国制度型开放需要对标最高最优最好国际经贸规则，借鉴学习和对接衔接。需形成与国际经贸活动中通行规则相衔接的基本制度体系和规则规制，求同存异，抹平国内与国际规则融通的制度鸿沟，更好地统筹国内与国际两个市场两种资源。另一方面，通过制度型开放，我国要在新的国际经贸规则体系制定中作出更大的"制度贡献"，将我国探索的制度规则融入国际经贸规则体系中。换言之，中国将以更加建设性的姿态参与全球经贸规则制定，为消除治理赤字、发展赤字，促进全球共同繁荣，经济全球化将更加包容、普惠、均衡地发展。

（二）对接国际高标准经贸规则《通知》的主要规定

《通知》对标国际高标准经贸规则，出台了推动货物贸易创新发展、推进服务贸易自由便利、便利商务人员临时入境、促进数字贸易健康发展、加大优化营商环境力度、健全完善风险防控制度 6 个方面 33 条措施，即"6+33"的系统措施，推进制度型开放。

1. 货物贸易规则创新方面

货物贸易规则创新主要涉及两个方面：一是关税。"三零"成为国际经贸规则变革的重要趋势，美欧等区域自由贸易协定谈判正逐渐将"三零"（即"零关税、零壁垒、零补贴"）规则作为重要内容。例如，CPTPP 零关税覆盖税目平均达到99%。RCEP 采取四种税收优惠模式，即立即零关税、过渡期零关税、部分商品降税以及例外商品，力争在10年内缔约国之间大多数商品实现零关税和跨境自由流动。《通知》规定，对暂时出境修理后复运进入试点地区的航空器、船舶（含相关零部件），无论其是否增值，均免征关税；对自境外暂时准许进入试点地区进行修理的货物，复运出境的，均免征关税；自境外暂时进入试点地区的规定货物，在进境时纳税义务人向海关提供担保后，可以暂不缴纳关税、进口环节增值税和消费税等。二是提高贸易便利度。国际高标准经贸规则在海关程序、技术贸易壁垒、动植物检疫措施等方面作出了更高的要求。《通知》规定，不得仅因原产地证书或文件之间的细微差异而拒绝给予货物优惠关税待遇；预裁定展期申请的从速作出决定；对已提交必要海关单据的空运快运货物，正常情况下在抵达后6小时内放行；对已抵达并提交通关所需全部信息的货物，尽可能在48小时内放行；对货物的快速放行；对承认境外合格评定机构资质的认可；允许将供应商符合性声明作为产品符合电磁兼容性标准或技术法规的明确保证；包容葡萄酒符合商业习惯的描述词或形容词。

2. 推进服务贸易自由便利

按照国际高标准经贸规则对金融开放的要求，如 CPTPP 要求，对于金融机构的设立、收购、扩张、管理、活动、经营、销售或其他处置，各方应给予另一方投资者不低于其自身投资者的待遇，提高金融开放程度。如 USMCA 的金融服务条款在市场准入、国民待遇和最惠国待遇、跨境信息流动三个方面为金融投资者以及金融服务跨境贸易提供公平的竞争环境，同时保留了金融监管机构的自由裁量权，以维护金融稳定。《通知》中对金融开放作出规定，如允许中资金融机构开展某项新金融服务，则应允许试点地区内的外资金融机构开展同类服务；试点地区金融管理部门应按照内外一致原则，在收到境外金融机构、境外金融机构的投资者、跨境金融服务提供者提交的与开展金融服务相关的完整且符合法定形式的申请后，于120天内作出决定，并及时通知申请人；允许在试点地区注册的企业、在试点地区工作或生活的个人依法跨境购买境外金融服务。《通知》对跨境提供服务进行了规定，鼓励境外专业人员依法为试点地区内的企业和居民提供专业服务，支持试点地区建立健全境外专业人员能力评价评估工作程序。

3. 便利商务人员临时入境

国际高标准经贸规则列明了缔约方为促进从事货物贸易、提供服务或进行投资的自然人临时入境和临时停留所做的承诺，对自然人流动的出入境手续、停留的时间、随行家属进行相应的调整，以保障人才要素的便利性流动。《通知》规定，允许试点地区内的外商投资企业内部调动专家的随行配偶和家属享有与该专家相同的入境和临时停留期限。对拟在试点地区筹建分公司或子公司的外国企业相关高级管理人员，其临时入境停留有效期放宽至 2 年，且允许随行配偶和家属享有与其相同的入境和临时停留期限。

4. 促进数字贸易健康发展

由于缺少全球性规则和一致性监管方案，数字经济的国际化发展也遇到市场准入限制、本地化要求、知识产权、数据隐私、网络安全、税收和管辖权不确定性、消费者权益等壁垒和挑战。高标准自由贸易协定的数字贸易规则不是传统意义上的网络购物，而是更加关注数字编码产品的跨境流动。高标准的数字贸易规则主要有几个特点：坚持网络自由开放而不被征收关税；坚持跨境信息自由传输而不被强制要求设备本地化；坚持各国监管规则制定的自主性而保障合理公共政策目标。《通知》规定：对于进口、分销、销售或使用大众市场软件（不包括用于关键信息基础设施的软件）及含有该软件产品的，有关部门及其工作人员不得将转让或获取企业、个人所拥有的相关软件源代码作为条件要求；支持试点地区完善消费者权益保护制度，禁止对线上商业活动消费者造成损害或潜在损害的诈骗和商业欺诈行为。

5. 加大优化营商环境力度

这部分内容广泛，涉及国际经贸规则的资本流动、政府采购、知识产权、执法宽容、环境保护、纠纷解决等多个领域的事项，涉及投资规则、竞争规则和环保劳工等可持续发展规则。一是投资规则。国际高标准经贸规则对外国投资者相关的投资转移自由提出了自由便利的要求。《通知》规定，允许真实合规的、与外国投资者投资相关的所有转移可自由汇入、汇出且无迟延。包括资本出资、利润、股息、利息、资本收益、特许权使用费、管理费、技术指导费和其他费用，出售投资所得、清算投资所得、补偿或赔偿等。二是知识产权规则。国际高标准经贸规则对知识产权的公开性和保护性进行了平衡，对知识产权先行救济措施的证据要求较松而避免延误保护。《通知》规定，对于涉及试点地区内经营主体的已公布专利申请和已授予专利，主管部门应按照相关规定主动公开下列信息；试点地区人民法院对经营主体提出的知识产权相关救济请求，具有一定程度证据，应不预先听取对方当事人的陈述即依照有关司法规则快速采取相关措施。三是环境等可持续性规则。国际高标准经贸规则对于环境保护范围从 CETA 规定的林产品贸易、渔业和水产养殖品贸易，扩大至臭氧层保护、保护海洋环境免于船舶污染、贸易和生物多样、入侵外来物种、向低排放和适应型经济转变、海洋捕捞渔业、保护野生动植物和贸易等领域。《通知》规定，支持试点地区内企业、商业组织、非政府组织等建立提高环境绩效的自愿性机制（包括自愿审计和报告、实施基于市场的激励措施、自愿分享信息和专门知识、开展政府和社会资本合作等），鼓励其参与制修订自愿性机制环境绩效评估标准；支持试点地区内企业自愿遵循环境领域的企业社会责任原则，相关原则应与我国赞成或支持的国际标准和指南相一致。

6. 健全完善风险防控制度

开放发展和安全是一个硬币的两面，相互支撑、相互巩固。对标国际高标准经贸规则，促进政府职能转换、要素便利化流动改革等深层次改革。同时，要统筹国家总体安全，牢牢守住安全底线，着力增强自身竞争能力、对标高标准经贸规则改革的风险防控能力。《通知》规定，应建立健全重大风险识别及系统性风险防范制度，强化对各类风险的分析研判，加强安全风险排查、动态监测和实时预警；健全安全评估机制，不断优化试点实施举措；强化风险防范化解，细化防控举措，构建制度、管理和技术衔接配套的安全防护体系；落实风险防控责任；加强事前事中事后监管，完善监管规则，创新监管方式，加强协同监管，健全权责明确、公平公正、公开透明、简约高效的监管体系等。

（三）完善重点领域法律法规和管理制度的措施

1. 完善出入境、海关、外汇、税收等环节管理服务制度，不断提升贸易投资便利化自由化水平

深化海南自由贸易港出入境管理制度改革，优化中国公民出入境和外国人服务管理，复制推广海南出入境政策，推动国际人员流动更加便利有序和规范。改善口岸营商环境，加快智能海关和电子政务建设，简化单证，优化流程，推动实现口岸提效降费，提升贸易投资便利化水平。加快高水平自由贸易网络建设，完善进出口税收管理，有序下调进出口总体税费，提升贸易投资自由化水平。深化外汇管理制度改革，提升外汇管理服务实体经济和对外开放的能力，建立健全跨境资本流动"宏观审慎+微观监管"两位一体管理框架，不断提高开放经济宏观

管理和服务能力。

2. 重点落实外商投资法，不断健全"外商投资准入前国民待遇+负面清单"管理制度

2020 年新的《外商投资法》施行以来，全国外商投资准入"负面清单"由 2019 年的 40 条减至 33 条，自由贸易试验区版外商投资准入"负面清单"由 37 条减至 30 条，海南自由贸易港"负面清单"减至 27 条。中国在世界银行《营商环境报告》中的排名从 2018 年的第 78 位上升至 2020 年的第 31 位，连续两年进入全球营商环境改善最快前十位。2020 年中国利用外资增长 4.5%，成为全球最大外资流入国。中国欧盟商会调查报告显示，超六成受访欧盟企业认为中国仍是其前三大投资目的地之一。美中贸易全国委员会调查报告显示，近七成受访美国企业对中国市场未来 5 年商业前景感到乐观。"十四五"期间，要进一步缩减外资准入"负面清单"，健全服务贸易负面清单管理制度和技术贸易促进体系，稳妥推进银行、证券、保险、基金、期货等金融领域开放，建设一流营商环境，落实准入后国民待遇，促进内外资企业公平竞争，充分释放 RCEP、中欧投资协定等多双边贸易投资协定的政策效应，利用我国超大市场超大需求促进国内国际双循环。

3. 加快金融服务业的国际化发展，稳慎推进人民币国际化

"十三五"期间，金融改革开放有序推进，人民币支付货币功能不断增强，投融资货币功能持续深化，储备货币功能逐渐显现，计价货币功能实现突破。2019 年，人民币跨境使用收付金额 19.67 万亿元，同比增长 24.1%，创历史新高。人民币在 IMF 成员国持有储备资产币种构成中排名第 5，市场份额占 1.95%；人民币在主要国际货币支付中排名第 5，市场份额占 1.76%。"十四五"期间，要深化金融供给侧结构性改革，完善金融市场，提升金融机构的竞争力。坚持市场驱动和企业自主选择原则，营造以人民币自由使用为基础的新型互利合作关系。

4. 营造开放、健康、安全的数字生态，推进网络空间国际交流与合作

构建数字规则体系，激活数字要素潜能，赋能传统产业转型升级，催生新产业新业态新模式。推动以联合国为主渠道、以联合国宪章为基本原则制定数字和网络空间国际规则。推动建立多边、民主、透明的全球互联网治理体系，建立更加公平合理的网络基础设施和资源治理机制。积极参与数据安全、数字货币、数字税等国际规则和数字技术标准制定。推动全球网络安全保障合作机制建设，构

建保护数据要素、处置网络安全事件、打击网络犯罪的国际协调合作机制。向欠发达国家提供技术、设备、服务等数字援助，使各国共享数字时代红利。

二、稳步扩大制度型开放的阶段性目标

尽管我国于 2018 年才首次提出"制度型开放"的概念，但实际上，不论是加入 WTO 前的改革开放起步，还是加入 WTO 后多方面引入、遵守并学习国际通行规则，均是我国制度型开放的早期探索与实践。2013 年之后，伴随经济的快速发展，我国逐渐拥有了制度供给的能力，以共建"一带一路"倡议为代表，开始尝试提供制度性国际公共产品，从而使我国的制度型开放有了更加丰富的内涵。

（一）加入 WTO 之前（1978～2001 年）：初步探索和有序调整

1978 年党的十一届三中全会召开后，中国开启社会主义现代化建设新时期，进入了改革开放的历史新阶段。作为主动打开国门的重要一步，1986 年中国正式向关税与贸易总协定（GATT）申请恢复缔约方地位，自此开启了长达 15 年的复关和入世谈判。在这个过程中，中国通过主动开放逐渐融入国际经济关系，渐进实施了一系列贸易投资自由化举措。在商品贸易领域，1994 年《对外贸易法》的出台为中国贸易政策制定和施行奠定了法治基石，促进了中国贸易政策取向开始向"贸易中性"逐步转变。同时，中国主动减让关税，加速推进贸易自由化。1992 年底，中国关税总水平为 43.2%，经过 1992 年和 1993 年两次大幅削减关税，截至 1995 年初，关税总水平已降至 35.6%。在外贸经营权方面，中国取消进口清单等指令性出口计划和出口财政补贴，并逐步放开外贸经营权，允许各类企业参与进出口业务。在外资准入和服务业对外开放方面，中国在吸收 30 余个国家立法智慧的基础上，自 1979 年相继出台"外资三法"和《外汇管理暂行条例》等，不断加强对在华外资企业合法权益的保护。更重要的是，1983～1991 年，仅中央层面发布的涉外经济法规就达 200 余项，从而引入市场经济的基本概念和基础制度框架。

（二）加入 WTO 之后（2001～2012 年）：主动对接和渐进开放

自 2001 年底加入 WTO 以来，中国以自由贸易理念为指引全面学习和执行多边贸易规则，切实履行入世承诺，扩大市场准入，实实在在地促进了中国社会主义市场经济体制的完善与巩固。首先，大规模清理或修订法律法规。加入 WTO 后，为了使国内经贸法律制度契合多边规则，中国分别在中央和地方两个层面清理了 2300 余项法律法规和部门规章和 19 万余项地方性政策法规，涉及对外贸易、国际投资、知识产权保护和内外资企业管理等多个方面。其次，切实履行货物贸易开放承诺。中国大幅削减进口关税并减少非关税壁垒。截至 2010 年，中国货物贸易降税承诺全部履行完毕，关税总水平由 2001 年的 15.3%降至 2010 年的 9.8%。中国按入世承诺全部取消了进口配额和进口许可证等非关税措施，于 2004 年取消了外贸经营审批制，全面实行备案登记制。最后，切实履行服务贸易开放承诺。加入 WTO 以来，中国不断扩大服务业开放范围，截至 2007 年，在 WTO 分类的 160 个服务贸易分部门中，中国已开放了 100 个，服务贸易方面的 WTO 承诺已履行完毕。同时，中国逐步降低服务业的外资准入门槛，越来越多的外国服务企业得以进入中国市场开展生产经营活动。

（三）后 WTO 时代（2012 年至今）：深度融入和创新引领

在对外开放进程中，中国逐渐认识到完全代表西方价值观念和利益诉求的全球治理模式的不足，开始由以开放促改革、促发展转向开放即是改革、改革亦是开放的制度型开放。从外部情况来看，中国积极贡献"中国方案"，于 2012 年和 2013 年分别提出"人类命运共同体"理念和共建"一带一路"倡议。从国内情况来看，中国持续推进"放管服"改革，大量推出行之有效的惠企政策并以制度、规章等形式加以固化，以清单形式不断明确政府行为边界，优化市场营商环境，全面提升中国市场规则的吸引力和竞争力。同时，中国积极对接国际市场规则体系，开始进行自由贸易试验区探索，这是中国顺应全球化发展新趋势、积极推进更高质量对外开放的主动作为。2013 年 9 月，中国首个自由贸易试验区——中国（上海）自由贸易试验区正式成立，与之相伴的是，外商投资准入"负面清单"的字样首次在中国官方文件中出现。自 2022 年 1 月 1 日起，中国开始实施 2021 年版外商投资准入负面清单和自由贸易试验区外商投资准入负面清单，这两项清单已分别缩减至 31 条和 27 条。另外，2021 年 7 月 26 日，《海南自由贸易港跨境服务贸易特别管理措施（负面清单）（2021 年版）》正式公布，这是中国首份跨境服务贸易领域的负面清单，是中国服务贸易管理模式的重大突破。自由贸易试验区作为中国改革开放高地，真正做到了开放与改革互促共进。总的来看，中国正在不断加速推进制度型开放进程，并在该过程中有效破除阻碍各类生产要素在我国自由流通的体制机制障碍，增强对全球要素尤其是优质要素的吸引力，培育参与和引领国际经济合作新优势，从而促进经济高质量发展，以制度开放提升全球经济治理地位和规则重构话语权。

三、制度型开放的主要目标和特点

（一）全方位开放

从经济学角度来看，制度设计的目的就在于以最小的社会成本实现最大的社会收益。以往我国服务于商品和要素流动型开放的碎片化体系是难以实现该目标的，因为制度实施与调整本身就需要极大的成本。例如，改革开放以来，我国陆续设计发布了外商投资政策、出口退税政策、进口管理政策、关税政策等，这些政策多是局部目标导向，彼此互成体系，且与我国的产业政策、企业管理政策等相互独立。新时代下的制度型开放，已经不只局限于贸易、货币、投资等与对外经济活动直接相关的宏观经济政策，而是已细化和拓展至国内宏观政策体系的方方面面，如劳工标准、环境规制、知识产权保护等。它更加强调规则意识，更加注重规则、标准等领域的全方位开放，需要更加全面、系统、协同的制度措施。这要求我国修改完善现有法律法规，形成与国际先进规则相衔接的更高水平的国内制度体系。

（二）开放范围向边境内延伸

当前全球化与区域一体化并存。以往 WTO 框架下的商品和要素流动型开放侧重于商品和资本、劳动力、技术等要素的边境上自由流动，WTO 的权力范围也更多集中于关税和非关税措施的管理，并未延伸至各国国内，对各国内部规则体系的协调与匹配并未做出特别要求。但是，在 USMCA、CPTPP 等超大型自由贸易协定的影响下，国际规则正在革新，由以规范商品、服务、投资等边境行为为主的传统贸易规则向新一轮经贸规则转移，逐步涵盖知识产权、竞争政策等边境后措施，力图实现各区域贸易网络内的制度规则一体化。这种转变的根源部分在于，在碎片化的国际分工格局中，各国国内的竞争政策、产业政策、引资政策、劳工政策等均会直接或间接地影响微观主体的市场经济活动，从而对其他国家的经济发展产生影响。

（三）国际规则与国内规则双向互动

制度型开放是制度输入和制度输出的有机结合，这使我国现阶段对外开放表现出国际规则与国内规则双向互动的特点。制度型开放的根本目的，不仅在于通过制度引入和制度学习实现国内外规则体系的衔接，更重要的是为全球经济治理供给一定制度性产品，弥补和修正传统制度体系的不足，主导形成更加有效的全球经济治理体系。通过制度型开放，相关部门可对现行国内规则制度体系与国际先进体系进行对比，挑选出适合我国国情且行之有效的部分加以引入应用，学习借鉴国外做法中的合理元素并进行革新，使开放制度和体系日益国际化，从而实现以开放促改革。在以制度输入提升本国制度体系先进性、国际化的基础上，积极探索5G、电子商务、移动支付等具有优势的新兴领域行业标准，争取将国内规则上升为国际通行规则，加强全球治理体系建设，为其他国家制度体系的调整提供经验。

参考文献

［1］白洁，苏庆义.《美墨加协定》：特征、影响及中国应对［J］. 国际经济评论，2020（6）：123-138+7.

［2］宾建成，高波. 中国参与世贸组织工业补贴议题谈判研究［J］. 国际贸易，2022（1）：4-10.

［3］宾建成，康邦丹，魏松. 利用 RCEP 促进长三角地区对外贸易与外商投资的发展［J］. 经济论坛，2022（3）：79-85.

［4］曹亮，直银苹，谭智等. 中国—东盟自由贸易区中间品关税减让对中国农业高质量发展影响研究［J］. 宏观经济研究，2022（1）：74-90.

［5］柴洁，张洽棠. 试点对接国际高标准经贸规则自贸区自贸港稳步扩大制度型开放［N］. 中国经济导报，2023-07-11（07）.

［6］常娱，钱学锋. 制度型开放的内涵、现状与路径［J］. 世界经济研究，2022（5）：92-101+137.

［7］车春鹏，乔琛. RCEP 与 CPTPP 货物贸易自由化规则比较研究［J］. 科技中国，2022（8）：95-99.

［8］陈福利. 外商投资法开启中国制度型开放新征程［J］. 中国人大，2019（8）：41-42.

［9］陈恭军，田维明. 入世对中国农业发展影响的事后评估——基于 GTAP 模型的实证分析［J］. 财贸研究，2013，24（1）：9-15.

［10］陈靓，武雅斌. 全球价值链下服务贸易规则的新发展——美墨加协定

(USMCA）的视角 ［J］. 国际贸易，2019（2）：87-96.

　　［11］陈伟雄，吴武林. 中国共产党推动城乡协调发展的百年历程、基本经验与时代进路 ［J］. 经济研究参考，2021（22）：34-46.

　　［12］陈文芝，赵伟，章素珍. 双循环重心变化、贸易自由化与我国生产率增进——基于资源重新配置效率视角 ［J］. 经济理论与经济管理，2022，42（7）：16-31.

　　［13］陈梓睿. 环境、理念、内涵与空间：新时代中国对外开放特征的"四维"审视 ［J］. 华南师范大学学报（社会科学版），2020（3）：39-49.

　　［14］迟福林. 改革开放40年建立与完善社会主义市场经济体制的基本实践 ［J］. 改革，2018（8）：35-48.

　　［15］崔庆波，邓星，关斯元. 从扩大开放到制度型开放：对外开放平台的演进与升级 ［J］. 西部论坛，2023，33（1）：42-58.

　　［16］崔卫杰. 以制度型开放推动全方位对外开放 ［N］. 中国经济时报，2019-02-27（05）.

　　［17］崔卫杰. 制度型开放的特点及推进策略 ［J］. 开放导报，2020（2）：36-43.

　　［18］代中强，李之旭，高运胜. 知识产权保护与企业全球价值链位置——基于中间产品供需的视角 ［J］. 国际贸易问题，2021（5）：96-108.

　　［19］戴翔，张二震. "一带一路"建设与中国制度型开放 ［J］. 国际经贸探索，2019，35（10）：4-15.

　　［20］戴翔，张铨稳. 自贸试验区制度创新促进经济高质量发展了吗？［J］. 山西财经大学学报，2023，45（7）：30-42.

　　［21］戴翔，张雨. 制度型开放：引领中国攀升全球价值链新引擎 ［J］. 江苏行政学院学报，2019（5）：45-52.

　　［22］戴翔. 要素分工、制度型开放和出口贸易高质量发展 ［J］. 天津社会科学，2021（3）：93-98.

　　［23］戴翔. 制度型开放：中国新一轮高水平开放的理论逻辑与实现路径 ［J］. 国际贸易，2019（3）：4-12.

　　［24］丁东铭，魏永艳. 优化对外开放营商环境进程中面临的挑战与对策 ［J］. 经济纵横，2020（5）：109-114.

　　［25］东艳. 国际经贸规则重塑与中国参与路径研究 ［J］. 中国特色社会主

义研究，2021（3）：27-40.

［26］杜运周，刘秋辰，陈凯薇等．营商环境生态、全要素生产率与城市高质量发展的多元模式——基于复杂系统观的组态分析［J］.管理世界，2022，38（9）：127-145.

［27］冯德连．双循环发展战略的对外开放特征与路径［J］.学术界，2021（10）：87-93.

［28］傅强，张小波．中国金融开放的外源性风险评估与预警机制［J］.金融论坛，2011，16（8）：3-11.

［29］甘露．对接 RCEP、CPTPP、DEPA 规则推进海南自由贸易港服务贸易制度型开放［J］.南海学刊，2023，9（3）：32-43.

［30］高翔，黄建忠．政府补贴对出口企业成本加成的影响研究——基于微观企业数据的经验分析［J］.产业经济研究，2019（4）：49-60.

［31］高运胜，宾建成．发挥上海自贸试验区示范引领作用的策略分析［J］.湖湘论坛，2016，29（2）：77-81.

［32］高运胜，金添阳．双循环视角下中国新能源汽车出口机遇与挑战［J］.价格月刊，2021（9）：55-62.

［33］高运胜．我国自贸试验区贸易便利化措施比较与创新发展探析［J］.湖南行政学院学报，2017（1）：39-44.

［34］顾雪芹，赵袁军，余红心等．服务业开放对制造业生产效率的影响及机制研究［J］.工业技术经济，2020，39（7）：116-123.

［35］关兵．欧日 EPA 对欧盟、日本和中国的经济影响［J］.现代日本经济，2018（3）：15-26.

［36］关秀丽．制度型开放的内涵与实践抓手［J］.开放导报，2022（2）：28-36.

［37］贵丽娟，胡乃红，邓敏．金融开放会加大发展中国家的经济波动吗？——基于宏观金融风险的分析［J］.国际金融研究，2015（10）：43-54.

［38］郭贝贝，董小君．新发展格局下制度型开放的逻辑、内涵和路径选择［J］.行政管理改革，2022（4）：76-84.

［39］郭成龙．FTA 与 GPA 在国际政府采购市场开放上的协同效应——以 CPTPP 与 RCEP 为例［J］.亚太经济，2022（2）：57-62.

［40］郭澄澄．高标准国际规制下的我国高水平制度型开放——影响机制、

风险研判和应对措施 [J]. 经济学家, 2022 (12): 86-95.

[41] 郭湖斌, 邹仲海, 徐建. 改革开放以来中国对外贸易的发展成就与未来展望 [J]. 企业经济, 2021, 40 (6): 51-60.

[42] 郭庆然. 改革开放以来制造业变迁对我国经济增长影响的动态效应研究 [J]. 工业技术经济, 2013, 32 (4): 90-94.

[43] 郭若楠. 自贸试验区推动制度型开放的实现路径研究 [J]. 齐鲁学刊, 2022 (5): 119-129.

[44] 国家发展改革委对外经济研究所课题组. 中国推进制度型开放的思路研究 [J]. 宏观经济研究, 2021 (2): 125-148.

[45] 韩剑. 以制度型开放引领高水平对外开放 [J]. 群众, 2023 (2): 34-35.

[46] 韩军, 刘润娟, 张俊森. 对外开放对中国收入分配的影响——"南方谈话"和"入世"后效果的实证检验 [J]. 中国社会科学, 2015 (2): 24-40+202-203.

[47] 郝身永. 制度型开放与加快构建新发展格局: 影响机制与提升路径 [J]. 兰州财经大学学报, 2022, 38 (6): 8-16.

[48] 郝寿义. 区域经济学原理 (第二版) [M]. 上海: 格致出版社, 2016.

[49] 何立胜. 全方位对外开放呼唤制度型开放 [J]. 小康, 2019 (19): 24-25.

[50] 何树全, 沈国兵. 进博会推进中国与世界经贸深度融合共同发展 [J]. 中国外汇, 2021 (22): 76-77.

[51] 何秀超. 坚定不移推动高质量发展 [N]. 经济日报, 2023-07-10.

[52] 贺小勇, 许梦婧. CPTPP政府采购规则的检视及中国的因应 [J]. 国际贸易, 2022 (3): 4-11.

[53] 胡峰, 黄登峰, 向荣等. 中国乳制品出口流量及潜力研究——"一带一路"沿线35个国家的证据 [J]. 农业技术经济, 2020 (5): 130-142.

[54] 胡峰, 袭讯, 傅金娣. 企业价值链高端攀升两阶段演化博弈分析 [J]. 社会科学战线, 2019 (11): 68-76.

[55] 黄建忠, 高翔, 张敏. 深化厦门自贸片区服务贸易制度型开放的对策思路 [J]. 发展研究, 2023, 40 (1): 34-40.

[56] 黄建忠, 吴瑕. 差异化试验下中国自贸试验区创新的研究——以临港

新片区为例〔J〕. 国际贸易，2020（10）：4-11.

〔57〕黄建忠，占芬. 区域服务贸易协定中的"GATS-"条款研究〔J〕. 国际商务研究，2015，36（1）：18-32.

〔58〕黄建忠. 放大进博会溢出带动效应〔J〕. 中国品牌，2021（9）：90.

〔59〕黄建忠. 供应链安全与双循环战略〔J〕. 对外经贸实务，2020（11）：7-11.

〔60〕黄凌云，雷卓骏，王珏. 外商投资自由化对劳动收入份额的影响：基于外资准入负面清单管理模式的检验〔J〕. 国际贸易问题，2023（2）：158-174.

〔61〕黄奇帆. 分析与思考——黄奇帆的复旦经济课〔J〕. 理财周刊，2021（2）：54.

〔62〕黄新华，赵荷花. 制度型开放中政府规制变革的动因、挑战与路径〔J〕. 北京社会科学，2022（3）：119-128.

〔63〕季剑军. 美日韩三国制度型开放路径比较及其启示〔J〕. 亚太经济，2021（6）：71-77.

〔64〕简泽，张涛，伏玉林. 进口自由化、竞争与本土企业的全要素生产率——基于中国加入WTO的一个自然实验〔J〕. 经济研究，2014（8）：120-132.

〔65〕江小涓. 双循环下的新发展格局〔J〕. 企业管理，2021（1）：9-13.

〔66〕江小涓. 新中国对外开放70年：赋能增长与改革〔J〕. 管理世界，2019（12）：1-16.

〔67〕缴翼飞. 自贸试验区"十周年"：推广复制200余项制度创新扩大制度型开放再迎新政策〔N〕. 21世纪经济报道，2023-07-03（01）.

〔68〕金碚. 关于高质量发展的经济学研究〔J〕. 中国工业经济，2018（4）：6-18.

〔69〕孔令刚，蒋晓岚. 三重压力、RCEP与高水平制度型开放〔J〕. 改革与战略，2022，38（3）：10-22.

〔70〕李滨. 马克思主义的国际政治经济学研究逻辑〔J〕. 世界经济与政治，2015（7）：4-23+155.

〔71〕李勃昕，董雨，朱承亮等. 双向跨境投资、技术创新与生产效率〔J〕. 管理科学，2023，36（2）：35-52.

〔72〕李春顶，张杰皓，张津硕，杨泽萊. CPTPP经济效应的量化模拟及政策启示〔J〕. 亚太经济，2020（3）：12-20+149.

［73］李钢．我国高水平制度型开放的基本趋势与重大任务［J］．中国外资，2023（5）：12-19.

［74］李宏兵，王丽君，赵春明．RCEP 框架下跨境电子商务国际规则比较及中国对策［J］．国际贸易，2022（4）：30-38.

［75］李宏瑾．经济增长的规模经济效应：从增长奇迹到新发展格局［J］．财经问题研究，2023（5）：14-26.

［76］李佳倩，叶前林，刘雨辰，陈伟．DEPA 关键数字贸易规则对中国的挑战与应对——基于 RCEP、CPTPP 的差异比较［J］．国际贸易，2022（12）：63-71.

［77］李墨丝．超大型自由贸易协定中数字贸易规则及谈判的新趋势［J］．上海师范大学学报（哲学社会科学版），2017，46（1）：100-107.

［78］李墨丝．中美欧博弈背景下的中欧跨境数据流动合作［J］．欧洲研究，2021，39（6）：1-24+165.

［79］李佩瑾，徐蔼婷．FISIM 产出核算方法演化脉络与前沿问题［J］．经济统计学（季刊），2016（2）：45-58.

［80］李平，邱冬晨．新发展格局下构建更高水平开放型经济新体制的对策研究［J］．对外经贸，2022（5）：100-103.

［81］李奇璘，姚莉．RCEP 背景下中国——东盟服务贸易高质量发展的新机遇和新挑战［J］．国际贸易，2022（2）：89-96.

［82］李启航，董文婷，刘斌．经济功能区设立提升了企业出口国内增加值率吗？［J］．世界经济研究，2020（12）：31-47+132-133.

［83］李忠远，孙兴杰．全球化分裂背景下制度型开放的内在逻辑与中国策略选择［J］．国际经贸探索，2023（3）：103-116.

［84］梁丹，陈晨．我国推进制度型开放的现实逻辑与路径选择［J］．学习论坛，2023（1）：111-118.

［85］廖佳，潘春阳，雷平．投资便利化及其效应：来自中国对"一带一路"国家 OFDI 的证据［J］．贵州财经大学学报，2020（2）：22-27.

［86］廖佳，尚宇红．"一带一路"国家贸易便利化水平对中国出口的影响［J］．上海对外经贸大学学报，2021，28（2）：82-94.

［87］林创伟，白洁，何传添．高标准国际经贸规则解读、形成的挑战与中国应对——基于美式、欧式、亚太模板的比较分析［J］．国际经贸探索，

2022（11）：95-112.

［88］林桂军，崔鑫生．以全球价值链比较优势推动再开放——对改革开放40年外经贸重大里程碑事件的回顾与展望［J］．国际贸易问题，2019（1）：1-13.

［89］林桂军，郭龙飞，展金泳．"双循环"对我国对外贸易发展的影响与对策［J］．国际贸易，2021（4）：22-31.

［90］林桂军，任靓．TPP协定的特征与新规则［J］．国际商务（对外经济贸易大学学报），2016（4）：5-15.

［91］林桂军．WTO框架下的投资便利化：对中国的建议［J］．国际商务研究，2020，41（4）：29-37.

［92］蔺捷．从金融规制权解读自贸区战略与"一带一路"战略的对接和融合［J］．当代法学，2017，31（2）：153-160.

［93］蔺捷．自贸区战略下我国金融规制体系建构和路径初探［J］．学术研究，2016（3）：72-76+177.

［94］刘彬，陈伟光．制度型开放：中国参与全球经济治理的制度路径［J］．国际论坛，2022，24（1）：62-77+157-158.

［95］刘斌，宫方茗，李川川．美日欧WTO补贴规则改革方案及其对中国的挑战［J］．国际贸易，2020（2）：57-63.

［96］刘斌，刘一鸣．国际经贸规则重构与中国自贸试验区发展：对接与联动［J］．中国特色社会主义研究，2023（3）：52-61.

［97］刘冰，陈淑梅．RCEP框架下降低技术性贸易壁垒的经济效应研究——基于GTAP模型的实证分析［J］．国际贸易问题，2014，378（6）：91-98.

［98］刘洪钟．全球价值链治理、政府能力与中国国际经济权力提升［J］．社会科学，2021（5）：3-21.

［99］刘建丽．新中国利用外资70年：历程、效应与主要经验［J］．管理世界，2019，35（11）：19-37.

［100］刘凌，方艳，周语盼．融入经济全球化进程中上海的开放红利［J］．经济问题探索，2016（10）：66-72.

［101］刘凌，孔文茜．"一带一路"国内节点城市高质量发展路径——基于改进模糊综合评判法的实证［J］．国际商务研究，2023，44（2）：29-40.

［102］刘英．RCEP助推我国高水平制度型开放，开启规则制定新时代［J］.

中国发展观察，2020（22）：24-26+38.

[103] 刘瑛，夏天佑. RCEP 原产地特色规则：比较、挑战与应对［J］. 国际经贸探索，2021（6）：86-101.

[104] 刘志阳. 制度型开放从何处启航［J］. 人民论坛，2019（20）：74-75.

[105] 龙云安，陈卉，赵舒睿. 自贸试验区与经济功能区协同发展研究［J］. 区域金融研究，2019（6）：68-73.

[106] 隆国强. 中国入世十周年：新的起点［J］. 国际经济评论，2011（4）：103-113+5.

[107] 卢江，郭采宜. 国际经济格局新变化与中国开放型经济体制构建研究［J］. 政治经济学评论，2021，12（3）：122-143.

[108] 陆大道，刘卫东. 论我国区域发展与区域政策的地学基础［J］. 地理科学，2000（6）：487-493.

[109] 陆大道，刘毅，樊杰. 我国区域政策实施效果与区域发展的基本态势［J］. 地理学报，1999（6）：496-508.

[110] 陆大道. 中国区域发展的理论与实践［M］. 北京：科学出版社，2003.

[111] 吕洪燕，陈红梅，乔金杰. 制度型开放对企业效率的影响及机制研究［J］. 软科学，2022，36（9）：137-144.

[112] 吕越，马明会，李杨. 共建"一带一路"取得的重大成就与经验［J］. 管理世界，2022，38（10）：44-56+95.

[113] 马梅若. 有条件的自贸区自贸港成制度型开放压力测试区［N］. 金融时报，2023-07-03（02）.

[114] 马亚明，陆建明，李磊. 负面清单模式国际投资协定的信号效应及其对国际直接投资的影响［J］. 经济研究，2021，56（11）：155-172.

[115] 毛其淋，盛斌. 贸易自由化与中国制造业企业出口行为："入世"是否促进了出口参与？［J］. 经济学（季刊），2014，13（2）：647-674.

[116] 蒙英华，黄建忠. 中国自由贸易试验区（港）服务贸易开放风险研究［J］. 上海对外经贸大学学报，2019，26（1）：49-59.

[117] 蒙英华，汪建新. 超大型自贸协定的服务贸易规则及对中国影响分析——以 TPP 为例［J］. 国际商务研究，2018，39（1）：44-56.

[118] 孟为，钟凯. 自由贸易试验区建设与企业财务杠杆治理：基于区域制

度创新的研究视角［J］.山西财经大学学报，2022，44（12）：107-121.

［119］聂新伟，薛钦源.中国制度型开放水平的测度评价及政策优化［J］.区域经济评论，2022（4）：101-111.

［120］聂新伟.制度型开放：历史逻辑、理论逻辑与实践逻辑［J］.财经智库，2022，7（2）：93-124+146-148.

［121］裴长洪，彭磊.中国开放型经济治理体系的建立与完善［J］.改革，2021（4）：1-14.

［122］彭红枫，余静文.政策协同与经济增长：基于"一带一路"沿线国家的分析［J］.世界经济，2022，45（12）：29-51.

［123］彭水军，吴腊梅.RCEP的贸易和福利效应：基于全球价值链的考察［J］.经济研究，2022，57（8）：98-115.

［124］蒲德祥.改革开放对居民幸福感的影响研究——基于制度、贸易的经验证据［J］.大连理工大学学报（社会科学版），2017，38（2）：33-39.

［125］仇娟东，李勃昕，安纪钊.中国企业对"一带一路"沿线的投资效应评估［J］.经济与管理研究，2023，44（6）：38-56.

［126］齐元静，金凤君，刘涛等.国家节点战略的实施路径及其经济效应评价［J］.地理学报，2016，71（12）：2103-2118.

［127］钱克明.更加注重制度型开放［J］.对外经贸实务，2019（12）：4-6.

［128］权衡.对外开放四十年实践创新与新时代开放型经济新发展［J］.世界经济研究，2018（9）：3-9.

［129］全毅.中国高水平开放型经济新体制框架与构建路径［J］.世界经济研究，2022（10）：13-24+135.

［130］茹玉璁，文娟.新冠疫情下"稳外贸"政策逆周期调节效应评估——以出口信用保险为例［J］.浙江学刊，2021（6）：83-93.

［131］桑百川，钊阳.中国利用外资的历史经验与前景展望［J］.经济问题，2019（3）：1-7.

［132］邵朝对，苏丹妮，王晨.服务业开放、外资管制与企业创新：理论和中国经验［J］.经济学（季刊），2021，21（4）：1411-1432.

［133］申明浩，刘文胜.服务业开放对制造业资源错配效应研究——基于工业企业数据库的实证分析［J］.国际贸易问题，2016（11）：97-107.

[134] 沈国兵, 刘颖洁. "一带一路"倡议与东道国制度质量对中国海外直接投资的影响 [M]. 上海: 上海人民出版社, 2018.

[135] 沈国兵, 沈彬朝. 实施 RCEP 协定与出口多元化: 来自中国的证据 [J]. 东南大学学报 (哲学社会科学版), 2022, 24 (2): 32-47+146-147+149.

[136] 沈国兵. 构建高水平经纬式对外开放新格局 [J]. 开放导报, 2022 (4): 28-37.

[137] 沈国兵. "美国利益优先"战略背景下中美经贸摩擦升级的风险及中国对策 [J]. 武汉大学学报 (哲学社会科学版), 2018, 71 (5): 91-99.

[138] 沈国兵. 全面把握新发展格局下建设统一大市场的深刻内涵 [J]. 国家治理, 2022 (14): 7-11.

[139] 盛斌, 黎峰. 以制度型开放为核心推进高水平对外开放 [J]. 开放导报, 2022 (4): 15-20.

[140] 孙俊尧. "一带一路"的经济效应及其对贸易格局的影响 [J]. 黄冈职业技术学院学报, 2018, 20 (2): 73-76.

[141] 孙领, 刘伟. 加强进博会与自贸试验区新片区联动, 建设上海进口商品集散中心 [J]. 科学发展, 2021 (1): 52-60.

[142] 谈晓文. WTO 诸边倡议的制度成因、发展路径与中国因应 [J]. 太平洋学报, 2022 (10): 36-48.

[143] 唐宜红, 符大海. 经济全球化变局、经贸规则重构与中国对策——"全球贸易治理与中国角色"圆桌论坛综述 [J]. 经济研究, 2017 (5): 203-206.

[144] 铁瑛, 何欢浪. 金融开放、示范效应与中国出口国内附加值率攀升——基于外资银行进入的实证研究 [J]. 国际贸易问题, 2020 (10): 160-174.

[145] 铁瑛, 张雪. 区域自由贸易协定的异质性贸易效应研究——来自协定条款质量的解释 [J]. 宏观质量研究, 2023, 11 (2): 60-76.

[146] 汪荣明. 激发进博会开放示范效应, 力促上海科创加速跃升 [N]. 上观新闻, 2021-11-05.

[147] 王宝珠, 王利云, 冒佩华. 构建新型国际经济关系: 理论与实践——兼析"制度型开放" [J]. 上海对外经贸大学学报, 2020 (6): 80-90.

[148] 王德蓉. 党的十八大以来我国开放型经济新体制的构建与发展 [J]. 中共党史研究, 2022 (4): 15-23.

[149] 王宏禹, 彭昭男. 当前我国推动制度型开放面临的主要形势 [J]. 国

家治理，2023（9）：22-26.

［150］王佳，刘美玲，谢子远．FDI 能促进创新型创业活动吗？［J］．科研管理，2021，42（11）：82-89.

［151］王军，马骁，张毅．自贸试验区设立促进经济高质量发展的政策效应评估：来自资源配置的解释［J］．学习与探索，2023（1）：127-137.

［152］王小鲁．中国经济增长的可持续性与制度变革［J］．经济研究，2000（7）：3-15.

［153］王晓红．加入 CPTPP：战略意义、现实差距与政策建议［J］．开放导报，2022（1）：7-21.

［154］王颖．制度型开放：高水平对外开放的核心指向［N］．中国社会科学报，2023-03-01（03）.

［155］魏浩，卢紫薇，刘缘．推进制度型开放面临的挑战与对策［J］．开放导报，2022（2）：37-45.

［156］魏浩．对外贸易、国内就业和中国的战略选择［J］．经济学家，2013（1）：67-76.

［157］邬展霞，郑丹娜．境外资本"迂回投资"并购我国科创企业的财税法律问题研究——以海外 N 公司并购为例［J］．江苏商论，2020（10）：79-83+88.

［158］吴迪．全球价值链重构背景下我国实现高水平对外开放的战略选择［J］．经济学家，2023（2）：15-24.

［159］夏玮．CPTPP 知识产权过渡期：文本解读、动因分析及中国应对［J］．世界经济研究，2022（12）：45-56+133.

［160］夏玮．开放环境下如何应对国际知识产权高标准［J］．WTO 经济导刊，2015（9）：82-83.

［161］谢谦，刘洪愧．"一带一路"与自贸试验区融合发展的理论辨析和实践探索［J］．学习与探索，2019（1）：84-91.

［162］徐保昌，许晓妮，孙一菡．RCEP 生效对中国—东盟跨境电商高质量发展带来的机遇和挑战［J］．国际贸易，2022（10）：53-59.

［163］徐唯燊．国际形势变化下南北协同开放路径研究［J］．经济学家，2021（12）：81-89.

［164］许德友，王梦菲．新中国成立以来的开放体制及其演变：从反封锁到

制度型开放 [J]. 中共南京市委党校学报, 2019 (3): 8-13.

[165] 许英明. 外商投资法开启制度型开放新时代 [N]. 中国经济时报, 2019-03-13 (05).

[166] 杨栋旭. 自贸试验区建设对经济增长质量的影响: 基于 HCW 方法的实证分析 [J]. 经济体制改革, 2022 (5): 60-66.

[167] 杨剑, 张威, 张丹. 制度型开放注意力配置研究——基于自贸试验区方案文本 [J]. 国际经济合作, 2021 (3): 50-58.

[168] 杨军, 黄季焜, 仇焕广. 建立中国和澳大利亚自由贸易区的经济影响分析及政策建议 [J]. 国际贸易问题, 2005 (11): 65-70.

[169] 杨曦, 杨宇舟. 全球价值链下的区域贸易协定: 效应模拟与机制分析 [J]. 世界经济, 2022, 45 (5): 29-56.

[170] 叶辅靖. 我国高水平开放若干重要问题辨析 [J]. 开放导报, 2022 (2): 7-12.

[171] 尹晨, 周思力, 王祎馨. 论制度型开放视野下的上海自贸区制度创新 [J]. 复旦学报 (社会科学版), 2019, 61 (5): 175-180.

[172] 于立新, 冯远, 冯永晟等. WTO 与中国开放型经济可持续发展——中国入世 10 周年的回顾与展望 [J]. 财贸经济, 2011 (11): 23-30.

[173] 于鹏, 廖向临, 杜国臣. RCEP 和 CPTPP 的比较研究与政策建议 [J]. 国际贸易, 2021 (8): 27-36.

[174] 余丽丽, 彭水军. 全面对外开放与区域协调发展: 基于价值链互动视角 [J]. 世界经济, 2022, 45 (1): 3-29.

[175] 余淼杰, 王霄彤. 中国—东盟自由贸易协定和中国企业生产率 [J]. 学术月刊, 2021, 53 (3): 50-62.

[176] 俞洁, 宾建成. 上海自贸区负面清单管理制度建设的现状、问题与对策 [J]. 产业与科技论坛, 2017, 16 (6): 216-218.

[177] 袁沙. 稳步扩大制度型开放 [J]. 前线, 2023 (4): 29-32.

[178] 占华, 于津平. 贸易政策、扩大进口与失业 [J]. 世界经济文汇, 2016 (1): 52-67.

[179] 张彬, 张菲. RCEP 的进展、障碍及中国的策略选择 [J]. 南开大学学报 (哲学社会科学版), 2016 (6): 122-130.

[180] 张丹. 自贸试验区对推动制度型开放的主要成效、面临障碍及建议

[J]. 对外经贸实务, 2020 (3): 4-8.

[181] 张二震, 戴翔. 服务业开放与制造业 GVC 升级: 典型事实、理论反思与政策启示 [J]. 经济学家, 2022 (1): 96-103.

[182] 张方波. 推进金融制度型开放: 进展、挑战与策略 [J]. 经济学家, 2023 (7): 58-67.

[183] 张慧智, 汪君瑶. "双循环" 新发展格局下中国加入 CPTPP 的政治经济思考 [J]. 东北亚论坛, 2021, 30 (3): 46-59+127.

[184] 张建平. 以制度型开放推动高质量和双循环发展 [J]. 经济, 2021 (10): 66-71.

[185] 张洁, 秦川义, 毛海涛. RCEP、全球价值链与异质性消费者贸易利益 [J]. 经济研究, 2022, 57 (3): 49-64.

[186] 张珺, 展金永. CPTPP 和 RCEP 对亚太主要经济体的经济效应差异研究——基于 GTAP 模型的比较分析 [J]. 亚太经济, 2018 (3): 12-20.

[187] 张茉楠. 《外商投资法》: 面向制度型开放的中国 [J]. 金融与经济, 2019 (4): 1.

[188] 张帅, 王志刚, 金徵辅. 双循环的经济增长效应: 基于国内贸易的视角 [J]. 数量经济技术经济研究, 2022, 39 (11): 5-26.

[189] 张晓晶, 曲永义, 林桂军等. 中国统筹发展和安全的战略选择 [J]. 国际经济评论, 2023 (4): 4+9-43.

[190] 张晓莉, 张露文, 孙琪琪. "双循环" 下科技金融对企业全要素生产率的影响——基于国家科技金融试点政策的准自然实验 [J]. 金融理论与实践, 2022 (12): 1-12.

[191] 张幼文, 黄建忠, 田素华, 何树全, 石建勋, 方显仓, 靳玉英, 张海冰. 40 年中国开放型发展道路的理论内涵 [J]. 世界经济研究, 2018 (12): 3-24.

[192] 张宇燕, 冯维江. 新时代国家安全学论纲 [J]. 中国社会科学, 2021 (7): 140-162.

[193] 赵爱英, 蒲璠, 陈莹. 开放型经济高质量发展: 动能维度与制度型开放 [J]. 陕西行政学院学报, 2022 (1): 30-37.

[194] 赵蓓文, 李丹. 从举借外债、吸收外资到双向投资: 新中国 70 年 "引进来" 与 "走出去" 的政策与经验回顾 [J]. 世界经济研究, 2019 (8): 3-10+134.

［195］赵蓓文．"双循环"新发展格局下中国制度型开放的创新实践［J］. 思想理论战线，2022，1（3）：106-112.

［196］赵蓓文．制度型开放与中国参与全球经济治理的政策实践［J］.世界 经济研究，2021（5）：3-8+134.

［197］赵蓓文．中国制度型开放的逻辑演进［J］.开放导报，2022（4）： 38-44.

［198］赵灵翡，郎丽华．欧日EPA生效对宏观经济和制造业发展的影响研 究——基于GTAP模型分析方法［J］.国际经贸探索，2020（2）：72-89.

［199］赵文举，张曾莲．"双循环"视角下中国八大综合经济区金融资源配 置效率分布动态、空间差异及收敛性研究［J］.统计与信息论坛，2022，37 （2）：61-78.

［200］周茂，陆毅，符大海．贸易自由化与中国产业升级：事实与机制 ［J］.世界经济，2016，39（10）：78-102.

［201］周念利，陈寰琦．基于《美墨加协定》分析数字贸易规则"美式模 板"的深化及扩展［J］.国际贸易问题，2019（9）：1-11.

［202］周升起，兰珍先，付华．中国制造业在全球价值链国际分工地位再考 察——基于Koopman等的"GVC地位指数"［J］.国际贸易问题，2014（2）： 3-12.

［203］Ahmed, Y. N., Huang D., Benito G. R., Victor S. Is the RCEP a Cornerstone or Just Collaboration? Regional General Equilibrium Model Based on GAMS ［J］. Journal of Korea Trade, 2020, 24（1）.

［204］Amiti, M., Konings J. Trade liberalization, Intermediate Inputs, and Productivity：Evidence from Indonesia ［J］. American Economic Review, 2007, 97（5）：1611-1638.

［205］Anderson, K. Will China's WTO Accession Worsens Farm Household Income ［J］. China Economic Review, 2004, 15（1）：443-456.

［206］Antras, P., Chor D. Organizing the Global Value Chain ［J］. Econometrica, 2013, 81（6）：2127-2204.

［207］Arnold, J. M., Javorcik B., Lipscomb M., Mattoo A. Services Reform and Manufacturing Performance：Evidence from India ［J］. Economic Journal, 2016, 126（590）：1-39.

[208] Banerjee, A. V. , Moll B. Why Does Misallocation Persist? [J]. American Economic Journal: Macroeconomics, 2010, 2 (1): 189-206.

[209] Bas, M. , Strauss – Kahn V. Input – Trade Liberalization, Export Prices and Quality Upgrading [J]. Journal of International Economics, 2015, 95 (2): 12.

[210] Benz, S. , Yalcin E. Productivity Versus Employment: Quantifying the Economic Effects of an EU – Japan Free Trade Agreement [J]. The World Economy, 2015, 38 (6): 935-961.

[211] Borchert, I. , Gootiiz B. , Mattoo A. Policy Barriers to International Trade in Services: Evidence from a New Database [J]. The World Bank Economic Review, 2014, 28 (1): 162-188.

[212] Breinlich, H. , Cuňat A. Trade Liberalization and Heterogeneous Firm Models: An Evaluation Using the Canada-US Free Trade Agreement [R]. CEPR Discussion Paper, 2010, DP7668.

[213] Caliendo, L. , Parro F. Estimates of the Trade and Welfare Effects of NAFTA [J]. Review of Economic Studies, 2015, 82 (1): 1-44.

[214] Chen, H. , Yuan B. , Cui Q. Does the Pilot Free Trade Zone Policy Attract the Entering of Foreign – invested Enterprises? The Evidence from China [J]. Applied Economics Letters, 2021, 28 (14): 1162-1168.

[215] Cheong, I. , Tongzon L. The Economic Impact of a Rise in US Trade Protectionism on East Asia [J]. Journal of Korea Trade, 2018, 22 (3): 265-279.

[216] Costinot, A. On the Origins of Comparative Advantage [J]. Journal of International Economics, 2009, 77 (2): 255-264.

[217] Ding, H. Y. , Fan H. C. , Lin S. Connect to Trade [J]. Journal of International Economics, 2018, 110 (1): 50-62.

[218] Dingwerth, K. , Pattberg P. Global Governance as a Perspective on World Politics [J]. Global Governance, 2006, 12 (2): 185-203.

[219] Diwan, I. , Keefer P. , Schiffbauer M. Pyramid Capitalism: Political Connections, Regulation, and Firm Productivity in Egypt [R]. World Bank Policy Research Working Paper, 2015.

[220] Drysdale, P. , Armstrong S. RCEP: A Strategic Opportunity for Multilateralism [J]. China Economic Journal, 2021, 14 (2): 128-143.

［221］Fan, H. C. , Gao X. , Li Y. A. , Luong T. A. Trade Liberalization and Markups: Micro Evidence from China ［J］. Journal of Comparative Economics, 2018, 46（1）: 103-130.

［222］Fan, H. C. , Li Y. A. , Yeaple S. R. Trade Liberalization, Quality, and Export Prices ［J］. Review of Economics and Statistics, 2015, 97（5）: 1033-1051.

［223］Fan, X. Focus and Emphasis of the Reform of the China Pilot Free Trade Zone Under Sino-US Trade Friction ［A］. Studies on China's Special Economic Zones, 2023（5）: 53-62.

［224］Feenstra, R. C. , Hong C. , Ma H. , Spencer B. J. Contractual Versus Non-Contractual Trade: The Role of Institutions in China ［J］. Journal of Economic Behavior & Organization, 2013, 94（2）: 281-294.

［225］Felbermayra, G. , Fukunari K. , Toshihiro O. , Marina S. Quantifying the EU-Japan Economic Partnership Agreement ［J］. Journal of the Japanese and International Economies, 2019, 51（C）: 110-128.

［226］Fernandes, A. M. Trade Policy, Trade Volumes and Plant-level Productivity in Colombian Manufacturing Industries ［J］. Journal of International Economics, 2007, 71（1）: 52-71.

［227］Ghosh, A. R. , Mahvash S. Q. , Jun I. K. , Juan Z. Surges ［J］. Journal of International Economics, 2014, 92（2）: 266-285.

［228］Gilbert, J. , Furusawa T. , Scollay R. The Economic Impact of the Trans-Pacific Partnership: What Have We Learned from CGE Simulation ［J］. The World Economy, 2018, 41（3）: 831-865.

［229］Gilpin, R. The Political Economy of International Relations ［M］. Princeton University Press, 1987.

［230］Handley, K. , Nuno L. Policy Uncertainty, Trade, and Welfare: Theory and Evidence for China and the United States ［J］. American Economic Review, 2017, 107（9）: 2731-2783.

［231］Hou, J. , Chen S. , De X. Measuring the Benefits of the One Belt, One Road Initiative for Manufacturing Industries in China ［J］. Sustainability, 2018, 10（12）: 1-16.

［232］Hsieh, C. , Klenow P. J. Misallocation and Manufacturing TFP in China and India [J]. Quarterly Journal of Economics, 2009, 124 (4): 1403-1448.

[233] Ianchovichina, E., Martin W. Economic Impacts of China's Accession to the WTO [J]. The World Bank Economic Review, 2004, 18 (2): 3-27.

[234] Ju, J. D., Wei S. J. Domestic Institutions and the Bypass Effect of Financial Globalization [J]. American Economic Journal-Economic Policy, 2010, 2 (4): 173-204.

[235] Keohane, O. R. After Hegemony: Cooperation and Discord in the World Political Economy [M]. Princeton University Press, 1984.

[236] Kindleberger, P. C. The World in Depression, 1929-1939 [M]. Cambridge University Press, 1973.

[237] Krugman, P. R. Trade and Wages, Reconsidered [J]. Brookings Papers on Economic Activity, 2008, 39 (1): 103-154.

[238] Levchenko, A. A. Institutional Quality and International Trade [J]. Review of Economic Studies, 2007, 74 (3): 791-819.

[239] Li, C., Whalley J. China and the Trans-Pacific Partnership: A Numerical Simulation Assessment of the Effects Involved [J]. World Economy, 2014, 37 (2): 169-192.

[240] Limba, T., Stankevičius A., Andrulevičius A. Industry 4.0 and National Security: The Phenomenon of Disruptive Technology [J]. Entrepreneurship and Sustainability Issues, 2019, 6 (3): 1528-1535.

[241] Los, B., Timmer M., De V. G. How Global are Global Value Chains? A New Approach to Measure International Fragmentation [J]. Journal of Regional Science, 2015, 55 (1): 66-92.

[242] Manova, K. Credit Constraints, Heterogeneous Firms, and International Trade [J]. Review of Economic Studies, 2013, 80 (2): 711-744.

[243] Memedovic, O., Ojala L., Rodrigue J. P., Naula T. Fuelling the Global Value Chains: What Role for Logistics Capabilities? [J]. International Journal of Technological Learning Innovation and Development, 2008, 1 (3): 353-374.

[244] Ornelas, E., Turner J. L., Bickwit G. Preferential Trade Agreements and Global Sourcing [J]. Journal of International Economics, 2021, 128 (C): 103-395.

[245] Pani, S. K., Satapathy S. K., Agricultural Sustainability Through Insti-

tutional Innovation: A Study on Farmer Prod ucers Company in Rainfed Region of Odis-ha [M]. Flexibility, Innovation, and Sustainable Business, 2022.

[246] Pencea, S. A look into the Complexities of the One Belt, One Road Strat-egy [J]. Global Economic Observer, 2017, 5 (1): 142-158.

[247] Rijkers, B. , Baghdadi L. , Raballand G. Political Connections and Tariff Evasion Evidence from Tunisia [J]. World Bank Economic Review, 2017, 31 (2): 459-482.

[248] Robinson, B. The Chinese Special Economic Zone Model and China of the Future [J]. Chapter 3 in African Special Economic Zones, 2022 (1): 61-81.

[249] Snidal, D. The Limits of Hegemonic Stability Theory [J]. International Organization, 1985, 39 (4): 579-614.

[250] Subramanian, A. , Shang J. W. The WTO Promotes Trade, Strongly But Unevenly [J]. Journal of international Economics, 2007, 72 (1): 151-175.

[251] Tuano, P. A. , Alvarez J. T. B. , Pascua G. G. , Lanzona L. , Castillo R. C. J. T. , Lubangco C. K. The Effects of CPTPP on Philippine Employment and Earnings: A CGE Approach [J]. Discussion Papers from Philippine Institute for Devel-opment Studies, 2022, DP2022-39.

[252] Urata, S. Free Trade Agreements and Patterns of Trade in East Asia from the 1990s to 2010s [J]. East Asian Community, 2018 (1): 61-73.

[253] Wang, B. , Ip M. China (Shanghai) Pilot Free Trade Zone—An Ap-praisal [J]. Chinese Economy, 2017, 50 (4): 221-224.

[254] Wang, L. , Shao J. Can China's Pilot Free Trade Zone Improve Trade Ef-ficiency? [J]. Journal of International Commerce, Economics and Policy, 2022, 13 (2): 1-20.

[255] Wignaraja, G. Assessing Liberalization and Deep Integration in FTAs: A Study of Asia-Latin American FTAs [J]. Journal of East Asia n Economic Integration, 2013, 17 (4): 385-415.

[256] Yu, M. Processing Trade, Tariff Reductions and Firm Productivity: Evi-dence from Chinese Firms [J]. Economic Journal, 2015, 125 (6): 943-988.